# 数学教育

# 研究方法与案例

孙庆括 潘 腾 徐向阳 编著

江西高校出版社

JIANGXI UNIVERSITIES AND COLLEGES PRESS

图书在版编目（ＣＩＰ）数据

数学教育研究方法与案例/孙庆括,潘腾,徐向阳编著.--南昌:江西高校出版社,2022.3（2024.9重印）
ISBN 978 - 7 - 5762 - 2423 - 8

Ⅰ.①数…　Ⅱ.①孙…　②潘…　③徐…　Ⅲ.①小学数学课—教学研究　Ⅳ.①G623.502

中国版本图书馆 CIP 数据核字（2022）第 011853 号

| | |
|---|---|
| 出 版 发 行 | 江西高校出版社 |
| 社　　　址 | 江西省南昌市洪都北大道96号 |
| 总编室电话 | (0791)88504319 |
| 销 售 电 话 | (0791)88522516 |
| 网　　　址 | www.juacp.com |
| 印　　　刷 | 固安兰星球彩色印刷有限公司 |
| 经　　　销 | 全国新华书店 |
| 开　　　本 | 700mm×1000mm　1/16 |
| 印　　　张 | 18.5 |
| 字　　　数 | 290 千字 |
| 版　　　次 | 2022 年 3 月第 1 版<br>2024 年 9 月第 2 次印刷 |
| 书　　　号 | ISBN 978 - 7 - 5762 - 2423 - 8 |
| 定　　　价 | 72.00 元 |

赣版权登字 -07 -2022 -51

# 前 言

　　进入新时代，我国对教师队伍的建设提出了新的更高的要求。中共中央、国务院印发的《关于全面深化新时代教师队伍建设改革的意见》明确指出：到 2035 年，教师综合素质、专业化水平和创新能力大幅提升，培养造就数以百万计的骨干教师、数以十万计的卓越教师、数以万计的教育家型教师。要想成为"教育家型"教师，学会思考和学会研究是必不可少的。正如苏联著名教育家苏霍姆林斯基所说："只有善于分析自己的工作的教师，才能成为得力的、有经验的教师。在自己的工作中分析各种教育现象，正是走向教育的智慧攀登的第一个阶梯。""如果你想让教师的劳动能够给教师带来乐趣，使天天上课不至于变成一种单调乏味的义务，那你就应该引导每一位教师走上从事研究这条幸福的道路上来。"

　　从我多年的教师培训工作经历来看，很多中小学数学教师有积极申报课题和撰写教学研究论文的热情，但还存在较多的畏难情绪和不规范现象，究其原因，主要是没有掌握必要的数学教育研究方法及研究规范。这种现象在我指导本科毕业论文及教育硕士毕业论文的过程中也照样存在。因此，我们编写了该书，以期为数学与应用数学(师范类)专业本科生、数学教育专业硕士研究生及中小学数学教师开展数学教育研究提供方法上的指导与参考。

本书力求从数学教育研究的入门知识入手,并结合案例进行阐述,做到理论与实践相结合,具有较强的实用性和可操作性。全书共分为五个部分:

一是数学教育研究的基本情况概述,包括当代中国数学教育研究的基本概况,数学教育研究的内涵、意义及基本过程。让读者首先从源头上对中国数学教育研究的基本情况有全面的了解,同时厘清数学教育研究的内涵,澄清相关误区,让读者了解数学教育研究的意义,并从宏观上对数学教育研究的过程进行整体的把握。

二是数学教育研究课题的选题与方案设计,包括数学教育研究课题的类型、选题来源及方案设计。首先对数学教育研究课题的来源进行了系统的介绍,引发读者对如何选题进行思考;其次,重点对课题研究方案设计的详细步骤进行细致的阐述。每个步骤均配以案例进行讲解,大部分案例来自本书作者主持的课题,以供读者参考,便于读者撰写课题申报书。

三是数学教育研究的基本方法,包括文献法、比较法、经验总结法、个案研究法、调查法、实验法、行动研究法七种研究方法。部分研究方法配有案例,让读者对如何使用研究方法有深刻的理解。

四是数学教育研究论文的撰写,包括学术论文和学位论文两部分。首先详细梳理了数学教育研究论文的类型,然后对学术论文撰写的基本步骤以及学位论文开题报告、正文的撰写进行了详细的讲解,并配以大量的论文案例加以说明。

五是数学教育研究专题。这部分内容主要从数学教材、教学等数学教育研究对象入手,结合本书作者前期已发表的研究成果,以专题论文案例的形式对数学教材构成要素、文化构成、价值取向、编制理论、数学教学素材开发、教学方法应用、课堂教学录像分析、数学教学行为调查以及中高考数学试题背景、情境和知识点专题等多种研究主题的论文的研究方法进行呈现，以便在论文选题、研究方法和写作格式上供读者借鉴、参考。

本书由南昌师范学院孙庆括老师拟定基本框架和撰写提纲，潘腾、徐向阳老师参与了部分章节的编写工作。全书由孙庆括老师统稿、审稿和定稿。

本书的撰写受到南昌师范学院"11531"工程项目的资助，本书也是江西省一流本科课程"数学课与教学论"（研究模块）建设项目的成果之一。在本书的编写过程中，参考和引用了很多专家学者的著作和研究成果，在此深表感谢！同时，还要感谢江西省高校出版社的编辑为本书付出的辛勤劳动！

由于本书作者水平有限，时间仓促，书中难免有不当之处，敬请各位读者批评指正！

孙庆括

2021 年 11 月

# 目 录 CONTENTS

# 第一章　数学教育研究概述

数学教育作为人类教育活动的重要组成部分,有着悠久的历史。然而,真正作为一门学科,即现代意义上的数学教育研究则始于 20 世纪国际性的数学教育改革运动。另外,每四年召开一次的国际数学教育大会(ICME)也对数学教育研究起到了较大的推动作用。

## 第一节　中国当代数学教育研究概况

中国当代数学教育研究始于 20 世纪 70 年代末,并随着中国教育学会数学教学研究会、全国高师数学教育研究会、数学教育高级研讨班等数学教育研究共同体的形成而逐步专业化和科学化。相应地,数学教育学科的名称也经历了一个变化过程:由"数学教学法"到"中学数学教材教法",再逐步过渡到"数学教育学"。

### 一、研究队伍的发展

数学教育研究队伍主要分为两类:一是高等师范院校教师,主要从事数学教育基础理论研究;二是中小学教研人员和中小学教师,偏重于实践层面的研究。

高等师范院校数学教育研究队伍,主要由从事数学教育类课程教学的教师组成。中华人民共和国成立以后,各高等师范院校相继开设了"数学教学法"或"中学数学教材教法"课程,逐步形成一支在数学系专门从事教学研究的队伍。1979 年,13 所院校合作编写了《中学数学教材教法》一书,标志着数学教育研究队伍初具规模,数学教育研究共同体基本形成。1980 年,国内部分师范院校开始招收数学教育方向的硕士研究生。1996 年,教育硕士专业学位设立,并于1997 年开始招生。1999 年,华东师范大学、南京师范大学、西南师范大学(今西南大学)开始招收数学教育方向的博士研究生。此后,东北师范大学、北京师范大学、西北师范大学、陕西师范大学、首都师范大学、山东师范大学、福建师范大学、浙江师范大学等多所师范高校开始招收博士研究生。目前,教育硕士、硕士、博士、博士后的数学教育人才培养体系基本形成。数学教育的博士、硕士已成为研究队伍的中坚力量。

中小学教研人员,主要来自全国各地的中小学教育科学研究所(院)和教学教研室。目前,全国已经形成从国家教学研究机构到县级教学研究机构的网络体系。这支队伍长期活跃在中小学教学研究的一线,研究视野主要聚焦于数学教学实践中的问题。

## 二、研究组织机构

自改革开放以来,我国数学教育研究组织机构快速发展壮大,主要成立了以下三个有影响力的学术研究机构:

一是全国高师数学教育研究会。1979 年,国内 13 所高师院校成立《中学数学教材教法》协作组,同时酝酿成立全国高师院校数学教育研究会。筹建初期,先后在桂林(1980)、苏州(1981)、福州(1982)、安顺(1983)举办了数学教育理论学术讨论会。1985 年 12 月,在湖北襄樊举行的协作编写组会议上,决定以协作编写组为基础,成立全国高师数学教育研究会。此后,各省市的高师数学教育研究会相继成立,形成一个有层次的研究共同体。2009 年,经常务理事会决定,全国高师数学教育研究会更名为全国数学教育研究会。该研究会成立以来,每两年召开一次年会,就数学课程、数学教学、学习心理、教师教育等多个主题开展学术交流和深入探讨,为引领全国数学教育研究工作的开展起到了积极作用。

二是中国教育学会数学教学研究会。该研究会成立于 1982 年,后分化为中学数学教学专业委员会和小学数学教学专业委员会。会员是来自全国各地的中小学数学教研员和教师,以及高等师范院校、教育科研和编辑出版部门中从事中小学数学教学研究的人员。学会成立以来,每两年召开一次年会,积极开展中小学数学教学研究工作和学术交流活动,为促进中小学数学教学改革和不断提高数学教学质量做出了重要的贡献。

三是数学教育高级研讨班。该研讨班由国家教育委员会(今更名为教育部)人事司于 1992 年批准并予以资助,华东师范大学数学教育研究所负责承办,每年举行一次。国家教育委员会(今教育部)立项的宗旨决定了该研讨班精英聚会的模式。每期都有一个确定的主题,围绕该主题约请资深的专家学者与会,其研讨水平基本可以反映该主题的国内最高研究水准。研讨班放眼国际视野,立足本土进行思考,关注热点,促进改革,集中主题,自由讨论,取得了一系列丰硕的数学教育研究成果,有力地推动了我国数学教育研究的发展与改革,是我国数学教育领域最重要的学术活动之一。张奠宙、李士锜先生主编的系列丛书《中国数学教育研究前沿》、"十一五"国家重点图书出版规划项目《中国数学教育研究丛书》《中国数学双基教学》等著作,多是数学教育高级研讨班的成果。

### 三、学术刊物的创建

《数学通报》和《数学通讯》是我国两种历史较长的数学教育期刊,均创刊于 20 世纪 30 年代。进入 20 世纪 50 年代,《数学教学》(华东师范大学,1955)、《中学数学研究》(华南师范大学,1955)、《福建中学数学》(福建师范大学,1958)相继创刊。20 世纪 60 年代,数学教育类刊物创建几乎处于停滞状态。20 世纪 70 年代,《中学数学教学参考》(陕西师范大学,1972)和《中学教研(数学)》(浙江师范大学,1977)先后创刊。从 1978 年开始,数学教育类刊物迅速增加,许多师范院校相继创办了数学教学类期刊,如《中学数学月刊》(苏州大学,1978)、《中学数学教学》(合肥师范学院,1978)、《中学数学》(湖北大学,1979)、《上海中学数学》(上海师范大学,1979)、《数学教学通讯》(西南大学,1979)、《中学数学研究》(江西师范大学,1980)、《数学教学研究》(西北师范大学,1982)、《中学数学杂志》(曲阜师范大学,1981)。这些刊物刊登的文章主要是教学经验总结、解题研究、初等数学研究,缺乏理论探究和对数学教育基本规律的研究。1992 年,《数学教育学报》创刊,标志着数学教育学术期刊在国内立足,为我国数学教育的理论研究搭建了一个平台。

### 四、主要研究成果

自 20 世纪 80 年代以来,我国在数学教育理论基础研究(如数学教育哲学、数学文化、双基教学)、数学教学实验[如自学辅导教学实验、青浦县(今上海青浦区)数学教学改革实验、"情境—问题"教学实验、GX 教学实验、MM 实验]、数学学习心理(如 CPFS 结构理论、数学认知结构差异、数学能力发展、数学学习迁移、数学问题解决、数学观与数学学习)、数学方法论、民族数学教育跨文化研究、教育数学等方面取得了显著的成果。具体特点如下:

一是研究成果经历了"分化—综合—分化"的模式流变。第一次分化是指各研究方向相对独立,学科研究面窄。焦点主要集中在数学教学论、数学学习心理以及数学方法论这三个方面。而且各学科之间的联系不甚紧密,研究各自为阵。综合阶段以数学教育学著作的相继出版为标志。从 1989 年至今出版的数学教育学论著基本上囿于数学教学论、数学课程论、数学学习论这种框架,并以数学教学论、数学课程论、数学学习论为框架来构建数学教育学思想。其中以曹才翰、蔡金法编写的《数学教育学概论》(江苏教育出版社,1989)为代表。第二次分化是 1990 年以后,出现了数学教育学的下位学科群,包括数学教学论、数学课程论、数学学习论、数学方法论、数学教学艺术论、数学教育评价、数学习题论、教学解题论、数学教育研究方法、数学思维教学论、数学思想史、高观点下的初等教学、数学竞赛、比较数学教育论等;同时也产生了寻求教学教育理论基础的学科,如数学教育哲学、数学教育学原理。从分化到综合再到分化,这不是一个简单的循环过程,前一种分化表现出的是一种局部的探索,只见树木,不见森林;后一种分化是在统揽研究领域的前提下再去寻求局部,理论上得到进一步的升华。

二是研究成果经历了从理论移植到自我理论开发的沿革。理论移植主要有两种思路:一种是把一般教育理论移植到数学教育理论中来,即由一般教育理论演绎数学教育理论;另一种是将国外的数学教育理论引进国内,作为建立数学教育理论的基础。随着研究的不断深入,人们逐步发现这种移植理论体系难以阐释数学教学现象及规律,国外的一些理论也与我国的数学教学情况不符,于是便产生了一种自发的反思,研究思路转向寻求数学教育自身理论的生长点。近年来,这种思维转轨的研究已经取得了一些富有价值的成果。

三是研究成果经历了从理论思辨到理论与实践相结合的转移。数学教育研究,从早期的空泛思辨逐步转向寻求理论概括与实证研究并行的运行轨迹。一方面,从哲学层面寻求数学教育的理论基础,以郑毓信的著作《数学教育哲学》(四川教育出版社,2001)为代表;另一方面,在教学改革实验、学习心理实验方面,出现了大量的实证研究,出现了理论与实践相结合的研究局面。

## 五、研究方法及特点

有学者对近十年《数学教育学报》[①]和中国人民大学《复印报刊资料》[②]全

---

① 牛伟强,张丽玉,熊斌. 中国数学教育研究方法调查研究:基于《数学教育学报》(2011—2015)的统计分析[J]. 数学教育学报,2016,25(6):88–92.

② 马勇军,王童. 近十年中国中小学数学教育研究范式的回顾与展望:基于人大复印资料的内容分析[J]. 数学教育学报,2021,30(2):90–96.

文转载的中小学数学教育类论文的研究方法进行分析发现,这些研究方法呈现如下特点:

一是中国数学教育研究最常用的研究方法是理论思辨、统计调查和内容分析,叙事研究、田野调查等质性研究方法比较少见。其中,思辨研究仍旧占有相当大的比例,但实证研究已经逐渐占据主流地位,呈上升趋势。

二是中国数学教育研究实证研究文献以量化研究为主,质性研究和混合研究比例较低,行动研究范式略有下降。使用数学方法研究已经成为一种共识。尽管数学方法的使用以简单统计为主,但多元分析的方法已经占有相当大的比例。

三是中国数学教育研究文献中,描述型研究比重过大,关联型研究和干预型研究严重不足,并且关联型研究有减少的趋势,但干预型研究有增加的趋势。

## 第二节  数学教育研究的内涵

关于数学教育研究,目前没有统一的定义。数学教育作为教育学科的一个分支,很明显也具有教育科学研究的特点。教育科学研究是人们有目的、有计划、系统地采用严格科学的方法研究教育科学的知识体系,认识教育现象,探索与发现教育与人的全面发展、教育与社会进步的客观规律,深化教育改革,提高教育质量的创造性活动。

结合教育研究定义的内涵,我们认为数学教育研究,就是从客观存在的数学教育事实和现象出发,采用科学的方法,对有关的数学教育问题进行分析,从而发现数学教育规律,促进数学教育发展的科学研究活动。这里要澄清的是,它与中小学数学教学研究属于不同的概念,数学教育研究属于一般科学研究,而中小学数学教学研究属于教学研究,是数学教育研究的一部分。

首先,数学教育与数学、哲学、教育学、心理学、逻辑学以及现代边缘学科如信息论、控制论、社会行为科学等学科密切相关。因此,这些学科的部分理论、思想和方法可以引入数学教育研究中来,数学教育研究因而具有明显的综合性和交叉性。

其次,数学教育理论是以广泛的教学实践经验为背景,在实践的基础上产生和发展起来的。数学教学实践是数学教育研究的根基,离开了教学实践,数学教育研究就成了无本之木。因此,数学教育研究具有很强的实践性。

最后,数学教育理论的内容和方法是随着社会的发展、时代对教育提出的新要求以及科学技术、教育科学研究的发展而不断充实和改进的。因此,数学教育研究具有很强的发展性。

# 第三节　数学教育研究的意义

## 一、有助于探索数学教育规律,推进数学教育改革

对数学教育规律、特点的认识离不开数学教育研究,数学教育研究成果的积累可以丰富数学教育理论。数学教育理论的发展过程是一个螺旋上升的过程,是研究方法不断应用与改进的过程。数学教育理论的产生,首先需要提出一定的理论设想,然后通过观察、调查或实验等方法,收集有关的信息与资料,再对这些资料进行分析与综合、抽象与概括、类比与推理,进而揭示教育发展的规律,提出新的教育理论主张。因此,建立和发展数学教育理论并不是一件容易的事,往往需要十几年甚至几十年的努力,这个努力的过程始终需要以数学教育研究作为基本保障。另外,数学教育改革与数学教育研究相结合是现代学校教育发展的重要途径,数学教育改革的理论和依据需要通过数学教育研究进行试验和探讨。因此,研究数学教育问题和探索数学教育规律,可以促进数学教育观念的转变和数学教育理念的更新。

当前我国基础教育数学课程正在进行一场深刻的改革,这场改革涉及数学新课程理念、教学内容、教学方法、教学评价等方面,由此产生了许多新事物和新问题。面对变革和挑战,数学教育比以往任何时候都更需要深入的研究。可以说,没有数学教育研究,就没有数学教育改革的理论基础。数学教育改革呼唤着数学教育研究工作的大力开展,数学教育研究正成为数学教育改革的一个有机组成部分。

## 二、有助于提高高等师范院校数学专业学生的教学研究能力

数学与应用数学师范专业毕业生的基本就业方向是从事中小学数学教学工作。中小学数学教师既是教育实践者,也是教育研究者,必然要在数学教育实践中进行一定的数学教育研究。因此,对于高等师范院校的数学师范生来说,通过各种数学教育研究成果以及研究过程、方法的学习,不仅可以进一步了

解数学教育,积累数学教育经验,也在一定程度上为他们将来更有效地进行数学教学工作做了认识上、思想上与能力上的准备。因此,学习数学教育研究方面的专门知识,掌握一定的数学教育研究方法,并进行一定的数学教育研究实践,对于将来从事中小学教学与研究工作有很多的益处。

### 三、有助于促进教师专业化发展,提高数学教学质量

教师积极参与数学教育研究可以显著地提高自身素质,开展数学教育研究是教师实现专业素质自我发展的重要途径。一方面,广大教师自觉地研究数学教育中的各类问题,可以改变教学观念,培养专业情感。对于中小学老师来说,要思考问题、解决问题,就必须学习数学教育学、数学教育心理学、数学学习心理学等理论,要以理论来指导分析问题、研究问题与解决问题的全过程;同时,还必须学会在理论的指导下通过调查研究,提出方案,然后进行改革试验,在试验中取得一定的成绩以后,再进一步总结提高,上升为理论。因此,教师在开展教学与研究相结合的实践活动中,会逐步提高自己的理论素养与研究能力,逐渐使自己成为既具有丰富的教学经验又具有相当高的研究能力的新型数学教师。这就改变了备课、上课、批改作业的枯燥乏味的生活模式,给自己的数学教学活动注入了创造性劳动的活力,使平凡的数学教学工作更有意义,从而极大地丰富精神生活。另一方面,可以提高数学教师的专业知识水平和专业技能,从而提高数学教学质量。数学教师在专业化发展的过程中需要不断接受新知识,接受再教育,增长专业能力。从数学教育理论与方法的学习到学科专业知识的研究,教师都必须全身心地参与。教师直接接触学生,参与各种教育教学活动,必然会遇到各种各样的问题。通过数学教育研究,促使教师自觉地钻研数学专业知识和数学教育理论,并运用这些知识去了解、分析、研究教育教学实践中的各种现象和问题,逐步探索、揭示、掌握教育规律,从而使教师拥有广博的文化知识、精深的专业知识和实践性较强的教育学科知识,发展教师的专业才能。因此,教师在进行数学教育研究的过程中,可以不断更新数学教育观念和教育思想,了解和掌握先进的教学方法和教学手段,提高教学质量。

# 第四节　数学教育研究的基本过程

俗话说："教无定法，贵在得法。"数学教育研究也是如此，也没有所谓固定的程序或套路，只要研究过程科学、合理、可行、有效即可。然而，对入门者来说，把进行数学教育研究的一些常用的基本步骤，作为一定的程序"固定"下来，使之便于学习和模仿，既重要又可行。

裴娣娜认为，教育科学研究的基本过程可以分为三个阶段：(1)选定研究问题，即在已有研究的实践基础上和查阅文献资料的基础上选定研究问题，形成理论构想，并制订研究计划；(2)通过历史研究、观察研究、调查研究、实验研究和理论研究等方法，实施研究计划并收集资料；(3)分析总结，对得到的资料数据进行整理分析，形成研究结论并评价研究结果。袁振国认为，从科学方法的一致性和研究过程的基本的、系统的要素来看，教育科学研究的基本步骤可分为：(1)确定问题；(2)查阅文献；(3)收集资料；(4)分析资料；(5)推导结论。也有研究指出，数学教育研究的国际规范是：(1)选定需要研究的前人尚未解决的问题；(2)收集完备的文献进行分析；(3)设计研究方法，论证此研究方法可以达到的解决问题的目标；(4)收集实证的证据，包括如何收集和分析数据；(5)运用相应的理论和创见来表述研究成果。

结合上文和其他已有研究，我们可以把数学教育研究的基本过程概括为：确定研究问题、查阅研究文献、确定研究框架、实施研究方案、呈现研究结论。

## 一、确定研究问题

从逻辑上讲，确定恰当的研究问题应该是进行数学教育研究的起点。爱因斯坦也曾言："提出问题往往比解决问题更重要。"选题决定了数学教育研究的方向，选题反映了研究者的研究水平。能否寻找到一个有价值的选题，将直接决定着研究的成败。一般来说，选题几乎不可能完全从头脑中凭空产生，而是建立在文献资料研读或实践经验的基础上。选题的价值可以从以下几个方面进行考虑：

### (一)价值性

所谓价值性，即所确定的研究问题是有一定的重要性，是值得研究的、对数学教育研究有一定的理论贡献或实践指导价值的问题。这类选题不仅在本学科研究领域具有较高的价值,如在理论上有新的突破,在实践上对教育改革有重要的指导作用,而且在心理学、哲学等其他相关领域也具有较高的价值。问题的意义是确立选题的重要依据,它制约着选题的根本方向。

衡量所选定的问题有无意义及意义的大小,主要看两个基本方面:一是所选择的研究问题是否符合社会发展、教育事业发展的需要,是否有利于提高教育质量,促进青少年的全面发展。这方面强调的是问题要具有重要的应用价值,选题范围要广,要从当前教育发展的实际出发,针对性要强,应选取有代表性、被普遍关注、争议较大的亟待解决的问题。二是所选择的研究问题是否符合教育科学本身发展的需要,是否符合检验、修正、创新和发展教育理论,建立科学的教育理论体系的需要。教育研究的实际课题,有的强调应用价值,有的强调学术价值,有的二者兼顾,但无论哪一种,都要选择那些最有意义的教育问题作为研究对象。

值得强调的是,我们对选定问题的价值不应做狭隘的理解,不能以一个课题在研究中的成败来判定它所提出的问题的意义,原因在于,人们正是从错误问题所导致的失败中学到许多重要的知识,从正反对比中得到宝贵的经验教训。

### (二)科学性

所谓科学性,就是选题要有一定的事实依据。即选题的指导思想及目的要明确,立论根据要充分、合理。科学性与现实性往往紧密相连,这是由于数学教育实践中产生的问题具有很强的针对性,能为选题的形成提供一定的、确定的依据。此外,选题的科学性还要考虑以教育科学的基本原理为代表的理论基础,因为教育科学理论将对选题起到定向、规范、选择和解释的作用。没有一定的科学理论依据,选定的课题必然起点低,而且有很大的盲目性,可见,选题的实践基础和理论基础都制约着选题的全过程,制约着选题的方向和水平。为了保证选题具有很强的科学性和现实性,我们还需要对选定的问题进行科学、清晰、合理的论证。

### (三)明确性

所谓明确性,就是选定的问题一定要具体化,界限要清晰,范围要小,不能太笼统,原因在于问题是否具体往往影响全局的成败。那种大而空、笼统模糊、针对性不强的选题往往科学性差。只有对问题有清晰透彻的了解,才能为建构指导研究方向的参照系统提供最重要的依据,因此不宜把题目定得太宽、太大、太复杂。特别是数学教育研究初学者,所选的题目更不宜太大。小题目的素材容易集中,层次结构比较简单,而且立意清晰,易于创新,不致落入俗套。

### (四)创新性

选题的创新性主要表现在三个方面:一是解决前人完全没有研究过的问题,因而对该问题的研究本身就是尝试填补空白的一项科研活动。此类选题创新程度最高。二是解决前人没有完全解决的问题,或者尚未解决或未关注到的问题。此类选题试图有所突破,从而在一定程度上发展或补充前人的研究,这种选题创新程度处于中间地位。三是解决前人已经做了较为全面的研究的问题,但自己在研读这些研究成果的过程中发现,这些研究成果中的某些结论可能是错误的,因而尝试用新的材料或新的方法来验证这些结论,或得出不同的结论。这种选题创新性相对低些。

需要说明的是,数学教育研究的创新性是相对而言的,没有哪一项研究是完全的、绝对的创新。任何创新都基于已有的研究,是相对的创新。另外,对于初学数学教育研究的人来说,其研究过程更大的意义在于感受、学习与实践数学教育研究,不能对其数学教育研究的创新性提出不切实际的要求。

### (五)可行性

所谓可行性,就是选定的问题是能被研究的,存在现实可行性。具体来讲,包括以下三个方面的条件:

一是客观条件。客观条件主要指除必要的资料、设备、时间、经费、技术、人力、理论准备等条件外,还要有科学上的可能性。正如恩格斯指出:"我们只能在我们时代的条件下进行认识,而且这些条件达到什么程度,我们便认识到什么程度。"有的选题看起来是从教育发展的需要出发,但不符合现实生活实际,违背了基本的科学原理,因此没有实现的可能。

二是主观条件。主观条件主要指研究者本人原有的知识、能力、基础、经验、专长,所掌握的有关这个课题的材料以及对此课题的兴趣。也就是说,要权衡自己的条件,寻找结合点,选择能发挥自己的优势的课题。擅长实践操作的人,不一定非选理论研究课题;反过来,擅长理论思维的人,就不一定非要选择实验研究课题。在一个课题协作研究组当中,具有不同特长的人优势互补,才能真正发挥整体研究的效益。对于刚入门的研究者来说,最好选择那些本人考虑长久、兴趣最大的课题。而对于从事实践工作的一线教师来说,选题最好小而实。自己提出的研究问题,更容易激发信心和责任感,更容易发挥创造性。总之,选择课题要扬长避短,从实际出发,不要好高骛远。研究者要写自己熟悉的领域的内容,发挥自己的优势,避免选择自己陌生的、缺乏基础的、体会不深的课题,这样才能得心应手,取得良好的效果。

三是时机问题。这主要指选题必须抓住关键时期,什么时候提出该研究课题要看有关理论、研究工具及条件的发展成熟程度。提出过早,问题会攻不下来。在数学教育研究中经常出现选题不当的情况:范围太大,无从下手;主攻目标不清楚;问题太小,范围太窄,意义不大;在现有的条件下,课题太难,资料缺乏;课题为经验感想之谈,不是科研题目。因此,正确选题并非一蹴而就,它要求研究者不仅要有科学的教育理论做指导,还要坚持唯物主义观点,从实际出发,通过对事实材料的分析和比较,发现和抓住重要问题;不仅要把握该领域理论研究的全局,而且要对教育实际有深入的了解;不仅要有问题意识,而且要了解和掌握选题的有关知识和方法,不断提高自己的选题能力和创新、判断、评价等综合能力。

## 二、查阅研究文献

从理论上讲,查阅研究文献伴随确定选题和开展研究的全过程。研究者在确定了比较明确的研究问题之后,就需要比较系统地收集、整理、分析、研究与问题高度相关的已有研究文献。通过对研究文献的系统梳理,可以思考自己的研究问题、研究思路、研究方法、研究过程,等等。查阅研究文献大致可以分为以下几个步骤:

### (一)收集研究文献

数学教育研究材料内容广泛,形式多样。从广义上来说,和数学教育研究有关的所有材料,包括研究文献、实物、录音、录像以及教学材料等。从狭义上来说,数学教育研究材料主要指数学教育研究文献,包括纸质的研究文献和电子文献。纸质文献主要指各种有关数学教育研究的著作、期刊论文以及研究报告等。而电子文献主要指各类数据库或网络上的数学教育研究文献。互联网的飞速发展,大大加强了获取数学教育研究文献的便捷性与丰富性。收集某一主题的数学教育研究文献时要遵循以下标准:一是收集的文献要新。一般而言,除关于某一主题的历史研究文献外,还要尽量收集与该主题相关的最近几年或十几年所发表的研究文献。二是收集的研究文献要尽可能全面、详尽。在查阅已有文献的过程中,已有文献的"新"和"全"的要求是相对的,并没有绝对的标准。只要自己所收集的研究文献足够"新"、足够"全",把自己的研究建立在已有研究扎实的基础上就可以。三是收集的研究文献质量要高,应该是专业的研究人员进行的专门研究,而非泛泛的经验之谈。质量高的研究文献研究问题真实而有价值,研究方法规范,研究过程科学,研究结论可信。

**(二)整理研究文献**

从广义上来说,在研究过程中收集的各类数学教育研究材料,都需要以适当的方式进行整理与储存,以备在研究过程中进行查阅、分析以及使用。从狭义的角度而言,整理数学教育研究材料,主要指整理数学教育研究文献,即根据相应的研究需要、研究问题,对已经收集到的数学教育文献进行阅读与分析,并分门别类地进行整理以及适当的概括总结,可以做阅读笔记、阅读卡片或者进行批注。

**(三)使用研究材料**

使用是收集和整理数学教育研究材料的根本目的。在使用数学教育研究材料的过程中,首先需要根据研究问题及研究需要,对研究材料进行适当的取舍,同时需要仔细思考,确定适合呈现研究材料的方式等。通常在研究报告或学位论文的文献综述和正文部分会涉及大量的参考文献。对研究文献的引用有直接引用和间接引用,直接引用应用双引号进行标注,引文的文字、标点符号等需与原文完全一致。间接引用是用研究者自己的话概括原文献的主要观点、思想等。直接引用和间接引用都需要以适当的方式标注所引用论文的作者、文献名称和出处等。

**三、确定研究框架**

研究框架即研究方法、研究程序的进一步明确与细化。在确定研究框架的过程中,应该综合考虑研究问题、研究条件、研究方法以及研究过程,并把这些因素进一步明确与细化,形成基本的流程与具体的框架。从一定意义上来说,研究框架类似于打仗时的"作战计划"、学习时的"学习计划"、作文时的"写作提纲"。形成研究问题的时候,脑海里可能就会有一定的研究框架。查阅研究文献的过程中,已有的研究在进一步聚焦研究问题、明确研究思路与研究方法等方面对研究者产生直接而重要的影响,这在一定程度上可以说是对研究框架的进一步明确。在此基础上,加上研究者自己的深入思考,参考别人的建议与指导等,就可以形成比较完善、比较具体的研究框架。确定研究框架时要注意以下几个方面:

一是研究框架要科学合理,即制订的研究框架的科学性要有充分的保障。研究框架的制订基于对已有相关研究的深入分析,同时又要有一定的教学实践的支持。另外,研究者在确定研究框架的过程中要深入思考,全面分析,并综合考虑相关领域的专家和其他研究者对研究框架提出的意见和建议,并进行充分的修改与完善。

二是研究框架要具体明确,即研究框架必须要具有实战性,要实实在在"以之为纲"地进行研究。因此,对研究问题的阐述、对研究条件的确定、对研究方法的分析以及对研究过程的说明等都必须具体而明确。

三是研究框架要有很强的操作性,即所确定的研究框架应该是行得通的,研究时机是恰当的;选择的研究问题具有一定的重要性与价值性,研究该问题"正当其时";有充分的外部条件保障研究过程顺利进行,研究设备和研究资金等都有相应的保障,并可以得到专家及时的指导等;研究者也有足够的能力与精力投入整个研究过程中去;整个研究对于研究者而言处在其"最近发展区",通过研究者的努力是可以保质保量地完成的。

四是研究框架要有机动灵活性。研究框架是研究方法、研究程序以及研究过程的进一步明确与细化,具有一定的确定性与稳定性,但又不是一成不变的"教条",而是具有一定的灵活性,可以根据研究需要等进行一定的调整、改变与完善,使之更有益于整个研究高效地完成。

**四、实施研究计划**

在确定研究课题和研究方案之后,就需要基于一定的数学教育理论和数学教育实践经验进行数学教育研究。确定数学教育研究课题和研究方案主要包括以下几个方面:确定研究问题、确定研究方法、确定研究框架、确定研究条件和研究过程,具体表现为最终形成一个明确、完整的研究框架。

首先,确定研究问题,即研究者确定以什么样的数学教育问题作为自己的研究课题,或者具体要解决哪些问题,这是在进行数学教育研究过程中首先要确定的重要问题。一方面,可以通过研读数学教育研究的经典文献,学习数学教育的理论、思想和观点,学习数学教育研究的基本思路和基本方法,激发研究兴趣,发现研究问题。另一方面,也可以通过反思自己的数学教育实践,发现教育实践中迫切需要解决的问题或感兴趣的研究问题,从而确定研究课题。

其次,确定研究方法,即确定要用哪些研究方法解决自己的研究问题,这些方法对解决自己的研究问题是否可行,是否有效,等等。

再次,确定研究框架,即确定具体的分析工具,这是研究方法的进一步具体化、细化,也是研究方法的进一步程序化。研究框架可以在一定程度上看成是一个解决研究者所面对的问题的操作程序。

最后,确定研究条件与研究过程。这可以看成是对研究框架的进一步具体化,这是基于一定的研究条件、研究方法和研究框架,对问题解决过程的进一步明确与细化。值得强调的是,在研究过程中,如何根据研究需要和研究的实际情况对研究过程进行适当的调整,以更好地完成研究课题,是每一个研究者在研究过程中都会遇到的问题。因此,研究者需要基于具体的研究课题,有针对性地解决研究中遇到的"瓶颈",解决研究过程中的一个个"具体问题",通过研究过程的不断磨炼,促使自己掌握具体问题具体分析的基本思想与基本方法。另外,在进行研究的过程中,要收集哪些方面的研究材料,用什么方式收集,怎么储存所收集的研究材料,怎么分析与整理研究材料等,这些问题都需要研究者仔细思考,合理应对,做好预案,并恰当地解决。

### 五、呈现研究结论

如何科学合理地呈现研究过程和研究结论,也是一个需要仔细斟酌的问题,这涉及对研究材料的适当取舍、组合,以及对研究过程的进一步提炼与概括,等等。整个研究过程应该规范、科学、完整,对研究材料的收集与整理应该客观、全面、详尽。但在研究论文或研究报告中呈现整个研究过程与研究结论的时候,需要仔细斟酌,有所取舍,详略得当:有些研究材料必须"着重突出";有些研究材料可能要"一笔带过";而有些研究材料可能要"忍痛割爱"等。在研究论文或研究报告的初稿完成之后,对初稿的修改、润色,直至最后的定稿,也大有文章可做,需要认真应对,来不得半点马虎,因为细节上的一时疏忽,有时候会使研究论文和研究报告的研究价值大打折扣。如何修改研究论文,是一门大学问,也是一件苦差事,但研究者往往乐在其中。修改研究论文的基本办法就是逐字逐句地反复修改,甚至一句一句地读出声,看看文章有没有表达出自己想要表达的意思。另外,也可以先修改电子稿,反复修改直到自己满意之后,再打印出来。在纸质稿件上可能又会发现一些以前没有注意到的错误,或者发现在电子版中没有注意到的一些不足,以及一些需要进一步改进的地方,甚至可能发现此前所忽视的严重问题。也可以请同行或研究成员互相修改研究论文、评阅研究论文。不同的研究者的认识与看法有一定的差异,研究视角也有可能不一样,因此,请不同的研究者评阅研究论文或修改研究论文是论文修改中一个常用而重要的方法。还有一个办法就是冷处理。研究论文定稿之后,没必要急着投稿,而应"雪藏"起来,让自己的想法沉淀一段时间,过一段时间再拿出来继续修改与完善,这时候可能会有一些新的想法或看法,或许会发现原来论文的一些不足甚至错误,等等。进一步修改与完善后,就可以考虑向适当的期刊投稿了。有时候还要根据所投期刊编辑的意见与建议,或者评审专家的意见与建议对研究论文进行适当的修改与润色。总之,好论文是反复地修改出来的,越是不断修改,越有可能使论文达到更加完善的程度。

**参考文献**

[1]喻平,徐斌艳.中国数学教育的当代研究[J].数学教育学报,2011,20(6):1-7.

[2]叶立军,斯海霞.数学课程与教学论[M].第2版.杭州:浙江大学出版社,2016.

[3]曹新.数学教学技能学习教程[M].北京:科学出版社,2018.

# 第二章 数学教育研究课题的选题与方案设计

所谓课题,一般是指有目标、有内容、有措施、有预期、有结果的研究项目,主要目的是寻求问题的解决和知识的拓展。数学教育研究课题主要针对的是数学教育现象和活动中具有普遍意义的特定问题,有明确的研究范围、目的、任务、方法、步骤和成果。

## 第一节 数学教育研究课题的类型

按照不同的标准可以对课题进行不同的分类,以下重点介绍三种分类方法。

### 一、按照数学教育研究课题的功能分类

#### (一)基础性研究课题

基础性研究课题是指与数学教育基本规律有关的理论性研究课题。研究的目的在于探索和创新知识,拓展和完善数学教育理论。"数学教育本质的研究""数学教育功能的研究""数学教育目的的研究"等都属于数学教育研究的基础性课题。这类课题侧重于探索数学教育的本质与规律,试图解决数学教育的根本性问题,强调研究的深刻性和系统性,对数学教育的发展具有深远的意义和影响。这类研究,有的实践意义比较大,有的则没有实践意义。

一般来说,基础性研究课题不仅要求研究者具有较深厚的数学教育理论功底,而且还要求研究者具有良好的数学素养。在课题的研究过程中,研究者需要查阅大量的教育理论、数学教育理论、数学理论等文献资料,需要具有相当扎实的研究基础和成果积累,需要有较多的宏观背景资料和研究信息。而对师范专业的在校大学生、低年级研究生及中小学一线数学教师来说,这个要求往往是难以达到的。因此,基础性研究课题的研究者往往是高校从事数学教育研究的理论工作者以及教育科研部门的研究人员。

#### (二)应用性研究课题

应用性研究课题着重将已有的数学教育理论研究成果应用于数学教学实

践,使数学教育理论与数学教育实践相结合,探索数学教学实践工作的规律,使数学教育理论在数学教学实践中得到检验。研究数学教学经验,探索数学教育经验中的普遍规律,使经验上升为数学教育科学理论,也属于应用性研究课题。

此类研究不仅对解决当前数学教育中存在的问题、提高数学教育质量有重要的意义,而且能促进数学教育理论研究成果的深化和发展。比如,为了大大提高教学质量,顾泠沅先生自 1977 年开始在上海青浦县(现为青浦区)进行教学改革实验,经过 40 多年的实践,形成"诱导—尝试—归纳—回授—调节"青浦经验教学法,这就是应用性研究课题。"数学教师对中学生数学学习自信心形成的实验研究""中学数学研究性学习的实践探索"等都属于应用性研究课题。总之,凡是教育学、心理学理论应用于数学教学实践的研究或数学教育实践经验上升为一般规律认识的研究都属于应用性课题研究。

### 二、按照课题的内容分类

#### (一)综合性研究课题

综合性研究课题是指同时涉及数学教育若干领域或若干方面的内容的课题。例如,"构建素质教育的数学新课程体系的研究""素质教育下的数学教学模式研究""中学数学教育课程改革的实证研究"等课题都属于综合性研究课题。综合性研究课题往往难以由一个人完成或在较短的时间内完成,需要分成几个子课题,由较多的研究者团结协作,用较长的时间来完成。比如华东师范大学原校长王建磐主持的国家社会科学基金"十一五"规划 2010 年度教育学重点课题《主要国家高中数学教材比较研究》就分为 10 个子课题,分别对美国、德国、英国、俄罗斯、法国、日本、新加坡在内的世界主要国家及我国人教版高中数学教材中的代数、几何、概率统计、微积分、数学探究和建模活动等核心内容的组织与呈现方式,以及基本概念与技能的发展、问题解决的特点与习题的设置、综合难度及其难度特征、数学史与数学文化、信息技术运用等十大方面进行了系统的比较研究。

#### (二)单一性研究课题

单一性研究课题主要是指对中学数学教育的某一方面或某一现象进行的研究。例如,"中学数学课堂教学过程中创新能力培养的实验研究""现代教育技术与中学数学开放式教学改革的实验研究""中学数学史融入数学教学的行动研究"等都属于单一性研究课题。由于单一性研究课题的范围较小,研究需要的人力和时间也相对较少,因此,它比较适合中小学数学教师研究。

### 三、按照课题的研究方法分类

#### (一)实验性研究课题

实验性研究课题是指通过实验设计来实现研究目的的课题。也就是研究者根据一定的研究假设,在数学教育活动中创设能够验证假设的环境和条件,主动地控制对象,排除无关因素的干扰,从而探索事物的因果关系。

#### (二)实证性研究课题

实证性研究课题主要是通过调查研究、资料分析、逻辑推理等方法实现研究目的的课题。例如,"中学数学教师专业发展状况的分析研究",就要通过对大量的中学数学教师的专业发展状况,包括数学教育信念、知识和能力、自我发展的需要、专业发展的困难、专业发展的动力、专业发展的途径等,进行广泛的调查,并对调查进行分析,探索当今数学教师专业发展的现状以及专业发展的有效途径。

以上我们从不同的角度对中学数学教育研究课题进行了分类。这种分类是相对的,在实际的数学教育研究中,可以根据实际需要加以选择。

## 第二节  数学教育研究课题的选题来源

选择课题是数学教育研究活动的起点,决定了数学教育研究活动的目标和方向。因此,课题的选择是衡量数学教育研究者研究能力和水平的重要标志。研究课题不是凭空想象出来的,而是在国家层面的战略需求、教育实践中面临的现实困惑的基础上,结合自身的兴趣综合考虑的结果。

### 一、从经典的教育及数学教育基本理论中寻找研究课题

数学教育与教育学、心理学等众多学科密切相关。由于受环境等多种因素的影响,数学教育研究者将教育学、心理学理论运用于具体的教育教学实践时,难免会产生诸如理论适切性、预期困难、突破路径等问题,其中有价值的、迫切需要解决的问题,就有可能成为研究课题。

首先,可以应用教育教学经典理论。教育教学经典理论从不同视角回答了"怎样教"和"学习是如何发生的"等问题,经得起时间的考验,被教育界广泛接受。如赫尔巴特的教学形式阶段理论,行为主义的程序教学理论、"试误说"教

学理论、经典条件反射理论、操作性条件反射理论,认知主义学习理论(如信息加工理论、认知结构理论、有意义接受学习理论),建构主义学习理论,社会学习理论等。研读、应用教育经典理论时,可以从两个方面发现问题:一是利用理论指导实践,比如将教育心理学经典理论引入数学学科,用于解决组织教学材料、设计教学过程中遇到的困境;二是在实践中运用、总结理论,比如运用教育学与心理学知识有效地解决在特定的数学课堂、教学环境中出现的意料之外的问题。

其次,可以演绎数学教育新兴理论。在教育学与心理学经典理论的基础上,相关的学者从不同视角出发,通过继承、融合、创新等方式提出了一系列新兴学习理论,如 APOS 理论、CPFS 结构理论、ACT-R 理论、深度学习、学习进阶等。前两个为数学概念学习领域的理论模型,其余则是从人工智能、科学教育等领域引进,并经过融合创新的学习理论。针对新兴数学学习理论,研究者可以从多个角度挖掘有价值的选题:一是挖掘理论的工具性价值,将理论作为组织教学的框架,在教学设计中发现问题;二是验证理论的教育性价值,运用理论实施教学,在课堂教学与反思中发现问题;三是完善理论的学术性价值,"吃透"理论,发现其不足之处。

### 二、从有影响力的国内外数学教育学术会议前沿中寻找研究课题

首先,可以追踪国际数学教育研究会议。国际性数学教育研究会议聚集了全球数学教育界的众多专家,是全球数学教育专家交流、展示最新研究和成果的重要平台。作为国际数学教育界最高水平的盛会,国际数学教育大会,每四年举办一次,其研究对象和研究范围涉及数学教育的各个领域和层次。关注国际性数学教育研究大会可以了解全球数学教育的最新进展与成果,掌握全球数学教育的各种信息,在学习和思考中挖掘适合研究的数学教育问题。

其次,可以跟踪国内数学教育大会。国内数学教育大会主要包括我国数学教育领域最高级别的研究会——全国数学教育研究会和各机构自发组织的论坛、会议等。各种类型的会议均设有主要议题或会议主题,这些会议共同关注的议题在一定程度上彰显了当前数学教育研究的前沿与热点。比如,自"学生发展核心素养"和"学科核心素养"提出以来,"核心素养"已成为指导我国教育改革的风向标。2018 年全国数学教育研究会学术年会的第一项议题就是"核心素养与数学教育研究",2019 年北京师范大学举办的"首届京师数学新课程教

学与评价会议"、人民教育出版社举办的"第九届基础教育改革与发展论坛"议题均涉及学生发展核心素养和数学核心素养。跟踪国内数学教育大会有助于研究者把握当前国内数学教育发展的现状和研究趋势,近距离地了解相关领域的研究成果,从而选择既符合现实需求又能展现个体经验的研究问题。

### 三、从重要期刊发布的重点选题计划中发现研究课题

首先,可以重点关注核心期刊选题计划。中文社会科学引文索引(CSSCI)和中文核心期刊,如《数学教育学报》《数学通报》,每年都会发布年度重点选题计划,从中选择数学教育研究前沿和热点问题,富有时效性且针对性强,同时解决了期刊后期的论文投稿问题。此外,期刊年度重点选题计划具有延续性和重复性。比如,《数学教育学报》2018年和2019年连续两年的选题中有6项内容完全相同,3项属于同一研究领域;近3年相同领域内的选题有7项。故参考期刊近年的选题计划,有助于研究者选择感兴趣的问题开展系列研究。

其次,重视重要期刊近期的选题。除CSSCI和中文核心期刊外,研究者特别是中小学一线教师还可以关注数学教学实践类期刊,如《中学数学教学参考》《中学数学杂志》《中学数学》。这些期刊主要针对数学教育教学实践,如试题赏析、教学设计、教学实录,注重以小见大,贴合一线教师的日常工作,且被中国人民大学复印报刊资料转载的频率较高,具有一定的影响力。另外,还要关注类似期刊的近期选题,挖掘已有选题的特征和价值,树立问题意识,增加对问题的关注度和敏感性,及时发现有价值的问题。

### 四、从各级各类课题申报指南和立项课题中寻找研究课题

首先,可以关注各级各类课题申报指南。国家及各省、市、自治区每年都会发布课题申报指南。比如,全国教育科学规划课题申报一般是在每年年初,省部级课题申报指南一般在3月、4月。各级各类课题申报每年的公布时间根据课题申报进度有所调整。课题指南在一定程度上代表着现阶段教育界关注的经典、热点、焦点和难点问题。研究者要有意识地关注各级各类课题申报指南(尤其是重大课题、重点课题),掌握数学教育研究领域的热点与前沿问题,进行选题研究。

其次,可以关注各级各类获批立项课题及结项公示。一方面,获批立项的课题是教育研究者深思熟虑、基本程序完备的成果,关注这些课题能了解知名机构和专家现阶段的研究领域,进而管窥研究趋势。比如,全国教育科学规划

年度立项课题中每年都有中小学数学教育课题立项(见表2-1、2-2),其中2010年和2011年把"中小学数学教育"作为一个学科专门单独立项为国家级课题。另一方面,结项公示中的课题都经过专家选定和程序鉴定,凝聚了诸多研究者的心血,质量较高。特别是国家级课题和省部级重点课题,一般都要求在SSCI或CSSCI期刊上公开发表系列论文。数学教育研究者可以关注各级各类课题结项公示,着重选择与中小学数学教育实践相关的研究领域。在有效阅读相关成果的基础上做全盘性思考,并有选择性地利用研究方法、工具或专业表达,从中寻找值得研究的问题。此外,还可以重点关注研究者对该领域的文献综述,选择研究空白处或不足之处,结合自身经验开展问题研究。

表2-1　全国教育科学规划2010—2011年度中小学数学教育研究专项立项课题

| 年份 | 课题编号 | 课题名称 | 主持人及工作单位 |
|---|---|---|---|
| 2010 | GOA107001 | 义务教育数学课程教材整体设计研究 | 刘坚,教育部基础教育课程教材发展中心 |
| | GOA107002 | 基于问题解决的国外高中几何课程研究 | 孙晓天,中央民族大学 |
| | GOA107003 | 基于课程标准的学生数学学业质量评估体系建立及测试结果分析研究 | 张丹,北京教育学院 |
| | GOA107004 | 高中教师数学学科教学知识(PCK)的案例研究——以高中数学必修课程为例 | 李渺,孝感学院 |
| | GOA107005 | 读懂中小学生数学学习过程的方法研究 | 张春莉,北京师范大学 |
| | GOA107006 | 义务教育数学课程学段划分研究 | 刘鹏飞,吉林师范大学 |
| | GOA107007 | 小学数学"应用问题解决"学与教的研究 | 朱凯,连云港师范高等专科学校 |
| | GOA107008 | 初中生高等级数学思维及其测量工具研制 | 马复,南京师范大学 |
| | GOA107009 | 中小学数学"问题驱动、研训一体、共同发展"教研模式的实践研究 | 孔凡哲,东北师范大学 |
| | GOA107010 | 中小学数学课程核心内容及其教学的研究 | 章建跃,教育部课程教材研究所 |
| | GOA107011 | 初中学生数学解题过程的眼动研究 | 冯虹,天津师范大学 |
| | GOA107012 | 新课改十年数学课堂的变化研究 | 黄翔,重庆师范大学 |
| | GOA107013 | 中美中小学优秀数学教师的比较研究 | 周莹,广西师范大学 |

续表 2 – 1

| 年份 | 课题编号 | 课题名称 | 主持人及工作单位 |
|---|---|---|---|
| 2010 | GOA107014 | 新课程改革背景下的数学课堂教学研究 | 李士锜，常熟理工学院 |
| | GOA107015 | 数学课程改革理念与教学示范一致性研究 | 曹一鸣，北京师范大学 |
| | GOA107016 | 信息技术与小学数学学科整合的新方式 | 唐彩斌，浙江杭州市上城区教育学院 |
| | GOA107017 | 小学生数感的发展与特征研究及课程设计 | 郭民，东北师范大学 |
| | GOA107018 | 新课程改革背景下数学高考试题及其与中学数学教学关系的研究 | 张饴慈，首都师范大学 |
| | GOA107019 | 基于多元表征学习的初中代数变式教学研究——"以学论教"改革实验 | 李静，廊坊师范学院 |
| | GOA107020 | 小学数学教师学科教学知识（PCK）发展的案例研究 | 王九红，江苏教育学院附属小学 |
| | GOA107021 | 基于 PCK 的中小学数学教师专业发展研究 | 刘加霞，北京教育学院 |
| | GOA107022 | 小学低段"玩中学"数学教学模式实验 | 方展画，浙江省教育科学研究院 |
| 2011 | GIA117001 | 高中数学课程整体设计研究 | 王尚志，首都师范大学 |
| | GIA117002 | 改革开放以来中国中小学数学课程发展史研究 | 吕世虎，西北师范大学 |
| | GIA117003 | 十年数学新课程的实践反思研究 | 傅赢芳，深圳大学 |
| | GIA117004 | 中学数学教学与学生学习心理一致性的调查研究 | 张景斌，首都师范大学 |
| | GIA117005 | 义务教育小学数学课程中"综合与实践"学与教的研究 | 刘莉，湖北省教学研究室 |
| | GIA117006 | 网络研修与数学教师的专业成长研究 | 綦春霞，北京师范大学教育学部 |
| | GIA117007 | 中学几何教学与中学生空间认知能力发展一致性调查研究 | 周珍，首都师范大学 |
| | GIA117008 | 学生早期代数思维的形成与发展研究 | 谢益民，暨南大学华文学院 |

续表 2 - 1

| 年份 | 课题编号 | 课题名称 | 主持人及工作单位 |
|---|---|---|---|
| 2011 | GIA117009 | 数学问题情境创设有效性研究 | 郭建鹏,厦门大学 |
| | GIA117010 | 数学问题情境创设有效性研究:基于 PISA 2012 数学领域测试的视角 | 杨玉东,上海市教育科学研究院 |
| | GIA117011 | 校本教研与农村初中数学教研组建设案例研究 | 景敏,沈阳师范大学 |
| | GIA117012 | 小学数学教学与学生学习心理一致性的调查研究 | 高丽,陕西师范大学 |
| | GIA117013 | 新课程改革背景下数学合作学习典型案例研究 | 温建红,西北师范大学 |
| | GIA117014 | 建国以来中国小学数学课程发展研究 | 刘久成,扬州大学 |
| | GIA117015 | 初中数学电子教材的设计研究与应用实践 | 马玉慧,渤海大学 |

表 2 - 2　全国教育科学规划 2012—2021 年度中小学数学教育研究立项课题

| 年份 | 课题编号 | 课题名称 | 主持人及工作单位 |
|---|---|---|---|
| 2012 | DHA120238 | 六十年我国中小学数学教学改革模式研究（1949—2009） | 徐建星,扬州大学 |
| | DHA120241 | 基于 PCK 结构框架的数学课例分析模式研究 | 董涛,福建师范大学 |
| | ECA120343 | 中学数学远程辅导研究 | 陈永建,福建省建瓯市吉阳中学 |
| 2013 | CHA130167 | 小学数学教师学科教学知识的测量与评价研究 | 解书,东北师范大学 |
| | DHA130274 | 数学史应用于数学教育的方法论研究 | 傅海伦,山东师范大学 |
| | EHA130395 | 内容分布与认知要求双重视角下的义务教育课程标准国际比较研究:以数学课程为例 | 康玥媛,天津师范大学 |
| 2014 | DHA140281 | 国际视野下高考数学试卷质量标准研究 | 梅松竹,淮北师范大学 |
| | DHA140327 | 数学开放题学习对小学生思维发展影响的评测研究 | 杨传冈,江苏省盐城市第二小学 |

续表 2－2

| 年份 | 课题编号 | 课题名称 | 主持人及工作单位 |
|---|---|---|---|
| 2015 | BHA150120 | 香港内地小学数学教材对比研究 | 高红妹,深圳市湖贝小学 |
| | DMA150217 | 边疆少数民族地区小学数学教学中融入数学文化的调查研究 | 吴骏,云南师范大学 |
| | DHA150345 | 高中数学教学方法的优选策略研究 | 陈平,江苏省苏州实验中学 |
| | EHA150424 | 数学教育视角下的影子教育研究 | 王立东,中国人民大学附属中学 |
| 2016 | DHA160364 | 高中生数学核心素养培养的策略及评价研究 | 林京榕,三明市尤溪第一中学 |
| 2017 | BOA170043 | 实践哲学视域下民国时期我国小学数学课程发展史研究 | 叶蓓蓓,广西师范大学 |
| | BBA170062 | 认知抑制与数学问题解决的实验研究 | 李晓东,深圳大学 |
| | DHA170347 | 小学生数学关键能力的表现性评价研究 | 刘加霞,北京教育学院 |
| | DHA170351 | 核心素养视角下的中考数学命题模式研究 | 蔡德清,莆田市教师进修学院 |
| | DHA170403 | 基于儿童认知风格的数学问题解决教学改革 | 荀步章,宝应县实验小学 |
| 2018 | BHA180134 | 40 年我国数学教育课堂变革的中国经验研究(1978—2018) | 徐建星,扬州大学 |
| | CHA180264 | 高中生数学学科核心素养测评与课程标准一致性研究 | 朱立明,唐山师范学院 |
| | XHA180286 | 面向核心素养的数学问题情境教学测评模型研究 | 夏小刚,贵州师范大学 |
| | DCA180319 | 面向小学数学应用题的问题情境仿真支持系统及其关键技术研究 | 余小鹏,武汉工程大学 |
| | DHA180370 | 差异化教学促进高中生数学核心素养的效果研究 | 王宽明,贵州师范大学 |
| | DHA180412 | 深度教学培养小学生数学学科核心素养的实证研究 | 张先彬,重庆两江新区星湖小学校 |

续表 2 - 2

| 年份 | 课题编号 | 课题名称 | 主持人及工作单位 |
|------|---------|---------|----------------|
| 2018 | DCA180419 | 基于 HPM 视角下的高中数学系列微课开发研究 | 任伟芳,宁波市教育局 |
| | DHA180424 | 基于深度学习的小学数学"说理"课堂的实践研究 | 罗鸣亮,福建省普通教育教学研究室 |
| | DHA180438 | 基于 STEM 教育理念的初中数学"综合与实践"课程教学研究 | 黄雄,福建省厦门双十中学 |
| | DHA180442 | 基于数学核心素养的智慧课堂实践研究 | 张茹华,厦门同安区第一实验小学 |
| | EHA180480 | 形式与功能:中美芬数学课堂关键教学行为比较研究 | 于国文,北京师范大学 |
| 2019 | BOA190223 | 新中国成立 70 年小学数学教育发展史研究 | 汤雪峰,江苏省扬州市汶河小学 |
| | DHA190371 | 改革开放以来小学数学教科书内容嬗变及其经验研究 | 刘久成,扬州大学 |
| | DHA190434 | 基于创新人才培养的高中数学建模教学实践研究 | 苏圣奎,福建省厦门第六中学 |
| | DHA190444 | 基于深度学习的高中数学概念教学研究 | 白福宗,福建省厦门双十中学 |
| | DHA190453 | 指向整体建构的小学数学简约教学资源建设 | 许卫兵,江苏海安市城南实验小学 |
| 2020 | DHA200321 | 基于证据的数学高阶思维培养的行动研究 | 胡军,上海市虹口区教育学院 |
| | DHA200329 | 基于核心素养的高中数学深度学习案例研究 | 唐文建,铜仁市教育科学研究所 |
| | DHA200370 | 小学数学核心知识建构的教学研究 | 魏光明,南京市金陵中学实验小学 |
| | DHA200373 | 指向学科核心素养的数学单元学习群的实践研究 | 庄惠芬,江苏省常州市武进区星河实验小学 |

续表 2 - 2

| 年份 | 课题编号 | 课题名称 | 主持人及工作单位 |
|------|----------|----------|------------------|
| 2020 | DHA200374 | 基于核心素养培育的数学思想方法渗透教学实践体系研究 | 孙政,江苏省淮阴师范学院第一附属小学 |
| | EHA200407 | 义务教育阶段数学学习机会评价模型的构建与实测研究 | 王婷,济南大学 |
| 2021 | BHA210126 | 小学数学教师课程实施水平评估模型的研究 | 姜荣华,东北师范大学 |
| | DHA210345 | 地方早期数学英才甄选与培育对策研究 | 刘达卓,闽南师范大学 |
| | DHA210390 | 基于 SOLO 分类理论的小学数学个性化校本作业开发研究 | 王广木,厦门市集美区乐海小学 |

### 五、从国内数学教育专家的相关研究中寻找研究课题

专家作为某一领域的领军人物,其关注点和研究方法在一定程度上代表了该领域的先进水平。紧追数学教育专家的相关研究有助于了解该领域的发展现状和主要研究方法,丰富知识,拓展思路。近年来,北京师范大学的曹一鸣团队从宏观和微观角度对多个国家的数学课程标准与教材进行了全方位的比较研究,为我国教材编写和修订提供了借鉴。华东师范大学的汪晓勤团队专注于将数学史融入数学教学研究,从理论构建到实践拓展、从教材到教学设计,密切关注数学史与数学思想在课堂中的落实。浙江师范大学的张维忠团队长期致力于数学文化与数学教育,并深入进行国际前沿领域的"多元文化数学课程理论与实践"课题研究,为我国少数民族数学教育提供了理论依据。天津师范大学的王光明团队深入研究"数学元认知""数学学习策略""高效数学学习心理特征"课题,从现状入手,设计问卷、建立常模,为判断中学生的高效学习水平提供了标准;同时,紧跟国家教育战略需求,深入研究"教师核心素养和能力"课题,构建教师核心素养和能力的双螺旋结构模型,为教师进行自我发展、专业培训提供了依据。

### 六、从中小学日常数学教学实践中寻找研究课题

首先,可以关注教育改革整体变化,通过归纳或反思相关教育实践,选择关注度高、有一定前瞻性且自己能够把握的问题进行研究。课堂是展现教育或课程改革是否落实的最明显的平台。为了确切适应政策要求,教师需要不断学

习、思考、创新，以政策为指导重新组织教学。在这个过程中，教师要从教育改革的整体大局出发，关注教育改革背景下课堂教学、学习环境、学生学习方式等方面的变化，探索适应教育现代化要求的教科研工作体系。

其次，可以反思课堂教学典型案例。一线教师具有丰富的教学实践经验，更适合以解决当下教育实践中的现实困惑为目标，以草根式方法解决问题的微观类课题，如"说课""课件制作""过渡性语言""提问策略""教学方法""试题解析"。微型式课题主要来源于教师实践经验的提炼和对课堂教学案例的反思，注重以小见大，见微知著。这需要教师保持对教育的敏感性，聚焦教材、教学设计、课堂教学、课后反思、工具辅助等教育教学的各个方面，敏锐地感知教育情境或教育问题，及时做出专业判断，抓住选题契机。

### 七、从社会、学校与家长关注的焦点问题中寻找研究课题

中小学学生受教育的场所主要是学校和家庭。因此，研究者不仅要关注教师讲授知识的教学效果，还要关注学生在校的学习环境及同样拥有教育者身份的家长的诉求。

首先，可以聚焦课堂学习环境。学习环境是影响学习者学习的外部环境，可分为物理学习环境、资源学习环境、技术学习环境和情感学习环境等。目前，学校和家长关注的焦点是物理学习环境和技术学习环境，如"走班制"和在线学习。"走班制"是我国为打破高中文理分科，与高考改革接轨而提出的一项措施，目前仍处于试行阶段。"走班制"的施行对学校管理、教师结构和学生学习带来了巨大的改变和一系列问题。学校如何突破空间阻碍？如何保障教师结构的合理化？学生如何选择所学科目？是否要考虑未来的职业规划？这些问题都可以作为研究的主题。在线学习最常见的方式是通过网络平台观看视频或直播，它是基于技术的学习。在线学习是转变现代学习方式的需要。2020年，在线学习成为中小学生主要的学习方式，但由于技术原因和现实原因，备受社会争议。因此，研究者可以从中选择合适的研究问题。

其次，敢于直面教育焦点问题。这里的教育焦点问题指与校园环境和课堂教学相关的社会现象或教学现象，比如"双减政策""校园欺凌""懂而不会"。这些现象为教师选择研究问题提供了大方向，教师要透过表面现象剖析其背后的原因，深度挖掘问题的本质，精确定位研究方向，保障研究顺利开展。以"双减政策"为例，针对家庭作业繁重的普遍现象，国家相关文件指出全面减少家庭

作业总量,提高作业设计质量。因此,研究者可以此为指引,从中发现研究问题。中小学数学教师还可以从优化作业设计的实践角度出发,分析、思考问题症状,找到亟须解决的问题。

# 第三节 数学教育研究课题的方案设计

## 一、课题申报书的构成

我们可以根据不同的渠道、不同的级别申报不同等级的课题,比如国家级、省级、校级等。课题申报包括课题申报书的填写、课题的论证两个环节,课题申报成功可以获得一定的科研经费,从而增强研究者搞科研的动力和信心。

课题申报最重要的就是填写课题申报书,不同级别类型的课题申报书不同,要求也不一样。填写申报书是争取科研基金资助或立项的重要步骤,申报书也是反映科研人员的内在价值与学术水平的文件。课题评审专家对申报项目的评审基本上也是根据申报书中所填的内容,决定是否批准立项与资助。因此,申报书应填写规范,详略得当,内容表达清晰,对学术问题的思考要缜密和科学,分析问题要深入。其基本要求就是:实事求是,严肃认真,详略得当,标准规范,用词准确,语句流畅,字迹工整,不宜缺项。以全国教育科学规划课题申报为例,一般有以下部分:

### (一)申报书封面

包括课题类别、课题名称、指南题号、学科分类、课题负责人、负责人所在单位、填表日期。

1. 课题类别。课题类别一般分为国家一般课题、国家青年基金课题、教育部重点课题、教育部青年专项课题、单位资助教育部规划课题,申报人根据申报情况限报一项。

2. 课题名称。要求准确、简明地反映研究内容,并具有特色,最多不超过40个汉字(包括标点符号)。

3. 指南题号。指南题号是指国家规定的一些选题指南的代号。

4. 学科分类。学科分类指课题研究所属学科范围。

5. 课题负责人。课题负责人指真正承担课题研究和负责课题组织、指导的研究者,是本项科研课题实际申请者。由于课题申报涉及科研申报批准后课题能否实施,能否按质按期完成,如获奖还涉及有关申请者的名誉、待遇等一系列问题,因此课题负责人应是课题的提出者与完成者。

6.负责人所在单位。要写全称,以单位公章为准。涉及多个协(合)作单位时要根据研究任务的多少等确定好主次。

7.填表日期。要准确填写填表日期。

**(二)基本信息表**

数据表是与课题申报相关的一些基本信息表,具体包括课题名称、关键词、选题依据、指南题号、课题类别、学科分类、研究类型,负责人的姓名、性别、民族、出生日期、行政职务、专业职务、研究专长、最后学历、最后学位、指导老师、所在省(自治区、直辖市)、所属系统、工作单位、电子信箱、通信地址、邮政编码、联系电话、身份证号,以及主要参加者的基本信息、预期最终成果、申请资助经费、预计完成时间。

**(三)科研状况表**

科研状况包括负责人和课题组主要成员近三年来取得的与本课题有关的研究成果以及主持的相关重要研究课题。研究成果部分包括成果名称、著作者、成果形式、发表刊物或出版单位、发表时间或出版时间这几个部分;主持课题部分包括主持人、课题名称、课题类别、批准时间、批准单位、完成情况几个部分。这些内容都需要申请者如实填写,一旦发现有虚假信息,申报一律作废。

**(四)课题设计论证表**

课题设计论证表是课题申报的核心内容,即一个较为详细的课题研究计划,具体内容包括本课题的选题背景、核心概念的界定、国内外研究现状述评、选题意义即"研究价值",本课题的研究目标、研究内容、研究假设和创新之处,本课题的研究思路、研究方法、技术路线和实施步骤。其中,国内外研究现状主要考查申请者对与本课题有关的国内外研究概况和最新进展的了解程度,以及综合分析、系统归纳、发现问题、预测研究动向的能力,也是评审专家评审课题时的参考内容之一。选题意义切忌空洞,研究价值不能夸大,要清晰地阐明研究目标。研究内容要具体,使评审者了解申请者拟做什么工作,能否达到研究目标,拟解决的关键问题是否关键等。研究假设要有凭有据,创新部分要简明扼要。申请者的课题研究思路一定要条理清晰,研究方法应丰富多样,应采用先进的教育科学研究方法与技术,制订切实可行的实施步骤。课题设计论证表字数一般控制在 8000 字左右。

**（五）完成课题的可行性分析表**

此表需要填写已取得的相关研究成果的社会评价（引用、转载、获奖及被采纳情况）、主要参考文献，主要参加者的学术背景、研究经验、组成结构（如职务、专业、年龄），完成课题的保障条件（如研究资料、实验仪器设备、研究经费、研究时间及所在单位的条件）。

**（六）其他栏目**

还有一些其他的表格，如预期研究成果表、经费表。预期研究成果分为主要阶段性成果（限报 10 项）和最终研究成果（限报 3 项，其中必含研究报告和系列研究论文）。主要阶段性成果由序号、研究阶段（起止时间）、阶段成果名称、成果形式、负责人组成；最终研究成果由序号、完成时间、最终成果名称、成果形式、负责人组成。经费表格需要申请人如实填写经费管理单位名称、通信地址、邮政编码、联系电话、开户银行、账号，并严格监督课题经费的合理有效使用，保证课题经费单独立户，专款专用，不挤占和挪用课题经费，并要求在结题的时候提供课题经费使用明细单。

课题申报也有一些要求，比如，课题负责人只能申报一个课题，且不能作为课题组成员参加其他项目的申请；课题组成员不能同时参加两个以上（含两个）课题的申请；在研的全国教育科学规划课题负责人不能申报课题，得到同级别基金项目教育学科（国家自然科学基金课题、国家社会科学基金课题以及教育部人文社会科学课题、其他部委办以及省级社会科学基金项目等）资助的课题负责人不得以同类课题申报；不支持已有两个以上（含两个）其他来源的省部级在研项目的申请者申报。

**二、课题论证方案的设计与案例**

课题论证方案的设计是课题申报书填写的核心环节。对于接触课题研究的初学者来说，最好的办法之一就是认真研读和研习各种研究方案的范文，把握研究设计谋篇布局的逻辑。下面结合具体案例对课题研究论证方案中的关键性问题进行重点说明。

**（一）选题背景**

选题背景主要概述选题的缘由及现实中存在的问题，即概述如何在一个基本的理论点和实践下明确一个问题域，进而聚焦一个真实的、创新的、必要的基本问题,并将它作为课题研究的主题。这部分是概述,所以要言简意赅和高度概括。

**【案例 2-1】 选题的现实背景①**

"改革开放以来我国初中数学教科书内容及价值取向演变研究"这一课题的选题背景是这样阐述的:

(1)源于当前国家对教科书建设彰显国家核心价值观和"文化自信"的要求。众所周知,我国中小学教科书的概念是随着近代西方教育思潮的传入而出现的,它产生于特定历史条件下,反映了当时的社会背景,具有极强的文化指向性。《全国大中小学教材建设规划(2019—2022 年)》指出,到 2022 年,中小学教材建设重点是增强教材育人功能,提高社会主义核心价值观融入各学段教材的系统性,增强"四个自信"。教育部《中小学教材管理办法》指出,中小学教材必须体现国家和民族基本价值观,体现人类文化知识积累和创新成果。事实上,当前学术界对语文、英语、历史、思想品德等文科教科书的文化内容选择及价值取向研究较多,而理科教科书相对研究较少。因此,数学教科书中的文化内容如何选择与取舍,特别是理科教科书建设如何彰显"文化自信"是当前必须深入考虑的重要命题。

(2)源于当前修订教科书提供理论依据的现实诉求。当前我国正处在由"三维目标"向"关键能力"转变的教育改革升级过程中,一大批新的教科书已经或即将面世,教科书建设必然要求更高水准的教科书研究为此提供依据和支撑。在教科书的内容选择方面,除了常见的与"知识筛选与编排"有关的"实质"内容之外,教科书中承载的人文意义与社会价值观等"虚质"内容也非常重要。事实上,与教科书编制的"知识性"失误相比,教科书编制的"文化性"偏颇或漏洞往往更为隐性,但是后果却不容忽视,因为这关涉到"立德树人"的教育根本方向。因此,开展本课题研究可以为初中数学教科书的修订提供理论依据和参考价值,进而为教育质量的提升贡献力量。

(3)源于中小学数学教师使用教科书过程中对文化选择及价值取向的忽视。教科书是传承文化的重要载体,其蕴含的文化构成和价值取向对学生文化

---

① 此课题由南昌师范学院的孙庆括老师主持。

观念的塑造有重要影响。因此,分析教科书中的不同文化构成,向学生传播正确的价值观念是教师义不容辞的责任。然而,课题组在前期针对数学教科书使用研究的调查中发现,很多教师缺乏对教科书文化构成和价值取向的有效关注。同时,教育部《中小学教材管理办法》明确强调:教科书编写修订不得有民族、地域、性别、职业、年龄歧视等内容。因此,弘扬数学教科书蕴含的正确价值取向,发现并摒弃潜在的教科书编者未曾意料到的不良价值取向也是教科书研究与建设必须重点关注的问题。

**(二)概念界定**

概念界定即对课题研究的核心概念进行明确,包括核心概念的内涵、外延,研究对象是哪些,研究范围做何限定等。界定核心概念时,要把课题名称中涉及的核心词抽取出来,一一界定清楚。某一核心词可能有多种意义或解释,界定时要突出本课题研究中的含义或指向;关于课题本身的界定,则要把本课题的研究内容、研究目的与思路等交代清楚。如果核心概念界定不清,将会使研究目标、研究对象、研究范围、研究内容产生不确定性,直接影响到研究的信度与效度。

**【案例 2 - 2】 核心概念界定①**

"多元文化视野下的数学教科书研究"这一课题,对涉及的"文化""多元文化""多元文化数学"三个核心概念界定如下:

(1)文化。"文化"的概念极其多,概括地说,文化是人类群体或社会共有的产品,包括价值观、语言、知识和物质对象等,主要有三层含义:一是指人们的生活方式,既包括人们创造的精神财富,又包含人们创造的物质财富;二是指人们创造的精神财富;三是指人们创造的意义或象征体系,精神财富中的一部分属于规范人们行为的部分。本研究中的文化主要偏重人类学观点,认为文化是人类共同的文化遗产,是特定群体的生活方式。

(2)多元文化。"文化多元主义"的概念首次出现于美国犹太裔哲学家喀兰在 1915 年发表的《民族主义与熔炉》一文中。到二十世纪五六十年代,其逐渐成为一种社会思潮。随着人们认识的加深,对多元文化内涵的理解逐渐从宏

---

① 此课题由南昌师范学院的孙庆括老师主持。

观层面转移到了微观层面，更多关注人类群体之间价值规范、思想观念乃至行为方式上的差异。总的看来，多元文化的含义是多层次的。它不仅指全球范围内不同民族文化共存共荣，而且也意味着单一民族国家中的传统文化对其他民族文化的宽容以及必要的吸收。其核心是承认文化的多样性，承认文化之间的平等和相互影响。本研究中的多元文化内涵既包括宏观层面的定义，也包括微观方面的定义，既指社会系统中同时并存各种不同的文化，也指每种文化自身内部的价值观念与思维方式。

（3）多元文化数学。"多元文化数学"的概念首先以"民族数学"或"民俗数学"为切入点，所以这个名词产生之初，它的定义很大程度上就是"民族数学"的含义。此时更多指的是某些特定文化群落或人群（如少数民族）所创造的数学。此后，它的内涵逐步扩大到指各种不同文化族群所使用与创造的数学。本研究中所使用的"多元文化数学"概念认为民族数学是多元文化数学最重要的表现形式，但它不等同于民族数学；同时，它应该充分使用民族数学的工作成果。另外，数学自身的发展受特定的社会文化背景和环境的影响，不同的文化传统对数学有不同的表现形式，即多样的文化产生了多样的数学，多样的数学又适应并促进了文化的多元发展。

**（三）国内外研究现状述评**

研究现状述评又称文献综述，是课题论证的重要环节。文献综述的撰写通常分"述"和"评"两个部分。最忌讳的是出现材料堆砌和评述分离现象，虽然罗列了一大堆有价值的研究成果、理论成果或权威人士的观点，却没有做出任何分析和说明。事实上，述评的主要功能是为本研究提供一个概念框架和背景知识。"述"是对国内外已有的研究，尤其是近十年来与本课题相关的问题（内容维度）进行较准确、精练的综述，看曾经有哪些学者对这个问题进行过研究，研究了什么，取得了哪些研究成果，注意要将相关的问题研究结果进行综合。综述要尽可能全面、详尽、真实，不能随意杜撰，断章取义。引文出处也要规范，避免侵犯知识产权。"评"是综合梳理前人已有的学术观点、研究成果，找出本课题研究的切入点。我对已有的研究如何看待，有哪些研究，有哪些进一步研究的空间与接口。我做这项研究与之相比较，切入点和落脚点有哪些区别，有哪些创新与发展，将会获得什么样的成果，这些成果的取得和突破，对推动教育理论创新和教育改革实践将起到什么作用，具有什么价值和意义，等等。这部分内容是课题研究的逻辑起点,决定本课题研究的目标、内容和基本假设。尤其注意所"述"文献的准确性和所"评"观点的客观性。述的目的是评,评是对述的深化。

**【案例 2 -3】 课题的国内外研究述评①**

"江西城乡义务教育数学教师有效教学行为对比研究"对国内外研究现状述评如下:

(1)国外有代表性的教师教学行为研究进展

国外最早对教师行为进行研究的是美国学者克雷茨(Kratz)。1896 年,他发表了探讨教师人格和特性的《儿童公认的优秀教师的特征》一文,通过对优秀教师品质的意见调查,制定特征量表,作为改进师资培训和教师行为的参考依据。这一研究将教师课堂教学过程与学生学习的成果紧密相连,故被称为"过程—成果法"。这也标志着教师行为的研究进入了一个专门化时期。罗森珊和佛斯特(Rosenshine & Furst,1971 年)使用这一方法,在文献分析的基础上,找出了 11 种与学生成果相关的教师课堂教学行为。此后,教师教学行为的研究逐渐进入了量化和比较研究阶段。20 世纪 60 至 70 年代,教师教学行为研究更加具体化:一方面通过研讨教师的课堂教学行为来寻找教师课堂教学行为与教学效果之间的关系;另一方面通过分析影响教师课堂教学行为的因素来研究教师教学效能的提高。20 世纪 80 年代以后,研究逐渐向教师专业化行为的方向转变:①教师教学行为类型研究,如美国学者安德森(Anderson)和他的同事将教师行为分为控制型和统合型两类;②教师课堂教学行为标准研究方面,如瑞恩斯(Ryans)对课堂特定情境中教师行为的成败进行鉴定并分析,得出"教师有效/无效行为分辨表";③教师角色行为研究方面,出现了两种重要的教师角色行为模式,即盖特泽尔斯(Getzels)和塞伦(Thelen)的社会模式、帕森斯(Parsons)的价值取向模式;④教师"机智"行为研究方面,加拿大学者马克斯·范梅南(Max Van Manen)认为教学机智行为是一种"智慧行为",并通过言语、沉默、眼神、动作等方面的研究提出了实现教育机智的行为方式;⑤师生互动行为研究方面,代表性研究有利比特(Lippitt)和怀特(White)的教师领导方式研究及

---

① 此课题由南昌师范学院的孙庆括老师主持。

弗兰德斯(Flanders)的师生互动行为研究等。

（2）国内有代表性的教师教学行为研究进展

国内关于教师课堂教学行为的研究起步较晚,始于21世纪初的第八次基础教育课程改革前后。研究者从介绍国外教学行为研究的现状开始,如盖立春、郑长龙、张建琼等人对国外教学行为研究的范式、内容等进行了全面介绍。研究成果主要有:①教师教学行为结构研究,傅道春、赵伶俐、欧培民、唐松林等学者的研究较为突出。其中傅道春是我国较早、较系统地对教师行为进行研究的学者之一,他将教师行为分成教师基础行为、教师组织行为与教师技术行为三大类,并从两个侧面对教师组织行为进行研究。②教师教学行为有效性方面。许多研究者认为对教师行为研究的目的就是提高教师行为的有效性,从不同的视角出发,尝试寻找提高教学行为有效性的途径、方法。也有学者从具体学科出发对教学行为的有效性进行研究,如夏志芳主编的《课堂教学行为研究丛书》就九门具体课程进行了系统研究。③教师教学行为转变方面。越来越多的学者开始关注新课程下的教学行为的转变方式。如罗生全采用质的研究方法对教师课堂教学行为进行了调查研究。此外,也有以数学教师为对象对教师某一特定的教学行为进行研究的,如曹一鸣、贺晨的《初中数学课堂师生互动行为主体类型研究:基于LPS项目课堂录像资料》,叶立军、李燕、斯海霞的《初中数学新老教师课堂教学语言比较研究》。

总的看来,国内外研究成果主要从宏观角度出发探讨教师的课堂教学行为,涉及教学行为分类、教学行为的有效性、教学行为的研究方法等方面,为进一步研究提供了大量的文献。然而,成绩背后也存在着一些不足。具体表现在:①基于数学等具体学科或课例等微观角度对教师教学行为的系统研究较少。对基层教师来说,作为理论与实践的桥梁的教学行为研究的可操作性需要进一步加强。②课堂教学行为研究成果缺乏检验,许多有关提高课堂教学行为有效性的策略是否有效值得商榷。③课堂教学行为研究方法单一,研究持续时间短,其研究成果是否适合我国课堂教学是值得进一步思考的问题。④课堂教学行为研究对学生关注不足,研究者主要关注的是教师的课堂教学行为及其影响因素,忽视了学生在课堂中的行为及其对教师教学行为的影响。因此,开展本课题研究不仅能促进当前我省义务教育数学课程改革的深化,还能为我省乃至全国农村中小学教师国家、省级培训设置具有针对性和有效性的培训课程提供依据,从而提高农村教师队伍的教学水平。

**(四)研究假设**

研究假设是进行科学研究的重要组成部分。研究者在选定课题后,要根据事实和已有资料就课题设想出一种或几种可能的答案、结论。这种假设是研究者根据一定的科学知识和新的科学事实对所研究的问题的规律或原因做出的一种推测性论断和假定性解释,是在进行研究前预先设想、暂定的理论。课题研究所提出的假设应该基于某种理论或某些事实依据,并用准确的语句描述。通常一个研究课题可以有多个假设,需要完整列出。在设定假设时力图大胆,但要小心求证。

**【案例2-4】 课题提出的研究假设①**

"江西城乡义务教育数学教师有效教学行为对比研究"这一课题,根据"教师教学观念的不同,会对他们的课堂教学行为和学生学习行为产生影响。故创新教学观较为恰当的教师,其课堂教学行为也较为恰当,其学生的创新学习行为越多。'教科书使用水平'越高的教师,教学设计的能力就越强,学生课堂参与度越高,学生的数学课堂情感和态度越积极,学生对新知的理解程度就越高,问题解决能力比较强"的理论观点,提出五种关系性假设:

(1)城市教师和乡村教师在课堂导入、讲授教学行为上没有显著差异,但在对话等互动行为上存在差异。女性教师在师生互动行为上好于男性教师。新手教师与优秀教师在各维度上均存在差异。

(2)城市教师和乡村教师在提问的技巧、对象、问题类型、候答时间、提问后的反馈五方面存在不同特征。其中,城市教师和乡村教师在提问的技巧、对象、问题类型、候答时间上没有显著差异,但在提问后的积极反馈上,城市教师好于乡村教师。新手教师和优秀教师在这五个方面存在显著差异。

(3)教学媒体呈示行为强的教师,教学媒体使用的能力就越强,学生课堂参与度越高,学生对新知的接受和理解程度就越高。

(4)在使用教科书的水平上,城市教师高于乡村教师,新手教师低于优秀教师,男性教师和女性教师没有差异。

---

① 此课题由南昌师范学院的孙庆括老师主持。

(5)在教学设计的能力上,城市教师高于乡村教师,新手教师低于优秀教师,女性教师高于男性教师。

### (五)研究目标、研究内容与方法

研究目标可分为初始目标和终极目标。初始目标是本课题最初需要解决的若干子问题。终极目标是通过对这些子问题的研究,最终期望解决的问题和获得的研究成果。一个课题通常设立3—5个目标为宜,表述要清晰,目标之间需要考虑逻辑关系。在研究目标下要写明具体提出和探讨什么问题即研究内容。

研究内容需要有强烈的问题意识与成果来呈现课题。每一项内容都是一个相对独立的与其他问题又有联系的问题或一个子课题。对于每一个主要内容维度,也要具体指出其子内容。内容是直接指向目标的,所以必须保证所有的研究内容都支持研究目标。问题的排列也要讲究顺序,先研究什么后研究什么,形成一个有机的整体。问题不要设计得太多,问题越多,研究任务越重,难度越大;应突出主要矛盾,重点突破热点、难点问题。

### 【案例2-5】 课题确定的研究目标和研究内容①

"教学课程改革理念与教学实践一致性研究"这一课题,在理论上设计的研究目标是:(1)深入研究中国数学课程改革推进过程中理论对实践指导的有效性;(2)探讨数学教学改革实施过程中的疑难问题。在实践中设计的研究目标是:(1)提高数学教学与课程改革之间的一致性;(2)探索应对课程改革需要有效的数学教学模式;(3)为整体推进课程改革,大面积提高数学教学质量,深化数学课程改革提供参考和借鉴。

为了实现上述研究目标,设计的研究内容有:

(1)数学课程改革的理念与教学一致性评价工具的研发。特别是通过国际合作,立足于本土,开发出科学合理的调研工具。

(2)数学课程标准与教学实施一致性程度的现状调查。具体包括对数学课堂教学效果是否能与课程标准的要求保持一致,数学教学理念是否真正发生转变并落实到教学实处,现实状况如何等问题进行实证调研。

---

① 此课题由北京师范大学的曹一鸣老师主持。

（3）数学课程标准与教学实施一致性的影响因素研究。主要是根据我国数学课堂教学的特点，归纳分析在实际的数学教学过程中，影响我国数学课程标准实现程度的因素有哪些。

（4）数学课程标准与教学实施一致性水平的实证研究。主要通过录像分析，对新数学课程所倡导的教学理念、教学方式进行编码分析，提出适应课程改革需要且有效的数学教学模式，以便大面积提高数学教学水平，为提高数学教学与课程标准的一致性提供理论参考和教学借鉴。

研究方法是研究所采取的具体方法。研究方法一定要与研究内容结合起来，也就是要针对具体的研究内容采取恰当的研究方法。离开了研究内容本身，方法就成了无源之水、无本之木。因此，在研究课题之前，根据实际选择正确的研究方法是研究顺利进行和解决问题的必要条件。研究方法要因人而异、因题而异，要有所为有所不为，并讲究先后次序。

## 【案例 2 - 6】 课题确定的研究方法①

"江西城乡义务教育数学教师有效教学行为对比研究"这一课题，主要针对国内近十年的数学教师课堂教学行为研究现状，江西城乡数学教师课堂教学提问、教学语言、教学反馈、教科书使用四大教学行为的差异开展实证研究，并对差异产生的原因进行理论分析。针对上述研究内容，设计了以下研究方法：

（1）文献研究法。即采用现代信息技术手段，应用文献研究法对有关文献进行查阅、收集、分析、整理。通过对文献的研究，通过对与教师课堂有效教学行为有关的各种理论文献及研究成果的分析，综合提取其中有意义的部分，对理论进行进一步的梳理和完善，把握国内外研究动态，借鉴已有的研究成果和经验，为课题研究提供理论框架和方法论。

（2）课堂观察法。即研究者带着明确的目的，凭借自身感官及辅助工具（观察表、录音录像设备），直接或间接地从课堂上收集资料，并依据资料做相应研究的一种具体的行动研究方法。尽量在同等条件下按照理论基础选取一定数量的农村数学教师和城市数学教师作为课堂观察对象，并且选取特定章节的数学教学内容为研究载体，按照需要制定教学行为类型分析表即课堂观察量表，

---

① 此课题由南昌师范学院的孙庆括老师主持。

记录课堂上教师教学行为的数量,通过分析进一步得出各自的特点与差异。

(3)课堂教学录像分析法。课堂教学录像分析是教师用视频分析软件分析课堂教学录像,提升教师反思课堂教学能力、教学实践能力、合作交流能力以及研究能力,促进教师获得专业成长的一项教学学术实践活动。该研究通过课堂拍摄录像,一个摄像机拍摄教师,另一个摄像机拍摄学生,对教师的教学行为进行录像编码分析。

(4)课堂文字实录法。利用课堂录像将师生在课堂上所说的每一句话以及师生教学行为一字不漏地记录下来,并把每个教学行为所用的时间分别标出,将整堂课用文本方式记录下来,成为逐字记录文本。按照教学环节进一步对整堂课进行第二次整理,对教师的每个教学行为进行记录,并对时间加以标识。

(5)访谈法。研究城市数学教师与农村数学教师的课堂教学行为,除了通过理论研究、文献分析借鉴国内外同类研究的精华,有必要了解教师、学生对数学课堂教学行为的看法。因此,在课堂观察、评课、调查等基础上,运用访谈的方式,就数学教师课堂教学行为的认识对城乡教师进行访谈,了解他们对数学课堂教学行为中的提问类型、语言类型、课堂教学反馈行为分类的看法。同时,还选择了一定数量的学生,就他们对数学教师课堂教学行为的认识进行访谈,并征得他们的同意对这些访谈做了现场录音。

(6)个案研究法。选择部分学校的数学教师进行个案研究,通过课堂教学观察,构建教师课堂教学观察量表;同时,试图了解农村数学教师和城市数学教师的课堂教学行为的特征以及他们的差异,探索城乡教师课堂教学行为存在的问题,从而提出相应的对策以提高教师的课堂教学行为能力,改变教师的课堂教学行为,从而提高数学课堂的教学质量。

**(六)研究思路与技术路线**

恰当的研究思路和技术路线能使课题研究科学有序地推进。研究思路是对展开研究全过程的一个设计,基本包括基于什么进行研究,研究什么,怎样研究等。技术路线是研究的操作流程,是研究思路的细化,即研究从哪里进入,从哪里开始,从哪里突破。两者有紧密的联系,后者可以看成是前者的具体化。在具体的课题研究实践中,为了凸显研究思路和技术路线的清晰性,两者常以流程图的形式展现。

## 【案例 2-7】 课题的研究思路与技术路线①

"江西城乡义务教育数学教师有效教学行为对比研究"这一课题的研究思路如下:(1)系统地梳理有关教学行为的研究文献,总结出目前国内外有关教学行为的研究成果和总体趋势,提出课题的研究内容;(2)构建分析数学教师教学行为的理论框架,对数学教师有效的教学行为进行问卷调查和访谈,并且深入课堂对教师的教学行为进行观察并录像;(3)运用统计学方法对收集到的资料进行数据处理和编码分析,得出城乡教师教学行为的差异及其影响因素的相关研究结论。具体技术路线如图所示:

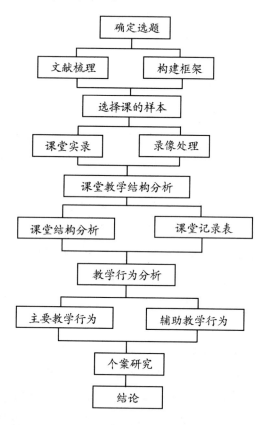

---

① 此课题由南昌师范学院的孙庆括老师主持。

### (七)预期成果与实施方案

提出问题是为了研究问题和解决问题,解决问题要用成果来做支撑。在设定预期成果时,要考虑两个前提:一是要明确本课题打算出什么样的成果,是论文还是专著,是软件开发还是做软件的使用推广等;二是要明确成果的数量,出多少成果。在这两个前提下,紧扣研究目标和内容来设定成果的名称与表达形式,努力做到研究内容与成果相对应,成果与成果表现形式相对应。成果的设定要量力而行,不能贪大求全,更不能不切实际地夸海口、放空炮。

实施方案主要包括课题组成员的具体信息和研究分工,设计课题研究任务及进度安排等。同时,要将拟定的研究课题纳入受资助范围的,还要提出保障措施,主要包括参加者的学术背景、研究经验、组成结构、学术支持和经费支持等。

## 【案例 2 – 8】 课题的研究任务及进度安排①

"我国学生数学学习'健康指数'的先行性研究"这一课题,是这样设计课题研究任务及进度安排的:

阶段 1(2010 年 8 月至 2011 年 7 月):研究学生数学学习过程和学习结果的"健康指标"诊断体系。

(1)收集现有国内外有代表性的学业质量评估体系,对其评价内容的基本维度、指标体系、影响学业成绩的因素进行比较,对课程标准的基本理念、课程目标和内容标准进行分析。在此基础上,初步确定诊断体系的基本维度。

(2)对基本维度所涉及的内容进行文献分析,进一步确定指标和诊断方法。

(3)访谈数学教育专家、评价专家和前期参加测试的地区代表,对基本维度指标体系和诊断方法进行修改并确定。

阶段 2(2011 年 8 月至 2012 年 7 月):形成学生数学学习"健康指标"诊断题目库。

(1)根据"健康指标"的诊断体系设计问卷、表现性任务、课堂观察提纲和访谈提纲。

(2)在小范围内对以上内容进行测试,并对指标体系和测试题目进行修改。

① 此课题由北京教育学院的张丹教授主持。

阶段 3(2012 年 8 月至 2013 年 7 月):在全国进行大样本测试,并对测试结果进行描述。

(1)在教育部基础教育课程教材发展中心的组织下,在全国抽取样本进行问卷调查。

(2)对全国抽样样本进行再次抽样,进行课堂观察、表现性任务考察和访谈。

(3)对数据进行收集并编码,核对所有的记录。

(4)将数据输入计算机,进行初步的数据处理。

阶段 4(2013 年 8 月至 2013 年 10 月):对学习过程、学习结果及其他因素做相关性分析。

(1)对学习过程、学习结果及其他因素做相关性分析,包括整体相关性分析和各个维度的相关性分析。

(2)根据结果对地方政府、学校教师、家长提出建议。

阶段 5(2013 年 11 月至 2013 年 12 月):总结并完成最终成果。

### (八)创新点

创新性是课题研究的突出特征和衡量研究价值的重要标准。创新性的定位一定不要夸大。

## 【案例 2-9】 某课题的创新点①

2018 年国家社科基金教育学课题"中学生合作问题解决中认知互动与社会互动及其关系的实证研究",主要针对"如何优化中学生合作问题解决中的社会互动和认知互动,以培养学生的合作问题解决能力,并促进课堂学习?"这一核心问题,从中学生合作问题解决中的社会互动和认知互动的二维框架构建、特征调查、个案、量化、教师干预、信息技术整合六大方面开展研究。拟定的创新点有:(1)理论创新——探索中学生合作问题解决中的社会互动和认知互动的相互关系;(2)实践创新——以合作问题解决为导向,实现课堂教学方式变革;(3)方法创新——基于实证的微观研究,促进教育研究范式转型。

---

① 此课题由北京师范大学的曹一鸣教授主持。

**参考文献**

[1]吴立宝.许亚桃.数学教育研究选题来源分析[J].中学数学教学参考,2020(16):2-5.

[2]曹一鸣,刘咏梅.小学数学课程与教学论[M].北京:教育科学出版社,2014.

[3]叶立军,斯海霞.数学课程与教学论[M].第2版.杭州:浙江大学出版社,2016.

# 第三章  数学教育研究的基本方法

众所周知,任何一项研究都离不开方法的支撑。没有研究方法的科学研究是不存在的,没有研究方法,其研究就成了无源之水、无本之木,就不是真正的研究。本章从数学教育研究的实际出发,介绍七种常用的数学教育研究方法,并结合案例加以阐述,力求使读者清晰地理解每种研究方法的要义,并能应用所学的知识与方法开展数学教育研究,从而不断提高解决问题的能力和研究水平。

## 第一节  文　献　法

### 一、数学教育文献法概述

所谓文献法,是指搜集、鉴别、整理文献,并通过对文献的研究,形成对事实的科学认识的方法。这里的文献可以理解为用文字、图形、符号、声像等手段记录知识的一切载体,不仅包括各种手稿、图书、期刊、学位论文、会议记录、科学报告、档案等常见的纸质印刷品,也包括影片、录音录像、磁带、幻灯片及缩微胶片等含实物形态在内的各种材料。文献是记录、积累、传播和继承知识的最有效手段,是人类在社会活动中获取情报的最基本、最主要的来源,也是交流、传播情报的最基本手段。数学教育文献是记录有关数学教育科学的情报信息和知识的载体,对数学教育研究有一定的历史价值和资料价值,是进行数学教育研究不可或缺的部分。

文献法是数学教育研究极其基础而又重要的研究方法,它贯穿于研究的全过程。无论是选题、设计方案,还是做调查、撰写论文或报告,都离不开文献的支撑。文献法不仅能够帮助数学教育研究者了解有关问题的历史和现状,还能具体地限制和确定研究课题和研究方向,为当前的研究提供科学的论证依据和一些有参考价值的思路,也能够预见研究过程中可能出现的问题,并能对研究方案提出适当的修改意见,从而避免重复劳动,提高研究效率。

因此,进行数学教育研究之前,必须充分地搜集该研究领域的相关资料,了解相关的研究动态、前沿进展,以及前人已取得的成果,在继承他人研究成果的基础上有所创新,这是每一个数学教育研究工作者做科研的必经之路,也是科学、有效地进行数学教育研究的基本前提。可以说,没有一项数学教育研究能离开文献,文献法是每个数学教育研究工作者必须掌握的基本方法。

## 二、数学教育文献的分类与分布

### (一)文献的分类

文献资料十分丰富,存在形式也十分广泛。依据不同的划分方式,其分类是多种多样的。

按文献固有的形式,文献资料可以分为文字文献、数字文献、图像文像、有声文献等。

按信息载体,文献资料可以分为手写型、印刷型、缩微型、计算机阅读型和声像型(视听型)文献。

按文献的来源,文献资料可分为第一手文献和第二手文献。其中,第一手文献是指研究者未经任何中间环节而直接获得的,如通过直接记录事实、信息,摘抄现存资料或访问其他观察者、实验者而获得的文献。无论是一手资料还是二手资料,其时效性都是应当考虑的一个重要因素。通常来说,发表时间越接近的资料,其提供的研究结果就越新,对自己研究的帮助就越大。

按文献的加工程度和内容级别,文献资料可以分为零次文献、一次文献、二次文献和三次文献。零次文献是某些事件、行为、活动的当事人所撰写的目击描述或使用其他方式所做的实况记录,是未经加工和发表的最原始的资料,如个人日记、教师日志、手稿、书信、笔记、会议纪要、记录、备忘录。这类资料因其原始性而更显珍贵。一次文献也称原始文献,一般是以作者本人的实践为依据而创作的原始文件,它主要是直接记录实践经过、研究成果以及新科学、新技术的原始性文件,主要包括专著、论文、调查报告、档案材料等。这类材料是作者本人亲自创造的,具有很高的创造性,而且有很高的参考价值和使用价值。二次文献又称检索性文献,是在一次文献或原始文献的基础上进行加工、整理得来的,比一次文献和原始文献更具有条理,更方便查找、利用。二次文献具有汇编性、报告性的特点,如题录、书目、索引、文摘等都属于这一类。在数学教育研究中,二次文献能起到为一次文献提供线索的作用。三次文献又称参考性文献,是在二次文献的基础上,对某一范围内的一次文献进行深入分析整理后所得的综合研究文件,如专题综述、专题评述、数据手册、字典、词典、百科全书。这类文献综合性强,而且信息量比较大,覆盖面广,内容新颖。

**(二)文献的主要分布**

数学教育文献的主要分布有期刊、书籍、学位论文、会议论文集和新闻五大类。相对来说,期刊和书籍的学术性较强,学位论文次之。会议论文集作为了解数学教育研究前沿动态的重要情报,具有内容新、信息和观点云集的特点,也有一定的参考价值。新闻作为报道数学教育前沿发展动态的最新资料,提供的信息不多,因此学术性相对不强。

1. 期刊

期刊是目前应用最广泛的情报源,具有出版周期短、信息传播速度快、内容新颖、品种多和发行量大等特点。期刊和报纸一样,都属于连续出版物,有周刊、月刊、季刊等,可分为学术理论性期刊、情报性期刊、技术事业性期刊和普及性期刊。目前,刊载数学教育类论文的期刊主要有三类:一是数学教育类专业杂志,主要刊载有关数学教育或教学研究的论文、综述、研究报告、评述与动态,比如《数学教育学报》《数学通报》《数学教学》《中学数学教学参考》《中等数学》。但这些杂志侧重点有所不同,有的偏重数学教育理论研究,有的偏重中学数学教学研究,有的偏重初等数学研究。二是教育学类期刊、集刊、丛刊、汇刊及各师范高校的学报,比如《中国教育学刊》《课程·教材·教法》《现代基础教育研究》《内蒙古师范大学学报(教育科学版)》《南昌师范学院学报》。这些期刊也会发表数学教育类论文,学术性和专业性都比较强。三是文摘及复印资料,这是一种资料汇编性的综合索引刊物,如中国人民大学《复印报刊资料》《初中数学教与学》《高中数学教与学》,专门收录中学数学教育类重要文章及信息资料,可供数学教育研究人员及中小学数学教师搜索和参考。

2. 书籍

数学教育类书籍也是重要的参考文献,具有内容全面系统、观点成熟的优点,缺点是出版周期长,信息传播慢。数学教育类书籍主要包括:(1)专著,主要是古今中外的数学教育名著、专著,如 M. 克莱因的《古今数学思想》、G. 波利亚的《数学的发现》、弗赖登塔尔的《作为教育任务的数学》、章士藻的《中学数学教育学》、陈景润的《初等数论》、郑毓信的《数学哲学与数学教育哲学》;(2)教科书;(3)教学参考书;(4)丛书,如张奠宙、李士锜主编的《数学教育研究前沿丛书》、李大潜主编的《数学文化小丛书》;(5)教育辞书和百科全书,如《数学手册》《中学数学辞典》。

### 三、数学教育文献检索的过程与方法

所谓文献检索,就是从文献中迅速准确地查找出所需情报的一种方法和程序。现在全世界每年要出版几十万种图书和期刊,并以每七八年翻一番的速度继续增加。在现实工作中,研究者没有时间也没有必要阅读所有的文献,有选择地查阅与自己的研究方向有关的文献,不仅能帮助研究者将精力更多地放在研究问题上,还能帮助他们节约宝贵的时间。可见,在数学教育研究过程中,掌握一定的文献检索方法、步骤以及途径是非常有益的。

#### (一)文献检索的方法

检索方法是指利用工具书并通过一定的检索途径或直接查找一次文献获取所需文献资料的手段。对于手工检索方式来说,检索方法主要有以下三种:

1. 直接检索法

这是直接依靠手工式的检索工具查找资料的方法,在选择一种检索工具书后,按年代开始顺查或倒查。

顺查法是由远及近直至现在,边查找边有目的地筛选,直到查阅的文献能满足自己的科研需求为止。查找时要注意从某一专题研究开始,按最初的线索逐步查找。顺查法能全面掌握有关课题发展的背景材料,查检率高,缺点是费时。

与顺查法相反,倒查法是由近期开始向过去查,溯源而上,一直查到资料足够用为止。利用倒查法进行检索,可以较快地找到近期发表的最新文献,这些文献能反映最新的科研水平和科研动向,还能对早期文献资料进行引用、论证和评述,有利于检索工作的进一步开展,缺点是不易查全。

2. 追溯检索法

这种方法就是利用一篇文献后所附的参考文献,逐步追溯查找出这一专题文献的检索方法,有人形象地称之为"滚雪球法"。在没有工具书或者工具书不全的情况下,经常采用这种方法。

3. 分段检索法

分段检索法又称循环法或综合法。这种方法实质上就是直接法和追溯法

的结合,其具体做法为:先利用检索工具检索出一批文献,在认真阅读这批文献原文的基础上,按照文章提供的参考文献去查找另一批文献。如此循环下去,直至检索到足够多的文献。分段法比顺查法和倒查法检索效率高,不易遗漏,且费时少。

**(二)文献检索的常用工具**

**1. 工具书检索**

工具书是供检索和查询知识和信息用的图书。一般不以提供系统阅读为目的,而是一种辅助性工具,旨在概括各领域的基本知识、基本数据或基本资料,向使用者提供较成熟的知识或相关信息。工具书具有内容简要、信息密集、查阅方便等特点,是人们求知治学不可缺少的工具。数学教育研究用到的工具书一般有两类:一是检索文献的工具书,主要包括书目、索引、文摘等;二是参考性工具书,包括百科全书、年鉴、手册、图册、指南等。

**2. 网络检索**

随着科学技术的发展和计算机的广泛应用,传统的手工检索文献的方式已经不能满足人们的需求,而网络检索以其方便、快捷、全面、友好的优势日益受到人们的青睐,并有逐步取代手工检索的趋势。

常用的中文文献检索数据库包括中国知网、万方数据库、维普数据库、电子图书馆等。其中最为常用的学术资源数据库是中国知网,但中国知网数据库提供的文献资源是需要付费的。一般我们要从购买该数据库的高校科研机构提供的镜像站点登录进入其主页。首先出现的是该库所包含的一系列子库,如中国期刊全文数据库、中国优秀硕博学位论文全文数据库、中国重要会议论文全文数据库,进入相应的子库链接即可检索其所包含的学术论文。通常使用最多的是中国期刊全文数据库(https://www.cnki.net/)。进入检索页面后,网页的左边列出了所需查询的专业类别的目录,检索时可根据需要进行勾选,或选择全部类别以方便检索出交叉学科的学术论文。在页面上方的检索选项中,可以选择检索内容在文章中出现的位置,如篇名、摘要、期刊名、关键词、作者姓名。此外,在所选文章的后面还提供了与该文章相似或相关的文献,以便读者进行扩展检索。

**(三)文献检索的途径**

运用不同的检索途径能够在检索工具中根据已知检索信息迅速检索到所

需文献。

**1. 分类途径**

分类途径是按学科分类体系进行检索的途径,主要使用分类目录、分类索引等进行检索。这是我国目前常用的重要检索途径之一。使用分类途径进行文献检索前,需要明确所需文献在分类体系中所处的位置,即属于哪个学科、哪个类别。

**2. 题名途径**

题名途径包括书名、刊名、篇名等途径。如果已知书名,可以按照笔画或拼音在图书馆的书名目录中顺利查到所需文献;在计算机文献检索中,则可以直接输入文献题名或书名进行检索。

**3. 作者姓名途径**

利用作者姓名能方便地查找到名称不明确的文献,以及该作者所著的所有相关文献。图书馆均有按作者姓名笔画或拼音音序排列的馆藏文献著者目录。利用计算机检索文献时,则可以选择作者姓名检索途径直接输入作者姓名进行检索。

**4. 主题途径**

利用文献内容的主题作为检索标识,能够较为全面地把与主题有关的文献检索出来。国内主要使用主题索引的专用工具书有《汉语主题词表》《中国分类主题词表》。计算机网络也提供了主题检索途径,方便查阅。

**5. 引文途径**

文献所附参考文献或引用的文献,是文献的外表特征之一。利用这种引文编制的索引系统,被称为引文索引系统;它提供的从被引论文去检索引用论文的途径,被称为引文途径。

**6. 序号途径**

有些文献有特定的序号,如专利号、报告号、合同号、标准号、国际标准书号和刊号。文献序号具有明确、简单、唯一性等特点。依此编成的各种序号索引可以提供按序号自身顺序检索文献信息的途径。

**(四)文献检索的步骤**

文献检索的步骤也叫基本程序,包括四个相互衔接的环节,即分析检索课题、制定检索策略、正式检索以及获取原文。

1. 分析检索课题

检索课题就是人们在工作学习或研究中提出的需要通过检索来解决的各种问题。就数学教育研究而言,检索的课题可以是相关领域的新成果,该课题有没有进一步研究的必要,等等。课题分析得越透彻,文献检索就越全面、准确、有针对性。

2. 制定检索策略

在对检索课题进行全面、准确的分析之后,就要制定合适的检索策略。检索策略的制定依赖于检索课题的选择,主要包括检索方法的选择和检索工具的选择等。对于某些简单的课题,采用直接检索法就能满足检索需求。而对于某些复杂的课题,则要考虑交叉使用多种检索方法。例如先用直接法获得第一批文献,再用追溯法扩大检索范围,以最大限度地获得丰富、可靠的文献资料。随着计算机的普及和科学技术的发展,网络检索以方便、快捷、全面、友好的优势日益受到人们的青睐,并有逐步取代手工检索的趋势。

3. 正式检索

这是进行文献检索的中心环节。根据所采用的检索方法,可能会直接查到课题所需的文献。在实际检索过程中,研究者也许会发现原先制定的检索策略并不能满足检索需求,这时就需要对检索策略做适当的调整,以查到符合课题要求的文献资料。

4. 获取原文

在检索到与研究课题相关的文献之后,为增加检索的准确性,还应对这些文献做进一步的比较、鉴别和筛选。最终确定所需文献后,研究者就可以取走文献或对文献进行复制,以备后续研究工作用。

总之,文献检索是非常系统化的工作,应以适应性和全面性为目标。检索要全面、认真、细致,平时要勤于积累,善于思索,这样收集的文献才有价值,才能激发创作和写作的灵感。

# 第二节　比　较　法

比较研究是认识事物的基础,是人类认识、区别和确定事物异同关系的最常用的思维方法。比较法是人们认识客观事物的重要方法,在教育科学研究中也是一种应用广泛的研究方法。在教育学的分支学科中，就有"比较教育学"，即用比较法研究教育制度、教育思想和教育问题等内容的学科。近年来，随着世界各国教育改革的兴起，各种新的教育方法、模式、制度不断发展与完善，使得国家之间、地区之间、教育部门之间、学校之间相互比较、借鉴与学习。这是一种客观需要，也是教育形势发展的必然。

**一、数学教育比较法概述**

比较是根据一定的标准，把有某些联系的事物放在一起进行考察，寻求其异同，以把握研究对象所特有的质的规定性。一般来说，比较是一种和观察、分析、综合等活动交织在一起的复杂的智力活动。

"比较研究"在概念上是否可以称为一种独立的"研究方法"，在教育界尚存争议。的确，比较研究中一般还是采用通常的调研方法，如定量的统计方法或是质的观察、访谈方法。其基本目的同样是弄清事实、探究原因、发展理论、提高教育质量、推动教育创新，等等。但是，"比较"这个元素的加入，使研究变得特点鲜明，从而获得引人注目的研究成果。因此，比较研究对教育科学研究的发展有重要的促进作用。

第一，比较研究可以帮助研究者拓宽视野，更好地认识本地区、本国的教育情况。借助互联网、便捷的交通，教育研究者可以及时、全面地了解世界各国的教育情况，可以获得全球主要国家的主要教育统计数据和政策材料，真正做到以全球视角进行本土思考。

第二，比较研究可以帮助教育研究者从不同的角度获得对特定的教育问题的新认识、新观点。比较研究法在教育领域不仅仅是一种分析工具与分析方法，更多的时候是一种方法论，是一种教育哲学层面的教育研究。也就是说，研究者通过对他国与异域教育的比较研究，探寻不同教育现象背后的文化影响与社会和教育的交互作用模式。教育领域的比较研究，所获得的结论往往与研究者在自己的国家接受的教育与文化影响有关。比较研究的区域越广阔，研究者对教育本质的理解会越客观，对教育与文化的关系的理解也会越开放、包容与多元。

第三，比较研究可以帮助研究者更好地认识教育发展的普遍规律。比较研究可以就特定范围的教育现象进行对比分析，也可以借助现代化手段获得更广泛的范围内国家与地区的教育资料，从而将某一特定主题的教育现象进行全球性的比较研究。凭借科学的标准和严肃客观的材料，研究者可以获得特定教育发展与变革的规律。尤其是在大数据时代，人们借助科技手段，可以在纵向变化与横向差异的比较中得到教育发展的一般规律。

第四，比较研究可以为教育政策和相关教育决策的制定提供依据和参考。通过比较研究获得的有益经验与教训，可以使研究者所在地的教育发展少走弯路，以更少的代价获得更大的教育发展成就。

### 二、数学教育比较法的类型

在数学教育研究中，数学教育现象具有复杂性，研究者的视角具有多样性，因此比较研究的方法也是多种多样的，一般分为以下几类：

#### (一)纵向比较和横向比较

根据比较对象的发展历史和相互联系，比较法可以划分为纵向比较和横向比较。纵向比较是对同一事物的历史形态进行比较。通过这种比较可以追溯到事物发展的历史根源，也可以确定事物发展的历史顺序，所以纵向比较法也是历史比较法。比如对新中国成立以来不同时期颁布的课程标准(教学大纲)进行比较就属于纵向比较研究。横向比较是对同时并存的事物进行比较。在进行横向比较时，那些不同的对象必须是互相有联系的，而且主要是同一历史时期的事物。比如，针对当前我国出版的不同版本的初中数学教材的比较就属于横向比较研究。

#### (二)定性比较和定量比较

根据所有事物都是质和量的统一的观点，比较研究又可以划分为定性比较和定量比较。定性比较就是对两类事物所具有的属性、本质进行比较，从而确定事物的性质。定量比较就是对事物的属性进行数量上的分析，从而准确地判定事物的变化。

#### (三)同类比较和异类比较

根据事物之间的差异性和共同性，比较研究又可以划分为同类比较和异类比较。同类比较是对两种或两种以上性质相同的事物所具有的特征进行比较，探索其相同之处和不同之处，以揭示事物发生发展的特殊性和共同的本质规律的方法。一般来说，同类比较的结论带有或然性，但它能使人触类旁通，由此及彼。总结并推广先进的数学教育经验就是该种方法的运用。异类比较是对两种或两种以上性质相反的事物或一个事物的正反两个方面加以比较，寻找事物的相同之处，揭示其共同规律的方法。这种比较可以使我们认识到相异的对象之间有共同的地方,就是异中有同。这种异中求同的研究方法有利于鉴别和分析,结果鲜明。比如,对不同国家的数学课堂开展录像分析就属于异类比较研究。

当然,比较法的类型按照不同的标准还有很多,如宏观比较、微观比较、单项比较、综合比较。可见,在进行具体的数学教育研究过程中,所运用的比较法不是单一的类型,一般都要采用多种方法以求扬长避短、相互促进,从而真实地揭示研究对象的客观规律。

### 三、数学教育比较法的实施程序

比较法在数学教育研究过程中,虽然没有一种固定的模式,但是一般要遵循一定的步骤。同时,应用比较法时,还需要满足相关的要求,否则,比较就失去了应有的意义。

#### (一)确定要比较的数学教育问题

运用比较研究法的第一步,也是最关键的一步,是要确定比较研究的数学教育问题。明确要比较的问题,涉及研究者关注的数学教育现象及研究者对特定的教育现象或问题的价值判断。一般而言,比较研究法在运用中往往要求所比较的数学教育问题不仅要具有典型性和比较研究的价值,还要具有可操作性。比如,中小学数学教师想要比较不同国家的数学课程标准,这个问题很有价值,但是仅凭自己的力量进行研究可能比较困难。所以,要比较的问题,既要有价值,又要有可行性。

#### (二)确定研究比较的标准

比较的核心之一就是确立标准,没有标准,就谈不上比较,没有科学、统一的标准,比较得出的结论的价值就会大打折扣。在进行比较之前先要确立比较的标准。数学教育研究中的比较标准,可以是一种权威性较强的测验工具或量表,也可以是一种相对具有可操作性的、具体化的指标。当然,标准也可以是一种程序、一套规则或理论。

#### (三)收集和整理资料

数学教育比较研究法本质上是一种人文社会科学的研究理念在实践中的体现。研究者要尽可能多地收集两个比较主体有关数学教育主题的资料,包括官方的政策文件等资料,也包括各类利益相关者的资料与相关的支持性资料,要尽可能全面地掌握相关研究课题的真实面貌。同时,在收集资料的过程中,要根据事先制定好的资料分类标准,将相关资料按类别统一整理,找出关键资料与证据,以便下一步进行数据分析与统计。

### (四)比较分析

比较的资料收齐之后,需要根据标准进行比较,找出差异和共同点,并对差异产生的原因与共同点背后的社会与文化等因素进行深刻的研究。对相关数据与事实进行比较分析时,要避免资料的罗列,要运用相应的理论知识找出这些差异与共同点背后的本质性的内涵。

### (五)得出结论

比较研究法最后的一个环节,通常是得出结论。即通过比较研究之后,研究者对特定的数学教育课题在两个地区或国家等教育主体间的表现、差异与共同点做出总结性的陈述,并提炼出关键性的原因或结论。

以上五个步骤形成了一个完整的比较研究的过程,各步骤之间相互联系,不可分割。确定比较的问题是比较法的前提,制定比较的标准是运用比较研究的依据,资料的搜集、整理是运用比较法的基础,分析、解释比较内容是比较的核心,得出比较结论是运用比较研究的目的。当然,比较研究不是为了比较而比较,而在于探索数学教育规律并得出符合客观实际的结论。

## 四、运用数学教育比较法的要求

### (一)注意事物之间的可比性

所谓可比性,指的是比较对象之间的规定性,指对象之间具有的内在联系,具有的某些本质上的而不是表面上的共性。坚持可比性原则,是运用比较法的基本要求。

### (二)保证资料准确可靠

用于比较研究的资料必须是真实可靠的,具有客观性;能够反映普遍情况,具有代表性;能够反映研究对象的本质,具有典型性。

### (三)坚持全面、本质的比较

任何事物都是相互联系的,其发展变化是受多种因素影响的。因此,在教育研究中,比较要从多方面进行,坚持全面比较,抓住本质比较,任何选择其中个别条件的片面比较,或者割裂事物之间的有机联系的孤立比较都是错误的。

### (四)结合其他的研究方法

比较法有自身的局限性,主要表现在以下两方面:其一,比较法有一定的应用范围;其二,任何比较只能拿所比较的事物或概念的一个方面或几个方面来相比,而暂时地、有条件地撇开其他方面。因此,不能把比较法孤立化、绝对化。实际上,比较法与其他的教育科研方法具有广泛的交叉性。

## 五、数学教育比较法示例

### 【案例 3 – 1】　中国、澳大利亚数学课程标准中的价值观念比较研究①

#### 1. 问题的提出

价值观念是教育中隐性而又极为重要的一个因素。价值观念会通过课程、教学或隐性或显性地加以传递,塑造这个文化群体的主流价值观念,同时价值观念会对课程与教学起到导向作用。教育与价值观念间的上述关系是普遍存在的,即便在被人们认为是科学典范的数学学科,这种关系在其教育过程中也是成立的。艾斯丘(Askew)等人对超过 500 篇有关数学学习的文献进行分析后发现,对学生高学业成就的归因,学生所处的文化价值似乎比特殊的数学教学方法更有贡献。佘伟忠(Wee Tiong Seah)等人指出,在研究学生数学学习乃至整个数学教育时,应将基于文化的价值观念作为一个重要变量,以补充认知、情感角度的研究。

受到数学学科特征的影响,我国数学教育中关于价值观念的研究还比较少,但价值观念对数学教育的影响却又实实在在地存在。唐恒钧等人对我国义务教育数学课程标准的分析表明,课程中继承了注重数学理性主义、强调数学认识价值等优秀传统,但存在对文化价值、文化浸润学习关注不够等问题。如何更好地设计数学课程中的价值观念? 国际比较能为这一问题的探索提供线索与思路。

基于此,本文将对我国《义务教育数学课程标准(2011 年版)》(以下简称"CCM")和澳大利亚 2011 年公布的《澳大利亚数学课程标准》(the Australian Curriculum Mathematics,以下简称"ACM")中的内容标准进行文本分析,考察其潜在的价值观念,以期从价值观念角度丰富数学课程改革的思路。

#### 2. 分析框架

关于数学教育中的价值观念分析,毕晓普(Bishop)曾提出了一般教育价

---

① 唐恒钧,张维忠,佘伟忠,等. 中国、澳大利亚数学课程标准中的价值观念比较研究[J].比较教育研究,2018(3):18 – 25.

值、数学价值和数学教育价值三个维度;佘伟忠则区分为经由数学教育实现的价值、数学教育的价值和为了数学教育的价值三类。在上述研究的基础上,提出数学价值观念、数学教育价值观念及数学教学价值观念三个数学教育中的价值观念维度,并构建了课程标准价值观念的分析框架,对中国数学课程标准进行了分析。本文将使用该框架进行分析。

首先,在数学价值观念上,考察了"数学课程中强调数学的哪些方面"的问题,具体包括"理性主义—客体主义""控制性—发展性""神秘性—公开性"三对六种数学价值。

其次,在数学教育价值观念上,考察了"数学课程试图为学生带来什么"的问题,具体包括工具价值、认识价值和文化价值三种数学教育价值。

再次,在数学教学价值观念上,考察了"数学课程标准倡导什么样的教与学"的问题,具体包括同化学习、形成学习、数学应用学习、问题解决式学习、文化浸润学习五种价值观念。由于CCM的内容标准中有些条目以学习目标的形式加以表述,如"理解乘方的意义,掌握有理数的加、减、乘、除、乘方及简单的混合运算(以三步以内为主)",无法由此考察该条目潜在的价值观念,因此这些条目在分析过程中归入"未显示"这一类别。

### 3. 分析过程与方法

#### 3.1 分析学段的重新划分

CCM的内容标准涵盖了1—9年级的数学学习内容。内容标准按照三个学段(1—3、4—6、7—9),从数与代数、图形与几何、统计与概率、综合与实践四个领域分别加以描述。而ACM的内容标准涵盖了F—10年级的数学学习内容,并分为F—2、3—6、7—10三个学段,内容标准从数与代数、测量与几何、统计与概率三个领域分年级加以描述。两国在学段划分上存在差异,同时CCM又以学段描述课程内容。为便于两国间的比较,只能将学段调整为F/1—3、4—6、7—9/10三个学段。

#### 3.2 分析方法与过程

在分析过程中,遵循用尽可能详细的内容条目作为分析单元的原则,以便更好地揭示潜在的价值观念。其中ACM的每条内容标准都包括内容描述(content description)与详述(elaboration)两个部分。分析中以后者作为分析单元。以ACMNA004为例:

内容描述:具体情境中形成加法模型并进行交流。

详述:(1)使用具体化的策略学习数的加法,比如直观表征或操作性的学具等;(2)使用土著及托雷斯海峡岛民计算加法的方法,包括几何模型及推理。

CCM 数与代数、图形与几何、统计与概率等领域中的每一条内容标准都作为一个分析单元,考察该条内容标准所反映的价值观念。但 CCM 中的"综合与实践"领域通过若干个有联系的内容条目加以表述,并通过多个例子做进一步解释。其中,每个条目所描述的只是综合实践的一个方面,因此按条目分析价值观念会出现较多的偏差,而其所提供的例子却较好地反映了该学段综合与实践的价值观念。所以,在"综合与实践"领域的分析过程中以 CCM 所提供的例子作为分析单元。例如,第二学段的综合与实践的内容标准描述如下。

(1)经历有目的、有设计、有步骤、有合作的实践活动。

(2)结合实际情境,体验发现和提出问题、分析和解决问题的过程。

(3)在给定目标下,感受针对具体问题提出设计思路、制订简单的方案解决问题的过程。

(4)通过应用和反思,进一步理解所用的知识和方法,了解所学知识之间的联系,获得数学活动经验。

例 42 是绘制学校平面图。

按照确定的比例和方位,绘制校园的平面图,包括围墙、主要建筑、主要活动场所、道路等。

可见,例 42 及其探索过程基本涵盖了四条内容标准的要求。

### 3.3　数据的分析与比较

本文第一作者与一位数学教育方向的博士在充分讨论分析框架的基础上,对 CCM 的数据逐条分析记录,并将两人的分析结果进行比对,一致性程度达到92.3%,这表明分析框架是有效的。然后,他们就不一致的条目进行讨论,达成一致意见,并形成关于 CCM 的最终数据。接着,本文第一作者对 ACM 中的数据进行了编码分析,并在完成第一轮数据分析一周后进行第二轮编码分析,在核准、修正两轮编码数据的基础上形成 ACM 最终数据。

最后,从三个角度对两国的数据进行比较分析。首先,考察三个维度的价值观念的整体特点;其次,考察三个学段间的共性与差异,以揭示课程标准在不同学段上的价值观念;再次,由于数与代数、空间与几何所拥有的内容标准条目较多,因此对这两个领域的数据也分别进行了比较、分析。

在具体数据的分析过程中,首先对数据进行频数统计,并进行百分比运算,在此基础上采用 IBM SPSS Statistics 19 进行 Chi-square 检验,以检验数据的显著性。

### 4.研究结果

对 CCM 和 ACM 中的内容标准进行文本分析后,经统计得到数据。需要说明的是,在分领域统计分析的过程中,由于 CCM 中统计与概率、综合实践两个领域的条目较少,单独统计缺乏意义且容易造成误解,因此,本文图表中未单独呈现 CCM 中的这两个领域和 ACM 中统计与概率领域的结果。

### 4.1 数学价值观念

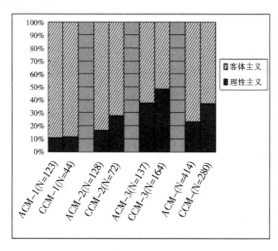

图 3 - 1    理性主义、客体主义学段分布

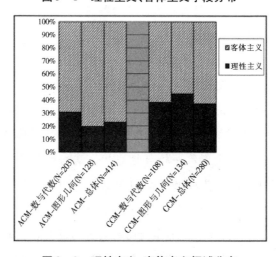

图 3 - 2    理性主义、客体主义领域分布

由图 3-1 和图 3-2 可以发现,在理性主义与客体主义这一维度上,两国均以客体主义为主,ACM 表现得更为明显,CCM 较 ACM 更重视理性主义,且两国间存在显著差异($\chi^2 = 16.459, p < 0.05$)。从学段变化而言,随着学段的上升,理性主义的比重均有所上升,且两国均呈显著差异(ACM:$\chi^2 = 33.075$, CCM:$\chi^2 = 23.772, p < 0.05$),但 CCM 上升的幅度更大。此外,ACM 在数与代数领域比在图形与几何领域更重视理性主义($\chi^2 = 4.912, p < 0.05$),在代数领域主要表现为对数学模式的重视,而在几何领域的理性主义主要表现在学段三。虽然 CCM 在空间与几何领域更重视理性主义,但两个领域间不存在显著差异($\chi^2 = 1.142, p > 0.05$)。

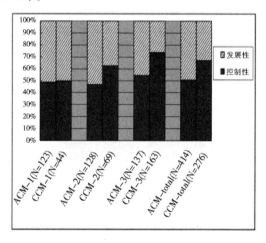

图 3-3  发展性、控制性学段分布

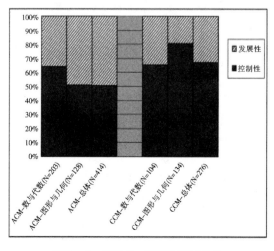

图 3-4  发展性、控制性领域分布

由图 3 - 3 和图 3 - 4 可以发现,ACM 在控制性与发展性上基本持平,而 CCM 则表现出较为明显的控制性,且与 ACM 呈现显著差异($\chi^2 = 18.508, p < 0.05$)。这一方面与中国传统教学方式(讲授法、启发法等)相匹配,另一方面也反映了中国数学课程容量较大、内容要求较高以及由此导致的教学节奏要求较快等。在学段变化上,ACM 三个学段变化不稳定,但基本在 50% 左右徘徊且无显著差异($\chi^2 = 1.915, p > 0.05$),在前两个学段,发展性高于控制性;而在第三学段,控制性高于发展性。CCM 仅在第一学段控制性与发展性持平,而在之后的学段中,控制性逐渐上升,且三学段呈显著差异($\chi^2 = 9.670, p < 0.05$)。在领域上,ACM 数与代数的控制性表现比在图形与几何上强($\chi^2 = 5.701, p < 0.05$),而 CCM 则正好相反($\chi^2 = 7.034, p < 0.05$)。

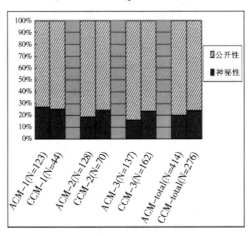

图 3 - 5　公开性、神秘性学段分布

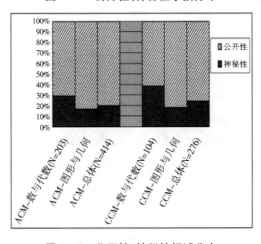

图 3 - 6　公开性、神秘性领域分布

由图 3-5 和图 3-6 可以发现,在神秘性与公开性上,两国均表现出对公开性的强调,且两国并未呈现显著差异($\chi^2 = 1.461, p > 0.05$)。自 21 世纪初的新一轮课程改革以来,CCM 非常强调让学生明白数学的"来龙去脉"的重要性,这在课程标准中都表现为对公开性的重视。尽管两国在各学段的具体数据上存在细微的差别,但有着一致的变化趋势,即学段越高,公开性越强,当然两国数据的学段变化均未形成显著差异(ACM:$\chi^2 = 5.370$, MCS:$\chi^2 = 0.052, p > 0.05$)。另外,值得注意的是,除 CCM 的数与代数领域外,ACM 的数与代数、两个国家的图形与几何的各学段数据并不完全符合上述变化趋势。这是由于受到了未进行单独数据呈现的统计与概率以及 CCM 的综合实践活动的数据的影响。具体而言,CCM 的这两个领域共计 37 个条目,其中 35 个呈现公开性特征,而在学段分布上依次为 6、14、17 个条目,可见这两个领域的条目数量、公开性比重随学段上升而上升。在不同的领域中,两国在图形与几何中的公开性均高于数与代数(ACM:$\chi^2 = 8.863$, CCM:$\chi^2 = 12.818, p < 0.05$)。

### 4.2 数学教育价值观念

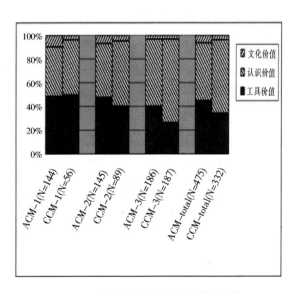

**图 3-7 数学教育价值观念学段分布**

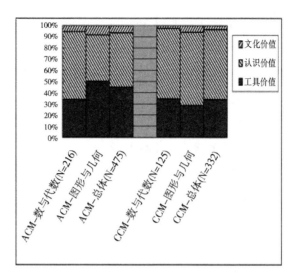

**图3-8 数学教育价值观念领域分布**

由图3-7和图3-8可见,ACM和CCM在体现数学教育价值观念上具有显著差异($\chi^2 = 14.756, p < 0.05$)。ACM的工具价值与认识价值差异不大,但后者所占比例稍高;CCM的认识价值明显高于工具价值。在对认识价值与工具价值的处理上,CCM与ACM呈现显著差异($\chi^2 = 11.808, p < 0.05$)。两国体现文化价值的比例均不高,但ACM稍高,占6.3%,CCM仅占3.6%。

从学段的变化看,两国均表现出认识价值随学段上升而不断上升,工具价值、文化价值随学段上升而下降(ACM:$\chi^2 = 11.134$,CCM:$\chi^2 = 13.225, p < 0.05$)的趋势,但CCM的认识价值上升的幅度高于ACM。

从领域而言,ACM在两个领域教育价值上的处理有显著差异($\chi^2 = 12.429, p < 0.05$),即数与代数领域比图形与几何领域的认识价值表现得更为明显,而图形与几何领域则在第三学段对认识价值提出较高的要求;CCM在这两个领域差异不大($\chi^2 = 2.823, p > 0.05$),均更为重视认识价值,并在空间与几何领域表现得更为明显。

### 4.3 数学教学价值观念

从图3-9和图3-10中可以看到,尽管数据显示两国在总体上存在显著差异($\chi^2 = 22.839, p < 0.05$)。但从两国倡导的教与学方式的顺序看,它们又是基本一致的,均强调形成学习、问题解决式学习和应用学习,同化学习占比不高,文化浸润学习更少。另外,ACM较CCM更重视应用学习,而CCM较ACM更重视问题解决学习。

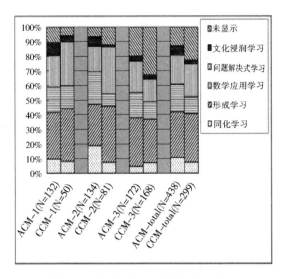

**图 3 - 9　数学教学价值观念学段分布**

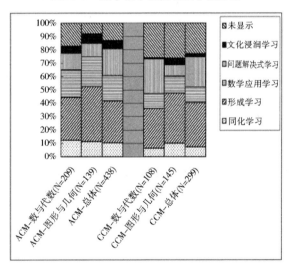

**图 3 - 10　数学教学价值观念领域分布**

从学段变化看,ACM 除文化学习不断下降外,其他方式并没有表现出较为固定的变化趋势;而 CCM 的形成学习和同化学习呈上升趋势,其他方式也没有表现出稳定的变化趋势。

从领域来看,ACM 在数与代数、图形与几何两个领域的表现基本一致($\chi^2 = 8.336, p > 0.05$);而 CCM 在这两个领域有显著差异($\chi^2 = 17.496, p < 0.05$),即在数与代数领域比在空间与几何领域表现出对问题解决式学习更大的重视。这是因为在数与代数领域有较多的综合性问题要求学生加以解决。

### 5. 讨论与启示

#### 5.1 关于数学价值

##### 5.1.1 理性主义与客体主义

两国在总体上表现出以客体主义为主,理性主义随学段上升而上升的趋势。这样的价值取向在义务教育阶段是合适的。首先,义务教育阶段强调客体主义,并逐渐加强理性主义是非常有必要的。通过具体、多元表征的方式使过于抽象的数学变得更加具体,从而更好地适应学生的学习;同时随着年级的上升,理性主义倾向的数学能够促进学生理性思维的提升。另外,客体主义还通过现实化例子应用数学,从而增强学生的应用意识与应用能力。其次,这样的价值取向也是符合儿童认知发展规律的。根据皮亚杰的认知发展阶段理论,第一学段的儿童主要处于具体运算阶段,而从第二学段开始则逐渐过渡到形式运算阶段。CCM 和 ACM 的价值取向正好体现了皮亚杰的观点。

在不同领域的比较上,ACM 在数与代数方面更好地体现了理性主义特点,即通过数学模式的识别与建构强化理性主义倾向。数学是一种人类用以刻画现实世界与可能世界数与形特征的模式,模式的建构与识别有助于人们用抽象、理性的视角看待和处理一系列具体的事物。

因此,ACM 在有关模式识别与建构上的做法是值得借鉴的。而 CCM 则在空间与几何领域表现出更强的理性主义,更好地表现了对数学推理、知识关联乃至数学结构等方面的处理,这也是值得借鉴的。因为通过数学推理而体现出来的知识关联以及数学结构,一方面能使学生了解到数学内在的脉络,另一方面也能有效地减少学生数学学习碎片化的问题。

##### 5.1.2 控制性与发展性

数学是一项创造性的活动,同时数学的创造并不是随意的、完全个人化的,其可接受程度受到数学家所属的数学共同体的数学传统的限制。换言之,数学的发展也是一种社会化进程,其中既有人类创造的成分,也有规范性的约束。而作为学校课程中的数学,不仅为学生提供数学社会化的结果,而且经历了数学简约社会化的历程,这分别反映了数学的控制性与发展性。事实上,上述两个方面也并不是简单的孰优孰劣的问题,因为学校数学教育从根本上来说是预设性的教育,即在设定的课程时间内完成课程标准所预设的内容。一味地强调控制性,不利于学生对数学发展历程的真正理解;而一味地强调发展性,又会造成在规定的时间内无法完成规定的课程。所以,两者间的平衡极为重要。从两国的比较来看,中国过于强调控制性,这与中国对学校数学课程的传统观念有一定的联系。具体来讲,中国数学课程在数学内容上的深度较大,导致其体现数学的发展性存在一定的困难。更重要的是,如果只从数学基础知识与基本技能的掌握角度来看,强调控制性的教学往往比强调发展性的教学耗时少,而后者极其受中国教育工作者重视。因此,如何在中国的数学课程标准中乃至教材的编写和教学中更好地传递发展性的价值取向值得深入研究。

### 5.1.3　神秘性与公开性

总体而言,两国都强调公开性,而且随着学段的上升,这种趋势越发明显,这是合理的。一方面,这是因为随着学生数学知识与经验的不断丰富,公开性的实现也就有了越来越好的基础;另一方面,这是因为对学生说理的要求变得越来越高。但问题是,数与代数、空间与几何两个领域的数据并没有完全体现这一趋势。这里还有一个原因是,随着学段的上升,数学变得更为抽象,一些数学概念、命题以直接给予的方式呈现,因而表现出神秘性特点。正是由于上述因素的共同影响,各领域的数据表现出来的趋势并不具有一致性。就领域而言,两国都在空间(或测量)与几何领域表现出更强的公开性,这也许与这一领域强调说理、证明等有关。

在统计中发现,通过数学美等体现神秘性的取向未得到充分的重视。数学是美的,但学生对这种美的体验并不容易获得,这需要对课程内容进行有意识的设计。相比较而言,ACM通过数学文化的学习更好地展现了上述倾向。比如"环境中对称的识别"(ACMMG066)中列了两条:识别土著岩画与艺术品中的对象;在自然和建筑中识别对称。但这些内容的比例仍然较低。

### 5.2　关于数学教育价值

ACM对工具价值和认识价值给予了同等的重视,而CCM虽然也重视工具价值,但更重视认识价值。这也许与两国的数学教育传统与观念有关。在中国,数学常被人们认为是思维的体操,数学学习也是人们发展思维的重要方式。CCM在前言中就指出:"数学教育既要使学生掌握现代生活和学习中所需要的数学知识与技能,更要发挥数学在培养人的理性思维和创新能力方面的不可替代的作用。"ACM在基本理念部分用四段加以表述,依次强调以下内容:为所有澳大利亚人的美好生活创造机会;发展学生的多重能力,使其在面对熟悉的、不熟悉的情境时能应用数学做出决策并有效地解决问题;确保在数学内部及数学与其他学科间建立起多重联系;确保所有学生能在数学推理中获益,并学会创造性地、有效地应用他们理解的数学。由此可见,ACM 虽然同样强调认识价值,但相对而言,将工具价值放在更重要的位置。

在学科领域,认识价值更多地体现在 ACM 的数与代数领域和 CCM 的空间与几何领域。原因与上述关于理性主义与客体主义的讨论类似,在此不再赘述。

两国在课程理念中均对数学的文化价值给予了充分的重视,CCM 在前言中就指出:"数学是人类文化的重要组成部分。"并在教材编写建议中进一步指出,"数学文化作为教材的组成部分,应渗透在整套教材中。"ACM 也在理念中指出:"在所有的文化中,数学已有了上千年的发展历史,并会一直发展下去。"但是在内容标准中,尽管 ACM 呈现了一些如土著文化、亚洲文化中的数学元素与思想等体现文化价值的内容,CCM 中也有类似的内容条目,但总体而言,其比例都较低。在数学课程中呈现数学文化,尤其是具有文化多样性的数学,对于学生认识数学历史、感受数学文化价值以及学习的改善都具有重要价值。图 3-11 呈现的是有关学校数学、数学文化以及人类其他子文化间的关系的示意图,其中虚线椭圆表示学校数学可能的不同情形。人们对数学教育价值(阴影部分)的理解会影响学校的数学课程,价值认同度越高,阴影部分越大。阴影部分的学习能使学生感受到数学与日常生活等其他子文化之间的内在关联,从而兼具认识价值与工具价值。

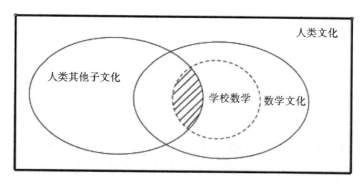

图 3-11  学校数学、数学文化与人类其他子文化的关系

### 5.3  关于数学教学价值观念

在数学教学价值观念上,两国均对形成学习、问题解决式学习和应用学习

给予了重视,这种价值取向与对公开性、发展性的强调具有一致性。上述数学教学价值取向也是学校数学课程改革所倡导的,在中国尤为明显。CCM 明确指出:"教学活动是师生积极参与、交往互动、共同发展的过程。""数学教学……应从学生实际出发,创设有助于学生自主学习的问题情境,引导学生通过实践、思考、探索、交流等,获得数学的基础知识、基本技能、基本思想、基本活动经验,促使学生主动地、富有个性地学习,不断提高发现问题和提出问题的能力、分析问题和解决问题的能力。"正因为如此,CCM 在形成学习、问题解决式学习等教与学价值取向上表现明显。

当然不同的数学教学方式均有其价值,这就需要从更复杂的角度加以考虑。比如,学段间的课程具有价值观念的差异,导致学生在经历不同学段的课程的学习时会存在一定程度的价值冲突。具体而言,第三学段的数学课程更为重视理性主义、控制性以及认识价值,这会潜在地使教学方式由倾向于以学生为主体转向以教师为主导。同时,第三学段的数学容量明显上升,这都会导致教学节奏的加快与教学方式的变化。因此,关注不同数学教学价值观念间的调适是极为必要的。

对中国和澳大利亚课程标准中内容标准的潜在价值观念进行的文本分析,在一定程度上揭示了课程标准研制者以及其所处的数学教育系统中的价值观念,为人们认识以及更好地设计数学教育背后的价值教育提供线索与启示。但课程标准中所呈现的观念是否会对后续的教材编写、教师的教学以及学生的学习产生影响需要进一步研究。

# 第三节　经验总结法

## 一、数学教育经验总结法概述

经验总结法是数学教育工作者以其在教育教学实践中形成的先进的感性认识为内容,经过进一步的思维加工、分析、概括使之上升为理性认识的过程。教育经验的创造主体可以是集体或者个人,因此,经验总结法既可以是集体的行为,也可以是个人的行为。

数学教育工作者在教育教学实践中会积累很多的经验。但是,最值得教育工作者花时间和精力去总结的经验,往往是那些先进的数学教育经验。一般来

说,先进的数学教育经验具有以下特征:

一是有效性。先进的数学教育教学经验首先应该是有效的。也就是说,经验在产生与形成的过程中,已经在实践中引起了较大的反响,并取得了较好的教育教学效果。

二是创造性。即数学教育教学经验具有革新的特点。创造主体或者独树一帜或者另辟蹊径,这种经验对于丰富教育实践或教育理论的内容有一定的贡献。

三是稳定性。即数学教育教学经验经得起实践的检验和理论的辩驳,它的形成与应用始终表现着相对较好的教育教学效果,不因教育者、教育对象、教育环境的改变而存在大的波动,经验产生的效果不是偶然的、随意的。

四是现实性。即数学教育教学经验具有较大的现实意义,对提高数学教育教学质量、推动数学教育教学改革有积极的促进作用,为解决数学教育教学中的困惑提供了具体的途径和方法。

五是回溯性。数学教育经验总结总是在教育实践活动结果已经显现的基础上发生,它不容许也不可能超越教育实践活动,其结论是归纳思维的活动。它在研究过程中不对研究对象施加任何影响,以获得某种效果,而只对自己或他人的实践经验进行回顾、反思,并总结与挖掘其中的价值。

六是普遍性。即数学教育经验能够提出带有普遍性的问题,能在数学教育教学改革中以点带面,推动全局。特别是那些抽象的具有理论性的数学教育经验,更应权衡其普遍性,以免产生不良的影响和不必要的损失。

## 二、数学教育经验总结法的意义

数学教育工作者通过对教学实践中的经验事实进行归纳总结,把自己的感性认识上升为理性认识,对更好地开展数学教育教学工作具有重要的意义。

首先,在数学教育教学中,总结教育经验的根本目的是揭示数学教育的内在联系和规律,丰富和发展数学教育理论,进而更好地推动数学教育实践,指导数学教育教学活动。经验总结法是一种从实践中来,又回到实践中去,进而指导数学教学课堂的一种科学研究方法。它通过总结数学教育经验,转变人们的教育观念,提高人们对数学教育事业的认识,把数学教师们的教育经验进行理论化探究,最后又回到实际中,指导教育实践。

其次,数学教师们通过教育经验总结来提高自己的教育教学水平和科研水平,提高教师自身的业务素质,从而提高数学教学质量。教师在总结经验的过程中,或者从他人的经验总结中,对自己的数学教学方式、教育内容进行反思,从而学习先进的数学教育经验,提高自己的数学教学能力,对数学教学质量的提高有很大的促进作用。

再次,数学教育经验总结会对先进的经验给予一定的肯定评价,从而不断发展和推广先进的数学教育经验,给教师以借鉴,从而帮助教师提高自己的数学教学能力。同时,数学教育经验总结还会对积极的教育经验给予肯定,对消极的教育经验进行评价,并提出相应的建议,有利于教师从中学习积极的教育经验,反思自己消极的数学教学方式。

最后,数学教育经验总结给学校领导和教育行政部门以启示,进而推动数学教育改革和创新。创新是事物发展的关键点,教育行政部门通过经验总结过程,了解教育的实际情况,加深对教育方针政策的理解,更有效地发挥教育行政部门的职能作用和指挥能力,使教育行政部门从宏观方面做出决策。

### 三、数学教育经验总结法的分类

首先,从性质上看,数学教育经验总结法可分为回溯研究和追因研究两种。回溯研究的研究主体主要是教师群体,指教师通过回顾自己某一阶段的数学教学经历,从自己的数学教学实践中总结一些新颖独特的教育观点,提出一些行之有效的数学教学方法,形成相应的数学教学理论。教师可以在学完一章或者一册之后,对本章或者本册的数学教学实践进行总结。比如,学生对哪些方面的理解还有一定的困难,在哪些类型的题上容易犯错。追因研究的研究主体主要是从事研究工作的科研人员,如从事数学教育研究的大学教授、数学教育研究机构的研究人员。此类研究是根据已有的结果追溯其原因,是在数学教育实践进行一段时间,且这段实践已经得到行之有效的结果之后进行的。这类研究的主要任务是追溯到具体的数学教育教学和管理过程,探索有效的数学教育教学方式和管理方式。

其次,从研究方式上看,数学教育经验总结法可分为专题性经验总结和一般性经验总结两种。专题性经验总结是指从问题出发,通过收集事实材料,对这个问题做更加深入、全面的分析和总结,进而总结出有关这类问题的普遍性结论。比如,教师在讲"勾股定理"时可以通过优质课视频、教案等总结多种证明方法来验证勾股定理,再给学生上一节以证明勾股定理为主要目标的拓展型课程,提高学生对勾股定理的认识。一般性经验总结则是指对数学教育工作者某一阶段的数学教学实践做一般性的总结,从具体的经验事实出发,得出一个预期以外的结论,但此类总结往往涉及面广,缺乏深度,没有针对性,存在较大的局限。

### 四、数学教育经验总结法的实施程序

数学教育经验的总结没有固定的方法和程序。数学教育工作者在进行数学教育经验总结时,大体上可按以下几个步骤进行。

#### (一)确定选题

数学教育工作者在数学教育教学实践中随时都可能发现新的经验,此时最好马上把实施方案、心得体会等记录下来,以免遗忘。一段时间后,他们可能会惊喜地发现自己已经积累了很多的"经验"。但是,并不是每一条经验都值得总结,真正值得花时间和精力总结的往往是那些具有上文所述先进的数学教育经验的特点的灵感和体验。

#### (二)检索查阅

一般而言,总结课题选定以后,研究者不要急于总结成文,首先要做的是文献的检索与查阅。通过文献的检索与查阅,研究者可以了解该选题的研究情况,避免盲目的摸索或重复已有的成果,也可以为经验总结提供可靠的文献依据。

文献的检索与查阅主要有两种途径。一是上网检索。研究者可以通过各种搜索引擎,了解与本选题相关的内容及相关研究状况。二是查阅期刊。除大学数学教育工作者可以方便地直接查阅期刊网络外,很多教师没有条件登录期刊网络。因此,他们只能通过查阅本校的或附近学校的相关现刊或过刊来了解本选题的研究现状。事实上,查询网络期刊是最为方便快捷的方法。研究者通过搜索找出有关课题的研究文章,了解前人对该课题已做过哪些研究。

如果研究者已有较为深厚的研究功底,具有敏锐的洞察力及前导意识,在选题确定后,就可以动笔写作,总结成文后,再检索查阅相关研究文献。在此过程中,研究者可以挑选那些影响力较大的期刊或书籍中的相关研究观点,为自己的研究提供强有力的支撑。成文后查阅文献,还可以有效地防止自己的文章涉嫌抄袭或综述别人的观点,以保证总结成果的创造性。

#### (三)收集记录

确定了选题,了解了研究现状之后,研究者就可以着手对总结的经验进行

资料的收集与记录。在总结自己的经验时,研究者一定要实事求是地收集有关资料并做好记录。经验资料的收集力求全面,一般包括"问题或现象的叙述""问题的分析与判断""问题的解决方法""解决问题的效果"等。"问题或现象的叙述"是指某个教学问题或教学现象产生的原因、背景、时间、地点、环境等;"问题的分析与判断"是指研究者对问题做出明确的判断并表明自己的观点;"问题的解决方法"指经验获得者解决问题的具体方法、操作步骤及采取的态度等;"解决问题的效果"即经验实施效果的证明材料,可以是学生的学习成绩、兴趣、行为等的变化情况,也可以是学生或别的教师的反馈意见。

如果研究者是在总结别人的经验,要围绕与经验创造者有关的人物和事件收集事实材料,可以是创造者本人从事数学教育活动的现成文字、音像与实物材料,也可以是经验创造者在从事数学教育活动的现场取得的观察材料,还可以是从其他途径得到的调查材料。调查材料中应含有能对该经验的实际效果进行评价的客观性材料。如果经验创造者本人的现成的材料并不多,那么现场的观察材料与调查材料就更为重要。

**（四）初步提出**

经验总结者收集记录了一定的经验材料后,便可以着手整理经验材料,归纳并提出初步经验。

**（五）核实验证**

研究者初步提出数学教育经验后还要认真地进行经验效果的核实验证。核实验证是数学教育经验总结的必要环节,因为经验来自教育教学的自然状态,经验所提供的方法在实施过程中对微观变量缺乏严格的控制,所以经验往往只能单一地揭示数学教育现象中的因果关系,只能通过实验的方法来加以科学的验证。

**（六）探询理论**

数学教育经验的效果得到核实和验证后,研究者最好能够找到经验之所以能够产生如此效果的有力的理论依据。好的数学教育教学经验加上科学理论的支撑将更令人信服,更具有科学性和稳定性,将会有更大的推广价值。因此,数学教育经验总结者为自己的经验探询相关的理论基础是很有必要的。

**（七）总结成文**

教育经验总结论文和普通论文一样,要具备观点新颖、结构严谨、层次分明、语言简明、表达准确、观点和材料一致等特点。此外,经验总结论文还有其自身结构上的特点。普通的教育经验总结论文,通常包括数学教育实践活动的背景、过程、方法、效果、研究者的体会和认识等。

### (八)经验推广

先进的数学教育经验的推广,可以使数学教育经验在实践中进一步得到检验和发展,还可以使经验发挥更大的社会效益。数学教育经验的推广形式多样,归结起来可分为直接推广和间接推广两种类型。直接推广主要有经验交流会、专题讨论会、教育教学展览会、教育教学演示活动、教育教学传帮带等形式。间接推广主要有书面经验交流、录音录像播放、组织专题研讨会等形式。

## 五、中小学数学教师利用经验总结法的建议

### (一)积极实践,勤于积累

理论是实践的基础,实践是理论的不断丰富和拓展,在教学过程中,教师要严格根据数学课程标准的要求,结合学生的实际情况,对每个可能在教学过程中发生的问题加以考虑,并提出相应的对策,精心地准备每一节课程,把行之有效的数学教学方式和管理方式加以总结,勤于积累。任何事情都不是一蹴而就的,只有一点点地积累,才能形成丰富的数学教育经验,为今后更好地开展教学和管理工作做好铺垫。

### (二)善于反思

教师在准备好每一节课之后,通过课堂上与学生的互动以及课后的学生反馈情况对每一堂课进行总结,从中获取经验教训,以更好地为以后的课堂提供经验材料和理论依据。由于课堂教学面对的是学生群体,他们具有鲜明的特征,因此教师更应该注重对每一种特殊情况进行经验总结。通过对这些经验的不断总结和积累,教师可以游刃有余地应对今后的教学活动中可能会遇到的问题。

### (三)主动学习,借鉴先进的数学教育经验

在数学教学活动中,教师的教学不能仅仅只围绕书本,但个人的精力有限,教师可以阅读数学教育方面的资料和文献,吸取和借鉴前人的经验,了解数学教育前沿,掌握热点问题。另外,在数学教学活动期间,教师应增加与其他优秀教师之间的经验交流,多参加教师专业培训,通过聆听优秀教师的公开课,积累自身的数学教育经验。

#### (四)时常进行经验总结,推广有意义的数学教育经验

在日常教学活动中,教师很有可能会得到一些喜人的成绩,发现一些新颖的数学教育问题。此时,教师不应该闭门造车,而是需要将自己的想法说出来,与其他教师分享,形成合作小组,集众人之所长,形成数学教育经验总结报告,丰富和发展数学教育教学理论,为他人提供宝贵的资源,也提升自身的能力。

# 第四节 个案研究法

## 一、数学教育个案研究法概述

个案研究法就是对单一的研究对象或现象进行深入而具体的研究。具体到数学教育研究领域,案例研究以个人或由个人组成的团体为研究对象,比如一个家庭、一个社区、一个项目。案例不仅包括身份明确的实体(如个人、小组、社区),也包括事件、活动或过程。

个案研究一般要对研究对象的一些典型特征做全面、深入的考察和分析,也就是所谓"解剖麻雀"。个案研究不仅停留在对个案的研究和认识的水平上,而且需要认识教育与发展之间的因果关系,提出一些积极的教育对策,以便因材施教。

个案研究重点关注的是现时的现象。作为其出发点的基本理念是:现象是发生在真实的生活中的,且现象与情境往往无法清晰地分割或界定。这对于数学教育的严密性和丰富性而言,是非常重要的。在定量研究中,基本的关注点是量化的论据,比如学生的测试成绩,与其有关的平均数、方差、相关系数等。这些数据本身可能是很有说服力的,但是,它们毕竟只能说明问题的一个侧面,还带有一些缺陷。比如在学习"组合"概念以后,为了定量分析,研究者可能会做一个测试。例如一个学生得了 90 分。一方面,它可能被用以说明学生对这个概念的理解和掌握的程度。另一方面,从质的研究视角看,这个分数可能是很"干瘪"的。分数并不能提供整个测试中该学生在哪个或哪些"知识点"上出现的理解或不理解问题的信息。即使分数可能涉及某些"知识点"考查的信息,它也是相对空泛的,因为它还是无法提供具体的正确或错误的内容信息。而这些能够反映具体的学习内容的学习信息,对于研究分析学生的实际学习状态和学习细节,诊断问题产生的原因,提出改进的途径等,都是非常关键的。要做到

这些,个案分析就可能发挥很关键的作用。个案研究就可以近距离地对此做细致的研究。例如,观察学生的典型错误,跟踪他在具体问题上的思考过程,对他的知识、能力基础做访谈等,得到与具体的学习内容紧密结合的信息,提供丰富多彩的论据。这些质的论据与量化的论据相互配合,才能够加强研究的严谨性,提高研究本身以及研究结论的信度和效度。

总的看来,个案研究法是对个案进行长期而连续的研究的方法,研究者能真实而直接地获得研究对象发展变化的第一手资料,能深入了解个人或某一教育现象的发展情况,弄清发展过程中的个别差异现象。它对于揭示某些数学教育现象前后发展的关系具有重要价值。

## 二、数学教育个案研究法的意义

### (一)为数学教育对象提供有效的帮助,利于因材施教

个案研究能提供有关研究对象的详尽的研究材料,是研究者对教育者或教育者对数学教育对象提出有针对性的教育建议和措施的基础,能帮助教育者了解和研究学生,使之在教育过程中能因材施教,使学生受到最适宜的教育,得到最大限度的发展和提高。

### (二)能为理论的发展提供特殊例证,丰富研究内容

个案研究所提供的典型材料为描述概括性的教育心理理论观点提供具体的佐证,能极大地丰富相关的教育心理理论成果。对于现代心理学的研究,尤其是认知心理的研究来说,丰富的个案研究材料能使该研究的基本结论更加丰富、饱满。比如对思维过程或思维策略的研究中,大量的个案研究为有关学生元认知的研究提供了具体的材料,使研究所得出的一般结论更具说服力。

### (三)揭示典型的教育对象或现象的特点和规律,促进教育科学的发展

由唯物辩证法可知,个性与共性、特殊与一般是辩证统一的。个别事物或现象在表现自己特殊性的同时也反映了该类事物的普遍性,而普遍性中又蕴含着特殊性。个案研究对典型对象的分析,能明确其性质,帮助认识、了解这类事物的本质和规律,从而促进教育科学研究的发展。此外,个案研究通过典型材料,以个案举例的方式来说明某种抽象的教育理论和观点,使理论既有概括性,又有实用性,推动了教育研究成果在实践中的运用,促进了教育科学的发展,且大量的个案资料形成了丰富的资料库,为以后更好地分析该类对象奠定了良好的基础。

### 三、数学教育个案研究法的特点

#### （一）研究对象的特殊性

个案研究具有较强的针对性，以发现问题、探究问题形成的原因为线索进行研究。选择的研究对象应具有研究价值，显然，研究特殊群体的价值回报要远高于对路人的研究。比如某学生平时学习习惯良好，成绩优秀，在校遵纪守法，某天突然开始逃课、厌学，成绩急剧下降，前后行为差异较大。通过个案研究来探索学生突发性异常行为产生的原因，再进行转化教育，使其获得良好的发展是一种不错的教育手段。此外，一些情绪异常的学生（如具有暴力倾向）、行为有偏差（内向或外向）的学生、学业成绩较差的学生同样具有较高的研究价值。

#### （二）研究过程的精细性

个案研究的对象数量少，研究目的明确，故允许研究者对研究对象展开精细的分析，从而更加全面地了解研究对象的现状、真实生活和实际状况，准确地把握研究对象的本质属性，以提出有针对性的矫正措施或训练措施。在个案研究中，常运用归纳的方法，对材料进行横向和纵向的精细分析，从个别现象中概括得出一般结论。

#### （三）研究时间的长期性

个案研究常常是一种较长期的研究。这是因为研究者不仅要对研究对象进行全面、深入的行为与社会环境的关系调查，如社会环境、家庭环境以及学校教育对人的影响，还需把握其发展过程及发展过程中出现的种种问题。因此，个案研究常常持续较长的时间，有的研究甚至需要追踪研究，一些对超常儿童或特殊儿童的研究，甚至需要追踪研究几年甚至几十年。

#### （四）研究方法的综合性

在进行个案研究时，不同的时期要运用多种不同的研究方法，才能收集到有深度、广度的个案资料。在研究初期，通常需要收集有关研究对象的各类资料并进行材料分析，对材料的处理涉及定性、定量等多种测量方法，以对研究对象的智力、性格、能力、心理特征等做出准确的初步判断。在研究过程中，研究者需要综合运用教育观察、问卷调查、访谈调查、教育实验、教育与心理测量、实物分析以及整理查阅文献和档案记录等方法灵活地获取有效资料，调整研究进程和研究内容。正因如此，个案研究所获资料不仅有丰富的感性材料，而且资料都较深入、系统,所得的研究结果才更令人信服。

### 四、数学教育个案研究法的分类

研究者从不同的角度对案例研究进行了分类,概括起来可以分为以下几种:根据研究对象的不同,可以分为个人个案研究、机构个案研究和社会团体个案研究;按照个案数目的多少,可以分为范围单一个案研究、多重个案研究;按照研究目的,可以分为诊断性个案研究、指导性个案研究、探索性个案研究。其中,诊断性个案研究,即对数学教育实践中存在什么教育问题,或者校本课程实施过程中遇到了哪些问题做出诊断。诊断性个案研究主要是对人、事物或情景的概况做出准确描述,它侧重于描述事例。指导性个案研究对其他同类型的问题或同类人员有指导作用。比如,当研究数学教师的专业发展时,选取一些优秀数学教师,了解哪些关键的方面影响了他们的发展和成长,这对其他学校、教师是有指导意义的。探索性个案研究就是寻求一种解决问题的方案的个案研究。比如,要探索学校数学校本课程的设置,就要知道什么样的数学校本课程能够体现学校数学教育的特色;又比如,要探究数学学习困难的学生如何解决学习困惑,就要选取几个典型的数学学困生作为研究对象,以探索一种新的解决方案。

### 五、数学教育个案研究法的实施程序

#### (一)确定研究对象

任何研究的起点都是研究问题,个案研究也是如此,需要根据研究目的、研究问题选择具有代表性的研究对象。研究对象的选取与研究问题具有关联性,比如,当我们研究数学教师的职业倦怠时,就需要选择几位有职业倦怠的数学教师作为个案,并说明他们的典型性——是否具有严重的职业倦怠。当然,研究的问题不一样,确定的研究对象也不同。比如,研究学习困难的学生,要解决他数学学习困难的问题时,确定的个案就是那些数学学习困难的学生,而不是语文学习困难的学生,或者成绩较好的学生。教育工作者一般倾向于选择具有特殊价值的个案对象。比如,研究数学课程改革在某地区学校的落实情况,就可以选取一个典型学校作为整个地区的范例,即将这个学校作为一个个案进行研究。

#### (二)收集个案资料

个案研究的结果能否建立起严格的信度和效度,取决于收集的个案资料是

否全面、系统。个案资料收集的初期要求调查者综合利用多种信息源。就个案而言,信息源可以大致分为研究对象的基本情况(如姓名、性别、年龄、出生年月)、教育资料、心理发展资料、家庭和社会背景资料等。对个案资料的收集应根据具体情况做出调整。这些资料不是割裂地存在,资料的背后有一张网将其串联在一起,研究者所要做的是摸清脉络,从某些看似毫无关联的资料中获取更深层次的信息。

信息源的获取渠道也是多种多样的,可以从个案的学校档案、相关的记录、照片、录音、登记表格中提取。学校的档案比较规范,记录了不同时期个案的变化,易于做前后的比较。信息源可以由研究对象本人提供(如自传、日记),也可以从研究者对个案的观察、测评、口头沟通评定中收集,还可以从个案的同学、老师的描述中得到有关个案的各种资料。在具体操作中,经常将这些方法结合使用,以便得到最客观的资料。

### (三)分析个案资料

个案研究收集到的资料比较粗糙、零碎,难以直接解释结论,往往需要做进一步的整理分析才能揭示各类现象间内在、本质的联系。面对繁杂的个案资料,研究者一般可以从假说验证角度、事件拆分描述这两个维度切入,揭示主因、次因等,形成初步的假设。

在个案研究准备阶段,研究者已获得的理论构想及相应的假说体系,推测了若干变量的变化趋势,故研究者可以对照假说对数据分析一一进行验证。一个事件的发生包含时间、地点、人物、起因、经过、结果。一个复杂的大事件,也总是由若干个小程序组成。研究者可以根据个案的结构,利用数据对个案的组成部分进行拆分描述。研究者应在分析资料前建立标准化的测验量表,以免在数据处理中被主观情绪影响分析结果。

个案资料的收集与个案研究资料的整理、分析是同步进行的。研究者通过收集、整理、分析资料得出初步的分析结果,并根据分析结果及时调整研究问题和研究方法,再进行资料收集、整理、分析,这是一个循环往复、深入递进的过程。

### (四)实施个案指导

个案补救方案通过个案资料的分析结果提出。因不同的个案面临不同的实际情况,故方案的制订也应随之变化。个案矫正方案的设计可以分为外因和内因两个方面。个案矫正方案要强化能促进个案行为发展的因素,疏导那些不利于行为发展的外因条件,如课堂奖惩措施、家庭教育环境、榜样示范的力量。在内因方面,则要引导学生保持良好的情绪,形成积极的情感和人格倾向,帮助学生克服焦虑、怯懦等不良情绪的影响。

### (五)追踪指导研究

对个案行为发展的诊断、矫正是一件极其复杂的工作,矫正手段是否有效不仅受矫正手段本身的影响,还受执行力度、时长、环境变化的制约。所以,提出矫正方案不是个案研究的终点,而是个案研究追踪阶段的起点。美国心理学家特曼从1931年开始进行的一项著名的针对天才儿童的纵向个案追踪研究,先是以5年为周期追踪对象的发展情况,后来以10年为周期调查一次,甚至追踪对象进入老年后,这项研究仍在继续。只有经过长期的、反复的追踪研究,才能获得系统的、有指导意义的资料。故个案研究在实施矫正或发展指导教育后还要继续进行,以考察教育的实际效果。针对实际情况变更调整或提出新的矫正手段,直至矫正补偿确认有效,才能终止研究。

### (六)撰写研究报告

论文的撰写是个案研究的最后环节。一份完整的个案研究报告应包括概述、资料分析、采取的策略与成效、存在的问题和建议。其中概述可分为个人情况概述、特殊表现概述、家庭情况概述。资料分析包括主要解决、分析什么和怎样分析的问题。这部分内容包括需要分析的问题及分析资料的方法。有些严谨的读者会质疑分析结果的信度,故在报告中可以附上原始资料,以及分析原始资料采用的手段。

## 六、数学教育个案研究法示例

【案例3-2】 高效数学课堂教学行为研究:基于优秀高中数学教师的个案研究①

### 1.研究对象

本研究选择具有典型意义的优秀数学教师——C教师作为研究对象。入选标准主要有:(1)在同行评议方面,校长和全校教师认为C课堂教学效率高,

---

① 李渺,陈长伟.高效数学课堂教学行为研究:基于优秀高中数学教师的个案研究[J].数学教育学报,2010(5):80-83.

教学效果好;(2)在学生评价方面,学生认为在 C 的课堂上学习效率高,学习收获大;(3)在优质课竞赛方面,C 曾获得省级优胜奖。

**2. 研究方法**

本研究采取个案研究方法,分两个研究阶段:一是观察优秀数学教师的课堂教学;二是与优秀教师及其同事、学生访谈。

**3. 资料收集和分析**

资料的收集、整理和分析同步交叉进行。资料来源主要包括三类:一是访谈。在征得访谈者的同意后,利用录音笔记录访谈内容,同时也在纸上记录下关键词,并详细标记时间、人物、地点和主要议题,包括访谈者的表情、动作与声调变化等。二是其他相关资料,包括访谈者的课堂教学及其实录、教案、论文和学生的作业等。三是研究日志。研究日志是在整理相关资料后得到感受的记录。

**4. 研究结果**

**4.1　高效教学课堂教学行为的基本特征**

教学行为是一个复杂的动态结构体。本研究主要从教学准备、教学呈现、教学组织和教学调整四个方面来研究 C 教师的教学行为,并在此基础上归纳 C 教师的高效课堂教学行为的基本特征。

**4.1.1　教学的有效知识含量高**

在访谈中,C 教师谈到,高效教学就是教师以个人魅力形成课堂教学的凝聚力,并凭借师生互动的引力,来激发学生学习的兴趣,拓展学生的思维。其基本特征有:(1)课堂容量较大,能较好地激发学生的思维;(2)学生的参与度高;(3)学生能形成知识的初步框架,并对有些知识点进行深入的理解;(4)学生获得学习方法。

数学是思维的科学。如果数学教学不能够激发学生的思维,那这样的教学无疑是低效教学,甚至是无效教学。C 教师的一位学生说:"我喜欢 C 老师的课,因为学习内容很有挑战性。"在"数列求和问题"(裂项法)的教学准备中,C 教师设计了一套层层递进的系列数学问题:(1)求和,$A = \dfrac{1}{2} + \dfrac{1}{6} + \dfrac{1}{12} + \dfrac{1}{20} + \dfrac{1}{30} + \dfrac{1}{42} + \dfrac{1}{56} + \dfrac{1}{72}$,求 $A$(这是一道小学数学题);(2)在数列 $\{a_n\}$ 中,已知 $a_n = \dfrac{1}{4n^2 - 1}$,求 $S_n$;(3)在数列 $\{a_n\}$ 中,已知 $a_n = \dfrac{4n^2 - 1}{4n^2 + 1}$,求 $S_n$;(4)在数列 $\{a_n\}$ 中,已

知 $a_n = \dfrac{(n+1)^2}{n(n+2)}$，求 $S_n$。在这样的深化拓展学习过程中，学生从简单模仿到探寻"数列的裂项公式"，从惊叹方法之奇妙到发现"抵消规律"，其理解逐渐逼近数学的本质。这样的探索让学生始终兴趣盎然，感到学习既紧张又有趣。同时，学生的认知结构不断扩充，对数学的理解不断加深，学习方法不断丰富。

C 教师所谈到的这几点都涉及"教学的有效知识"，即教学中学生真正理解并有助于智慧发展的知识。事实上，教学效果取决于教学的有效知识量，而不是教学过程中传授的知识的多少和教学时间的长短。

### 4.1.2 天下难事必作于易

教学重、难点是学生学习过程中最大的"拦路虎"。因此，在教学过程中进行教学组织和教学调整，从而帮助学生突破重、难点，是高效教学行为的主要体现之一。C 教师认为，教学重、难点的突破是一个渐进的过程。正所谓"天下难事，必作于易"。因此，在教学组织方面，他特别注意提问的铺垫性；在教学调整方面，他特别注意学生的亲身体验。

（1）铺垫提问。"数列求和问题"（裂项法）的教学涉及两个难点：一是如何找"数列的裂项公式"，二是如何发现"抵消规律"。就发现"抵消规律"而言，在层层递进的问题解决过程中，在突破重、难点的"渐近点"处，C 教师精心进行教学组织，铺垫性地设计教学问题，不仅要求学生会做题目，而且要求学生用语言清楚地表达"抵消规律"，使学生"明于心、言于口、成于行"。这样，当遇到比较复杂的"抵消"情况时，学生就仍能保持清晰的头脑和敏捷的解题思路。同时，在叙述过程中，学生的交流能力也得到了锻炼。

（2）学生体验。对于 $A = \dfrac{1}{2} + \dfrac{1}{6} + \dfrac{1}{12} + \dfrac{1}{20} + \dfrac{1}{30} + \dfrac{1}{42} + \dfrac{1}{56} + \dfrac{1}{72}$ 这个求和问题，学生很快解答完毕。接下来，C 教师并没有马上分析其中的数学方法——裂项法，而是让沉浸在小小的成就感中的学生继续思考下一个问题"在数列 $\{a_n\}$ 中，已知 $a_n = \dfrac{1}{4n^2 - 1}$，求 $S_n$"。新问题的出现让学生思考如何从前一个问题得到启发。在不断尝试的过程中，他们逐步把握问题的内涵，逐步发现解决类似问题的本质所在。此时，C 教师再根据学生的实际学习情况，适时地在黑板上写出 $\dfrac{1}{20} = \dfrac{1}{4 \times 5} = \dfrac{1}{4} - \dfrac{1}{5}$，使学生进一步明了数学思维过程，突破教学重、难点。C 教师说，在数学学习中，学生学习的进步最终要靠自己领悟。也就是说，教师再精彩的讲授也不可能代替学生自己的学习,教师只是学生学习的组织者、引导者和合作者。所以,在教学过程中,教师必须让学生体验有关数学知识的发生、发展过程,并根据学生的实际学习情况灵活地进行教学调整。否则,学生不可能深入理解有关的教学重、难点。同样,在学生回答有关问题后,C教师不是急于继续教学或开始新的提问,而是给予一定形式的评价与鼓励。当学生回答问题有困难时,C教师不是直接说出正确答案,而是耐心地启发。C教师说,这样的教学反馈可进一步增强学生的学习体验,加深学生对数学的理解。

### 4.1.3　天下大事必作于细

在教学过程中,C教师非常注重教学呈现、教学组织等方面的一些细节问题。事实上,高效的教学行为必然体现于教学细节之中。

(1)注意数学基本能力的培养。运算能力(包括心算能力)是一种基本的数学能力。不少学生在平时练习或考试时总是出现计算错误。有些老师或学生把其中的原因归结为粗心、不仔细,认为这是小事情,以后多加注意就能避免这样的错误。其实,这是学生运算能力欠缺的表现。还有不少学生学习了计算,但在实际生活中购买商品时,不知道自己应付多少钱,老板应找回多少钱。此种现象的出现与学生的心算能力不强有较大的关系。虽然从表面上看,这些事情是“小事情”,但是,它关系到学生学习的成效和今后的发展问题。在数学教学过程中,C教师比较注重学生的运算能力。凡是能培养学生运算能力的地方,他都不演板,而是让学生自己运算,以提高他们的相关能力。

同样地,归纳能力也是一种基本的数学能力。C教师非常注重培养学生的归纳能力。在教学过程中,他让学生自己归纳总结,让他们自己说出学习体会。他说,关注这样的教学组织“小事”,可让学生进一步梳理思维,优化认知结构。

(2)“放”“收”有序。C教师说,在高效教学中,最大的矛盾是如何解决“放”“收”问题。所谓“放”,就是在教学过程中,要给学生自己思考问题的时间与空间;所谓“收”,就是要完成教学进度。对于同一学习内容,基础不同的学生所需的学习时间显然不同。而在实际教学中,同一班级中学生的基础大多存在差异。所以,如何在45分钟(或40分钟)的课堂教学中让全体学生进行高效的学习,需要教师在一些教学细节方面做到“放”“收”有序。

其一,暴露问题。C教师说,当他提出某一数学问题时,他会估计哪些学生的回答会出现哪些典型错误。于是,他让这些学生起来回答问题,“以点带面”。

这样，既"放"又"收"。其二，延续学习。C教师认为，课堂学习时间是有限的，不可能容纳所有的知识点。其实，很多知识点的学习可以通过布置课外作业等方式来进行。而且，在布置课外作业这件"小事"上，老师需要从"何时、何地、何人、何事、何因、何果"六个方面来考虑"放""收"问题，这样才能促进学生高效地学习。此外，C教师还谈道，目前在教材的编写方面，初中数学教材弱化或删除了一些数学知识点。可是，高中的数学学习又需要这些知识点，这些知识点甚至在高中学习的进程中起着关键的作用。这样，这些知识点的"查漏补缺"就直接影响高效学习的达成。所以，这些知识点需要边学边补，老师在教学过程中要做到"放""收"有序。

### 4.2 高效数学课堂教学行为与教师教育理念的关系

许多研究均表明，教师的课堂教学行为与他们的教育理念密切相关。事实上，在访谈中，C教师结合自己的学习经历和工作经历谈到，高效课堂教学行为的背后一定需要与时俱进的教育理念做指导。他说，不同的教师用同一教学方法讲授同一教学内容，教学效果可能存在较大的差异。这就与教师的教育理念有关。而C教师的教育理念是"教学是师生共同成长的过程"。

#### 4.2.1 教师对学生的发展起着重要的作用

C教师坚信教师在学生的发展过程中起着重要的作用，相信自己有能力对学生的发展产生积极的影响，并且在教学过程中"传道、授业、解惑"三者并重。他自信地说到，在教学过程中，他能够以学生发展为本，能够形成预设与生成辩证统一的课堂结构，能够创设师生身心俱悦的课堂气氛，能够启迪学生的思维，能够循循善诱，能够解决学生学习上的问题，能够与学生交心、谈心，做学生的知心朋友。

在访谈中，C教师还讲述了这样一件事情：有一次，他班上学生的考试成绩不太理想，学生情绪非常低落。他对学生说："责任主要在我。由于这次考试涉及的知识点多，在组织复习方面我做得不到位，不方便同学整理复习。在以后的教学中，我一定注意此类问题。我相信我们一起努力，一定能学好数学。"同时，他也制订出有针对性的教学措施。教师真诚的话语不仅让学生重新鼓起学好数学的信心，而且让学生感受到教师敢于担当责任的人格魅力。这些都对学生的发展起到了潜在的激励作用。

#### 4.2.2　教学相长

在坚信教师对学生的发展起着重要作用的同时,C 教师还认为,如果说教师比学生懂得多,那也仅仅是因为教师比学生先学了一步、多做了一些题目而已。其实,教师从学生那里也可以学习到很多东西。在"数列求和问题"的教学中,有这样一道数学题目:在数列 $\{a_n\}$ 中,已知 $a_n = \dfrac{1}{4n^2-1}$,求 $S_n$。一般的做法是把 $a_n = \dfrac{1}{4n^2-1}$ 写为 $\dfrac{1}{2}\left(\dfrac{1}{2n-1} - \dfrac{1}{2n+1}\right)$,然后再求 $S_n$。然而,在一次教学过程中,C 教师的一位学生却提出,可以把 $a_n = \dfrac{1}{4n^2-1}$ 写为 $\dfrac{n}{2n-1} - \dfrac{n+1}{2n+1}$,这样的"裂项"也能比较简便地求出 $S_n$。学生的这种想法让 C 教师感到意外,也感到非常高兴。

#### 4.2.3　教学让教师感到幸福

C 教师说,他喜欢教学,因为教学让他获得精神的愉悦,让他感到心情愉快,让他由衷地感到幸福。正因为如此,他深入钻研教材,力争让学生在每一节课的学习中获得最大的收获;正因为如此,他喜欢学生,尊重学生,鼓励学生;正因为如此,他每次都以饱满的热情走进教室,与学生一起学习;正因为如此,学生毕业后都很惦记他,常常打电话给他,甚至回校看望他……

在"四种命题"的教学中,C 教师热爱学生之情溢于言表:当有的学生对有关概念的理解产生混淆时,他的言语(包括音调等)、面部表情(扬起眉毛、微笑)、手势都体现了对学生的关爱与信任。在这样的学习氛围中,学生敢于说出自己的想法,说错了也没关系,因为教师是真心关爱学生的。

#### 5. 分析与讨论

C 教师的高效教学行为是如何实现的? 其教育理念又是如何形成的呢? 多年来,C 教师一直坚持学习,其学习途径主要有三种:(1)进修培训。C 教师说,环境的改变促使他不断进步。关于这一点,C 教师认为到××教育学院的进修学习对他帮助很大。在这两年的学习进修中,他系统地学习了教育学、心理学以及哲学。通过这些知识的学习,他进一步形成了好的教育理念和思维方式。另外,他积极参加学校与有关部门组织的培训与讲座,不轻易放过学习的机会。(2)向同事学习。C 教师说,教无定法,每位教师都有自己的优点。所以,要善于学习其他教师的优点,并与自己的实际情况相结合,努力形成自己的教学特色。(3)反思学习。C教师说,教材在变,学生在变,时代在变,只有不断学习与反思,才能跟上时代的步伐,才能无愧于教师的职责所在。因此,他一直坚持进行教学反思,并做好记录。近几年,学校的教学条件进一步改善,教室安装了多媒体教学设备。因此,C教师与同事们经常探讨如何在教学过程中运用多媒体,以更好地提高教学效率。

这三种学习途径揭示了高效教学行为实现及教育理念形成的基本条件——"理论知识的实践化"和"实践知识的理论化"。

### 5.1 "理论知识的实践化"和"实践知识的理论化"的含义

按照知识的获得途径,教师的知识分为理论知识(指教师通过书本学习、听讲座等方式获得的知识)和实践知识(指教师在教育实践过程中获得的知识)。在C教师所谈到的学习途径中,"进修培训"更多地属于理论知识方面的学习;"向同事学习"更多地属于实践知识方面的学习。理论知识和实践知识并不是彼此孤立的。如果教师不把所学习的理论知识运用到教育实践中去,那么理论知识的价值得不到"检验";同样,如果教师不把所学习的实践知识与理论知识相结合,那么实践知识的价值得不到"彰显"。所以,需要"理论知识实践化"和"实践知识理论化",这是同一学习过程中的两个方面,且是相互联系的两个方面。

### 5.2 "理论知识的实践化"和"实践知识的理论化"的关键

反思是实现教师"理论知识实践化"和"实践知识理论化"的关键所在。

首先,理论知识与实践知识各自拥有自己的价值是一回事,这些价值是否被教师拥有,则是另外一回事。换言之,理论知识与实践知识的价值只有被教师内化,才能说教师真正拥有了它们。"学而不思则罔",不管是在理论知识学习中还是在实践知识学习中,我们都需要思考,而且需要反复、持续、深入、多角度的思考,即反思。

其次,不管是理论知识还是实践知识,都存在"所认识的多于我们所能告诉的",即这些知识不仅包含大量的显性知识,而且包含大量的缄默知识。比如,教师的许多经验是无法言表的。所以,在向同行学习时,教师需要用"心"体会,需要反思。这样才能透过现象看本质,才能真正感受有关教学行为背后的内涵,才能不断获得教育的真谛,而不是流于形式的模仿。同时,教师一旦获得了这种缄默知识,就会涌现越来越多的观点与看法,对相关显性知识学习的理解也越来越深入。

再次,教育的主要特点之一是具有情境性。所以,一方面,教师在进行"理论知识的实践化"时,需要考虑学生的已有知识经验和思维方式。反思学生的实际学习状况,并根据这些情况把相关的理论知识运用到教育实践中去;另一方面,教师在进行"实践知识的理论化"时,也需要思索所学到的实践知识属于理论知识中的哪一部分,并把它进一步提炼、升华,让其成为教师学习共同体所共享的学习资源。

### 5.3 "理论知识的实践化"和"实践知识的理论化"的根本

"理论知识实践化"和"实践知识理论化"的根本目的是更好地促进学生的发展。这就需要教师从学生的角度来思考问题。教师要把握好"思维定式"的影响问题。所谓"思维定式",即指一旦认知主体获得对某一事情的看法后,就以该看法的思维方式来考虑新情况。思维定式既能产生正向迁移,也能导致负向迁移。思维定式的正向迁移可使个体在遇到相似情形时迅速找到必要的"固定点",并以此作为依托来解决新问题。然而,思维定式导致的负向迁移会使教师"想当然",从而对学生产生误解。

有些教师认为某一知识点很容易,就以为学生掌握起来也很容易。然而事实并非如此。为什么一些学生反复出现某一学习错误,学习效率不高?原因之一就是这些教师用自己的"已知"代替学生的"未知",没有关注学生的想法和实际情况。有些教师以为自己了解学生的想法,但其实根本就不了解。为什么一些学生对他们的教育有逆反心理?原因之一就是这些教师"自以为是",没有真正与学生沟通和交流……

教师从学生的角度思考问题,就意味着换位思考。这里的"换位"不是"以己度人",不是认为自己怎么想,别人就怎么想。每个人有每个人的生活环境,每个人有每个人对事情的想法或看法。只有在时间上对学生的言行进行连贯的前后分析以及在空间上进行立体的剖析,教师才能真正了解学生,才能使学生真正高效地学习,才能真正促进学生的发展。

# 第五节　调　查　法

## 一、数学教育调查法概述

调查法是研究者为了深入了解数学教育实际、弄清事实、发现存在的问题、验证假设、探索数学教育规律而采取的有目的、有计划、有系统的研究方法。它可以通过访问、座谈、问卷、测验等多种手段向熟悉研究对象的第三者或当事人了解情况,也可以通过测验、收集书面材料等途径了解情况,掌握数学教育现状。

调查法不仅可以观察和分析数学教育中的各种现象,揭示数学教育发展中存在的问题,并且可以通过对问题的分析提出解决问题的办法,从而推动数学教育的发展,同时也可以帮助数学教育研究者提供既定研究课题的第一手资料,为各级教育行政部门制定教育政策、教育规划和教育发展计划提供事实依据,还可以对现实的数学教育问题进行透彻的分析,发现、总结并推广先进的数学教育经验,以便更好地改进工作,提高数学教育质量。

## 二、数学教育调查法的基本原则与种类

### (一)数学教育调查法的基本原则

1. 客观性原则

客观性原则是指在进行数学教育调查时,调查者应该按照事物的本来面貌了解事实本身,必须无条件地尊重事实,如实记录、收集、分析和运用材料。调查者在实施调查计划时,不应对调查对象抱任何成见,收集资料时不应带主观倾向,对客观事实不能有任何增减或歪曲,必须遵循实事求是的科学态度。客观性原则也是从事数学教育调查研究最基本的原则。

2. 多向性原则

多向性原则是指调查者在数学教育调查中,应该多角度、多侧面地去获得有关的材料,即进行全面调查,注意横向与纵向、宏观与微观、多因素与主因素的结合,使调查既全面又有代表性。因此,在进行数学教育调查研究时,不仅要注意了解对象以往的特点,也要调查他们新产生的特点,了解他们的发展趋势。

3. 灵活性原则

由于教育现象具有复杂性,如调查对象的地位、职业、年龄、性别等不同,或

者调查题目、调查方法手段不同,因此调查者在数学教育调查过程中一定要适应情况的变化,注意灵活性。

4.定性分析与定量分析相结合的原则

调查者在调查研究过程中一定要对调查材料进行定性和定量相结合的分析,在进行具体操作时,可以精确与粗略相结合,有详有略,但不能使用"也许""大概""差不多"等词。只有坚持定性与定量相结合的调查研究和分析,才能真实、具体地反映现象。这样的调查结果,才能成为了解实情、做出决策的基础。

**(二)数学教育调查法的种类**

1.常模调查和比较调查

依据调查的目的划分,数学教育调查可以分为常模调查和比较调查。常模调查是以了解数学教育现象中某个方面的一般情况,或寻找一般数据为目的的调查。比如,针对某个地区的小学生的基本数学能力测试量表常模、初中生数学学习非智力水平常模的调查均属于此类研究。常模调查可以为教育行政部门和数学教育研究者提供某个问题的基本情况和一些有价值的研究数据。比较调查是以比较两个群体、地区或两个时期的数学教育情况为目的的调查。这类调查往往能起到总结经验、吸取教训的作用,为落后者提供先进的经验。

2.事实调查和征询意见调查

依据调查内容的性质划分,数学教育调查可以分为事实调查和征询意见调查。事实调查是指在调查过程中调查对象提供现成的事实或数据,目的是了解数学教育的现状。比如针对某个地区的中小学数学教师的学历状况的调查就属于事实调查。所谓征询意见调查,就是在调查过程中,要求调查对象提出自己对某个问题的看法和意见,目的在于改进和提高数学教育的质量。

3.全面调查和非全面调查

依据调查范围的大小划分,数学教育调查可以分为全面调查和非全面调查。全面调查又称为普遍调查,即对全部调查对象加以调查。比如针对高等师范学校的数学专业毕业生在中学工作的情况的调查,调查对象分布在全国的所有中学,需要逐一进行调查才能得到准确的总体的概念。其优点是可以了解一个问题的全貌,因此全面调查是一种可信度很高的调查。其缺点是往往要花费很大的人力和物力。非全面调查是从调查对象总体中抽选一部分有代表性的对象作为样本进行调查,根据调查所得的数据资料,推断被调查总体的情况。由于调查对象较少,因此非全面调查比较省时省力。若选择样本的方法正确,非全面调查也会收到很好的研究效果,因此,这类调查应用得比较广泛。

### 三、数学教育调查法的实施方法

#### (一)测验法

测验就是根据研究目的,让测验对象在规定的时间内,按照指定的方式,回答事先编制好的测试题目,通过对测验对象答案的评定,为研究者提供测验对象某方面的知识和能力情况的信息。

1. 测验法的特点

(1)测验是一种抽样测量

一般情况下,某一个知识点(如数学课程中的某一章或某一节)包括许多有测试价值的具体内容,而且可以从多个角度、按不同的方式将具体内容编制成多种类型的测试题,可供选择的内容相当丰富。为了确保测验的有效性,测试时间通常为1—3小时,2小时左右最佳,避免因测试时间过长、题目量过多导致被测试者疲劳而使测验失去应有的价值。

(2)测验是一种间接的书面调查

测验一般以测试卷为材料进行操作,被试者要尽可能正确地回答试卷上的问题。研究人员与被测试者并没有面对面地直接交流,因此它是一种间接的书面调查,可以大规模(如以班级为单位)地进行测试。

(3)测验是具有量的可比性的测量

如果选择的被试者都处于相似的背景(如学习经验、学习环境、家庭背景)下,并且都是首次接触该测试量表,那么该测试结果就具有较高的可比性。

2. 测试卷的编制

(1)测试内容的选择

要依据研究的目的和要求,划定有关数学内容的测试范围和测试内容的深度和广度,这是运用测试法的基础和前提,也是测试法能否有效实施的重要步骤和关键。一般来说,若想要进行有效的、有针对性的研究,所选取的测试内容不应过多,范围不宜过广,否则测试的知识点过多,联系不紧密,会造成分析困难,而且测试效果不理想。

(2)测试项目的编制

在设计数学测试项目的时候,应尽量避免仅靠机械记忆就能够解答的项目,要突显出数学的学科特色,抓住概念的本质特征,以测试学生对数学知识内涵的理解和对外延知识的把握,测试学生在各知识点之间建立联系的能力。

在设计测试项目时还应该注意以下问题:第一,为保证测试结果准确可靠,研究中测试项目可以以不定项选择的形式出现,让学生在解答项目时对每一个选项都深思熟虑、反复斟酌,这样能够减少误差,但相应地也会增加评价分析的难度。第二,注意语言叙述的科学性和简练性,题干中尽量少用否定词或双重否定句。如有否定字词出现,要提醒学生注意,可以用着重号加以标注。在试题的前面部分安排导语,对测试给予简要说明。在特别重要的地方用粗体字或着重号标出,以便于学生正确地进行解答。第三,整个测试题目数量要适中。测试项目过少,所获得的信息较少,分析得出的结果代表性不足;测试项目过多,浪费的资源较多,学生做题感到很疲劳,测试结果同样不够准确。

(3)测试项目的编排

为了尽量减少由学生心理素质的不同带来的测量误差,在编排测试项目时通常遵循由易到难的原则。同时,测试项目的选择项要采取随机排列的方式,防止学生侥幸猜题。

(4)测试项目的试测与修改

初步确定了测试项目的内容、形式和编排方式之后,需要征求数学教育专家或高级教师的意见,并且抽取少数具有和被试者类似品质的学生进行预测试,即试测。在对试测结果进行分析之后,对不合理之处做出适当的修改,以确保测试项目的科学性和测试结果的有效性,最后确定正式的测试试卷。

**(二)问卷法**

1.问卷法的含义

问卷调查是通过向调查对象提出一系列的问题来收集材料的研究方法。研究者将所要研究的问题编制成一系列问题表格,以邮寄的方式、当面作答或追踪访问的方式填答,从而了解研究对象对某一现象或问题的看法和意见,所以问卷调查又被称为问题表格法。问卷调查区别于调查表法,其调查范围较窄,偏重于对意见、态度或看法的调查,并往往以个人或一群人作为研究对象。

2.问卷法的优点和缺点

问卷调查的优点有:方便实用,省时,花钱少;因为问卷通常匿名填写,所以在某种情况下结论会比较客观;能收集大样本的信息资料,收效大;便于整理和归类,同时能够量化处理数据,可以运用分析软件来处理数据,增加了数据结果的可行度和可靠性,使得调查结果具有一定的代表性。

该方法的缺点有:如果问卷中的问题描述得不够明确或者数量过多,或被调查者不合作都会使研究结果的代表性受到影响;因为问卷调查的应用范围较广,所以收集到的资料往往流于表面情况,不能深入了解深层次的真实状况,无法突出其本质;若有部分调查对象不予以作答,则研究人员无法了解到其不作答的原因,从而影响问卷的效度。运用调查问卷法的关键在于问卷的编制、被测试者的选择以及结果分析。

3.问卷法的类型

调查问卷的类型较为丰富,根据问题形式的不同可以分为以下几种类型:

(1)结构型问卷

结构型问卷也被称为封闭式问卷或限制性问卷,是指将问题的答案事先加以限制,即为被测试者给出备选的答案,只允许在问卷所给定的选项内进行挑选。常见的结构型问卷的设计形式有:

①是否式。这种形式只提供两个相反的项目让回答者选择,例如"是"与"否"、"赞同"与"不赞同"。比如,你认为数学是一门科学吗? 是( )否( )。

②排序式。这种形式是由回答者用不同的数字评定一些叙述句或类别项目的先后顺序。比如,用1—4的数字顺序表示你对下列数学课程领域的喜欢程度。"1"表示最喜欢。"4"表示最不喜欢。

数与代数____,图形与几何____,统计与概率____,综合与实践____。

③条件式。有的问题仅适合某一部分回答者回答,因此需要使用有条件的题目;有的时候需要对某些问题进行更深入的了解,也需要用有条件的题目。比如,用"√"回答下列各题。

A.毕业后,你是否想当老师? 是( )否( )

如果是,请回答B,如果不是就回答C。

B.如果当一名数学老师,您认为下列哪些课程非常有必要开设? (可以多选)

数学基础类课程( )数学选修类课程( )数学教育理论类课程( )数学教育实践类课程( )数学教育研究类课程( )教育学类课程( )心理学类课

程( )信息技术类课程( )通识类课程( )其他( )

C.如果不当数学老师,您认为学习数学有助于培养哪些能力?(可以多选)

运算能力( )归纳能力( )分析能力( )类比能力( )抽象能力( )概括能力( )逻辑推理能力( )其他( )

封闭式问卷的优点有:答案标准化,资料易于用统计软件进行分析处理;人与人之间可做对比;所问的问题具体而清楚,所得材料的可信度较高;问题一般较为简单,容易回答,有助于提高调查问卷回收率和有效率。

封闭式问卷的缺点有:它对问题的答案进行了限定,没有给回答者留下发挥创造性或自我表达的机会,不利于研究者发现新的问题;所得到的资料不够深入具体;很容易使一个不知如何回答或对该问题没有任何看法的回答者胡乱作答或者不作答。

(2)非结构型问卷

非结构型问卷又被称为开放式问卷,问卷由可以自由回答的问题组成,也包括非固定的应答题。这类问卷提出的问题不列可能答案,不限制回答者的答案,完全由被试者自由陈述,充分表达自己的想法或者意见。题目的类型可以是填空式的,也可以是回答式的。比如,"高一学生数学学习方法的问卷调查"就可以在问卷的最后设置这样的开放性题目:(1)你认为初中数学和高中数学的差别在哪里?您的数学学习方法发生了哪些改变?(2)您更喜欢老师采用什么样的方式来上数学课?

开放式问卷的优点有:能够用于探索性研究,因为它可以得到某些研究者未预料到的结果,为研究者据供更多的新想法和新思路;给予了回答者较多的创造性或自我表达的机会,可以获得较为深入、全面的资料;这类问卷通常用于小样本容量的调查。

开放式问卷的缺点有:可能收集到与研究课题无关的资料,因为回答者所发表的意见和看法不一定与所问的主题相关,无法保证不掺杂无关的信息;回答的内容常常非标化,故难以进行量化,比较、分析、处理的难度较大,耗费的时间较长;回答者要花较多的时间和精力来作答,故容易遭到其拒绝或不配合作答;问卷设置形式决定了开放式问卷不适合大范围推广,因此开放式问卷通常与其他形式一起使用,且题目量不会很多,一般是在问卷最后设置一两题。

总之,开放式问卷和封闭式问卷各有利弊,在实际设计问卷时通常结合起来使用。可在一份问卷里同时采用多种类型,具体采用哪种类型要根据研究目的和需要以及研究者和回答者的条件来确定。

4. 设计问卷问题的基本要求

问卷问题的设计是问卷编制的关键,要充分考虑以下几个方面:

(1)问题的设计和研究目的要一致,这也被称为"适宜原则"。它强调问卷的所有问题都要与所研究的主题相符合。

(2)问题的内容所陈列的项目要较好地覆盖研究目的,问题的备选答案要能反映所研究问题的主要方面,且不交叉、重叠。

(3)问题的数量要适度,作答时间一般以 30 分钟左右为宜。问题过多,回答者容易产生厌烦情绪,敷衍作答或中途不予作答,甚至直接拒绝作答。若问题过少,则不能获得充足的有关研究目的的资料来进行研究,导致研究结论受到影响,甚至得出错误结论或无法得出结论。

(4)描述问题的文字要求准确、简单、明了,容易作答。在句式结构上,一个问题一般只宜包括一个疑问,不应包括两种以上内容的提问,以免回答者产生思维上的误差,导致研究结果不准确。

5. 问卷设计的程序

研究人员根据研究内容和需要来选定调查范围,确定问卷形式,编写问卷,形成问卷的过程,称为问卷的编制过程。问卷设计包括以下几个步骤:

(1)要根据研究目的和所要调查的对象,提前收集所需的材料。

(2)陈列出调查研究中所有问题的内容纲要,划出所要收集的内容信息的范围,确定调查问卷所要采用的类型,将一个大项目划分成许多个小项目。

(3)围绕所要研究的主题草拟出问题,列出各个标题和各部分的具体项目。

(4)将设计好的问卷交给专家或有关人员审阅,根据他们的意见对问卷进行修改,以更好地获取有关研究目的的资料。

(5)进行预测试,从选定的全部调查对象中抽取少数人进行预测,人数视调查目的而定,一般以 30 人左右最佳,但是通常不超过 50 人。通过少数人的回答情况可以检测问卷中是否存在不适宜之处,同时可以得知这份问卷的信度和效度,并根据情况对问卷进行最后的修改。

(6)修改好问卷之后,即可开始根据方案的要求来印制问卷。问卷的份数一般比方案所要求的多几份,留出备用问卷,以备不时之需。

6.问卷的发放与回收

(1)确定发放形式

问卷发放有不同的形式,且各有利弊。

①邮件发放式。将印制好的问卷以传统信件的方式邮寄给调查对象或将问卷以电子邮件的方式发送给调查对象。这种方法运作简单,对操作人员的要求不高,而且比较节省时间和人力,但是存在一个比较大的影响因素,即问卷的内容、设计无法引起调查对象的兴趣时,调查对象回答问卷题目时就存在先入为主的观念,甚至不予作答,导致问卷无法回收,影响问卷结果。

②固定发放式。事先确定好调查对象,并进行分组或区域划分,直接将问卷发放下去,组织调查人员在固定的时间进行回收。这种方法的优点是:问卷发放迅速,回收率比较高,数据的汇总、整理和分析也比较方便。

③现场发放式。调查人员直接将问卷交给调查对象填写,并在填写完成后立即回收问卷,这种发放形式的回收率最高,而且调查对象有疑问时可以当面向研究人员询问,研究人员与调查对象能够面对面交流,可以获得较高的配合度。这种方法需要研究人员全程参与陪同,基本属于一对一,所以获取的样本数量和范围都比较有限。

④网络发放式。即利用在线网络调查平台发放问卷,被调查者可以不受其他因素的影响,如实表达自己的意见,尤其是对敏感问题的调查往往可以得到较为可靠的资料。由于问卷使用标准化词语,每个被调查者所面对的都是完全相同的问题,因此不存在调查人员对问卷的主观随意解释和诱导,避免了调查人员的偏见。这种方法投入成本较低,调查的范围和规模不会受到很大的局限。特别是对某些较敏感问题的调查,网络调查有很好的匿名性,可以减轻被调查者的心理压力和思想顾虑。其缺点是:如果问卷填写的答案含糊不清或被调查者对某些问题拒绝回答,是难以补救的;无法知道被调查者是否独立完成问卷及回答问题的环境,从而影响对问卷质量的判断。

(2)对问卷回收率的计算

在进行数据汇总前,要对回收的问卷进行筛选,将与研究内容无关的问卷剔除,统计出有效问卷的数目,从而算出问卷的回收率。通常情况下,回收率小于等于30%时,这样的资料只能作为一个参考;回收率大于等于50%时,则这些资料数据是可以采纳的;回收率大于等于70%时,所获得的资料数据才能够作为研究结论的一个数据。

因此,问卷的回收率都不能少于 70% 。如果有效问卷的回收率不足 70% ,可以再次补发问卷来提高有效问卷的回收率。为保证结论的可靠性,研究者可以根据条件做小范围的跟踪调查,从调查对象那里了解关于研究内容的一些看法,减少问卷分析结果的片面性。

**(三)访谈法**

访谈法也被称为研究访谈,是调查研究者通过与调查研究对象面对面地交谈或主要由调查研究对象的陈述来收集有关研究对象的心理特征、观念与行为的数据资料的研究方法。它以口头形式,根据被访问者的回复收集客观的、不带偏见的事实材料,以准确地说明样本所代表的总体的一种方式,属于定性研究的范畴。

1. 访谈法的适用范围

访谈法的资料收集是通过研究人员与研究对象面对面地直接交谈的方式实现的,具有较好的灵活性和适应性。访谈广泛应用于教育调查,既有事实的调查,也有意见的征询,更多用于个性化研究、个别化研究。

2. 访谈法的优点和缺点

没有哪种方法是完美无缺的,其理论依据、研究手段、方式等都有所不同,或多或少存在一些优点和缺点,访谈法也一样。

优点:访谈法能够深入了解研究对象的心理过程;在访谈时,双方面对面地进行交流,研究人员只要事先掌握了一定的技巧和方法就可以适时引导整个访谈流程,取得访谈对象的积极配合,获得其真实的想法;这种访谈是一种双向交流的过程,即使在正式访谈前进行过预演,在正式访谈的过程中访谈人员也要发挥主动性;当访谈中出现偏差时,研究人员要及时调整引导,使访谈回到正确的流程中,保证所获取资料的准确性和可靠性;访谈过程中,访谈人员可能随时都会受到启发,加深对研究问题的理解,这样研究人员可以了解更多的细节,深化对资料的分析。

缺点:访谈法的实施方式限制了被访谈对象的数量,较少的样本容量所分析出的结果代表性较差,结论无法直接推广,因此在应用上受到了一定的限制;访谈法是通过调查人员手写记录或录音来收集材料的,原始的资料基本以文字形式存在,难以量化处理,分析难度较大;整个访谈过程的影响因素较多,导致稳定性较差,除了访谈对象自身的心理因素的影响,记录人员的笔误以及对某个问题的无意识的回答等都会对结果产生影响;一般来说,访谈过程所需要的时间较长,其中所投入的资源较多,比其他方法更加费时、费力。

3.访谈法的类型

根据分类标准的不同,访谈法可以划分为不同的类型。

按照调查对象的数量,访谈法可以分为个别访谈和集体访谈。个别访谈是访谈人员与研究对象之间一对一地交流互动的过程,比较适合某些敏感问题或要深入探讨问题的访谈。集体访谈是研究人员与研究对象一对多地交流的过程。这种访谈类似于调查会,调查者作为会议的主持者,研究对象作为会议的参与者,调查者与研究对象之间、研究对象与研究对象之间都存在互动交流。

根据访谈内容的不同,访谈法可以划分为三类:第一类是调查事实,要求访谈对象提供所知道的真实的实际情况;第二类是征询意见,希望被访谈者针对某个数学教育问题或现象发表自己的观点、看法、意见或者建议;第三类主要是通过了解研究对象的经历、兴趣、爱好等方面来深入发掘其内心世界和心理动机。

按访谈问卷的形式,访谈法可以分为结构性访谈和非结构性访谈。结构性访谈也被称为标准化访谈,是按照事先设计的、有明确结构的访谈问卷进行的访谈。结构性访谈的特点是按照统一的标准和方法选取访谈对象(适合较大范围的抽样调查,常用概率抽样方法);访谈过程高度标准化,如对提问方式和顺序、被访问者的回答的记录方式等是完全统一的。非结构性访谈也叫非标准化访谈,即事先不制作详细统一的问卷、表格和访问程序,仅按照一个大概的访问提纲,由访谈者和被访谈者自由地交谈,适合一般探索性研究或者深度探讨的研究课题。

4.访谈法的实施

(1)准备访谈

①明确目的,设计提纲

根据访谈目的,事先设计访谈提纲。访谈提纲一般包括调查目的、调查要求、调查对象的要求、调查拟定的人数、调查的题目和具体的访谈问题。在访谈设计中主要采用两种问题形式——开放式问题和封闭式问题。

开放式问题是让被访谈人自由回答的一类问题;封闭式问题是给出几个答

案,让被访谈人在这几个答案中进行选择(包括一些强迫性选择题)。比如,"你一般如何对待你做不出来的数学题目?"就属于开放式问题;"有不会的数学题目时,你是向同学请教还是去找老师解答?"就属于封闭式问题。一般来说,如果被访谈人对问题没有非常明确的态度,或者被访谈人对某个问题有比较深刻的想法,抑或在问题调查初期调查人员对研究对象的情况不太清楚时,可以采用开放式问题。

②了解对象,拟定计划

确定访谈对象之后,研究人员要尽可能地全面了解被访谈人的一些基本情况,例如性别、年龄、兴趣、爱好、学习状况、家庭情况,为顺利进入访谈打下基础;同时应根据研究的需要和被访谈者的情况制订详细的计划。计划内容一般包括:访谈者与被访谈者的联系方式、访谈地点、访谈时间、访谈过程等。需要注意的是,访谈时间和地点的选择应以不影响被访谈者的学习和工作为前提;访谈应在被访谈者心理和生理状况良好、状态比较放松的情况下进行;访谈者要主动争取其信任和配合,这是访谈成功的关键。

③准备工具,预设情境

访谈所需工具一般分为两类:一类是普通工具,如笔、纸、录音机(或采访机)、照相机;另一类是特殊工具,如调查表格、调查问题(问卷)、调查说明书、调查介绍信、证件。同时要对调查访谈的过程做全面的思考和设想,对访谈过程中可能出现的问题事先做出估计,并制订解决方案。

(2)进入访谈

进入访谈是正式访谈的开端,此时的情境为后面的访谈定下了基调。为了使访谈成功进行,访谈者既要考虑访谈的外部环境,如访谈地点是否合适,时间是否充分,又要重视与被访谈者建立轻松友好的关系,消除其紧张感和不安感。在进入正式的访谈之前,双方可以花几分钟的时间谈一些与访谈无关的话题(如天气、假期的安排、新学期的准备),以增进彼此间的了解,缩短彼此间的距离,让紧张的心情放松下来,然后再告知访谈的原因和目的,渐渐引入正题。如果需要同步录音,最好让被试者先熟悉一下情境(试录音,如进行自我介绍或者选择简单的问题先进行访谈),然后再正式开始。

(3)控制访谈

控制访谈是指访谈者通过言语或非言语的信息来掌控、引导访谈过程。这一过程非常明显地表现出访谈人员在访谈内容、访谈进度上的主动性和控制权。通过提问方式可以控制访谈,通常有三种提问方式:反问、疑问、追问;通过非言语的方式也可以控制访谈,例如表情、目光、动作、姿态等非言语信息。访谈者要掌握发问的技巧,在被访谈者回答问题时,访谈者要与之进行眼神的交流,让被访谈者更自然地表达出内心的真实想法。

(4)结束访谈

结束访谈也是访谈活动的一个重要环节。一般来说,访谈的时间不宜太长,以1个小时左右为宜,否则被访谈者容易产生厌烦、疲倦的感觉,导致访谈效果受到影响。访谈结束之后,访谈者可以向被访谈者询问访谈过程中不太清楚的地方并在记录中补上,或者将容易产生误解的部分念给被访谈者听,请他(她)复核、更正或者补充,以确保访谈材料的准确性和可靠性。最后要对被访谈者表示感谢。

**四、数学教育调查法的实施程序**

数学教育调查的全过程,一般分为确定调查课题、制订调查计划,收集资料,整理资料,撰写调查报告四个步骤。

**(一)确定调查课题、制订调查计划**

1.确定题目

在调查前,首先必须明确调查方向,确定调查课题。确定题目时,要注意所选题目应该具有研究的价值和可能性。题目切忌太大,要以小见大。另外还要重视参阅有关资料,弄清楚要调查的课题过去有没有人做过,研究达到了什么程度,避免无意义的重复劳动。

2.拟定计划

拟定数学教育调查计划,是调查研究工作顺利进行的重要保证。调查计划一般包含以下内容:调查课题和目的、调查对象和范围、调查手段和方法、调查步骤和时间安排以及调查经费的使用安排。

**(二)收集资料**

收集资料是调查的关键。一般来说,调查资料有两大类:一是书面资料,比如教科书、学生作业、总结、计划;二是来自调查对象的口述资料及由调查者观察所得的数学教育现象的事实材料等。收集的资料力求全面、系统、典型、客观和真实。多个调查人员采用座谈会或谈话等手段收集资料时,必须采用统一的标准、统一的表格做调查记录,否则会影响材料的信度和效度。在收集材料时不能把事实和意见混在一起,因为"意见"往往带有主观色彩。对被调查者提供的材料要进行审核,确保正确性。

### (三)整理资料

研究人员对通过各种方法收集来的资料必须进行整理和分析。整理资料的步骤主要有检查、汇总、摘要和分析四步。研究人员在对材料进行统计分析之前,必须对材料的完整性、一致性、可靠性进行仔细的检查;然后对收集到的分散的、零乱的原始材料归类、综合或分组,进行汇总统计。在资料的整理过程中,研究人员还要系统地摘录那些内容丰富、生动具体的原始材料,使资料分析不局限于几个抽象的数据。对调查材料的分析研究,应该从定性研究和定量研究入手,并尽可能地使两者结合起来。

### (四)撰写调查报告

整理完调查材料以后,研究人员应当进行分析和讨论,在此基础上得出结论,提出建议。结论要准确,突出概括性;建议要从实际出发,中肯可行,并写成文字报告。调查报告的结构一般由导言、正文和结论三部分组成。调查报告的形式有描述性报告、解释性报告和建议性报告三种。根据读者对象的不同,调查报告可以写成通俗性报告或专业性报告。无论是哪种形式的调查报告,都要把理论和实践结合起来,这样的调查报告才有一定的深度和价值。

# 第六节 实 验 法

数学教育实验法和调查法一样,都是数学教育研究的重要方法。调查法是在自然状态下研究数学教育现象,很难把握事物间的因果关系,而实验法则是研究者主动地、有计划地控制和改变条件,研究数学教育现象的方法。实验法能够表明事物的因果关系,有利于揭示数学教育规律,越来越受广大数学教育工作者的重视。

## 一、数学教育实验法概述

广义的实验法泛指一切实证性的教育研究方法;狭义的实验法是指通过探索性的工作安排来检验某种教育思想与预期结果的关系的方法。所谓数学教育实验法,是指研究者根据某种研究假设,合理地控制或创设一定的条件,主动引起或改变研究对象的发生、发展过程,并通过观察、测量和分析研究来探索因果关系的一种科学的研究方法,其目的在于揭示单个或多个自变量与单个或多个因变量之间的因果关系。

实验中的变量有自变量、因变量和无关变量。自变量又被称为刺激变量,是由实验者主动操纵、掌握,从而引起因变量发生变化的因素或条件,故自变量也被看作因变量的原因,也叫实验因子或实验因素,简称实验变量。因变量又被称为反应变量,是因自变量的变化而产生的现象或结果。衡量因变量的指标主要有反应的正确性、速度、难度、强度和反应的次数等,据此可以判断刺激变量的作用是否引起反应变量的变化及变化的大小。无关变量又被称为控制变量,或非试验因素,指在实验中除所规定的自变量以外的一切能影响实验结果的变量。实验中除了有意识地操纵的自变量外,还有很多可能影响因变量的因素,研究人员必须对这些无关的变量加以控制,务必使它们不影响、干扰实验的进行,以免发生不必要的误差,以保证自变量和因变量的因果关系的确定和证实。比如,一项关于某种教学方法影响高中生数学成绩的研究的被试情况如下:同校、同一教师任教的两个平行班,共计80名学生。自变量是教学方法;因变量是一学期以后学生的数学成绩;无关变量是学生自身对数学学科的兴趣、智力差异等。

需要说明的是,在数学教育实验中,自变量与因变量之间的因果关系处于核心地位。围绕这个关系,研究者操纵自变量,因变量朝着实验假说所预示的方向变化,而无关变量被研究者严格控制,使得实验结果不受干扰,能有效地显现出来。

## 二、数学教育实验法的特点

### (一)以科学的假设为前提

从逻辑意义上来说,数学教育实验就是针对数学教育中存在的问题,提出有科学根据的设想或假说,然后通过实验检验,从而得出结论——接受或拒绝假设。假设是实验研究的核心。假设作为一种暂时性的结果陈述,表明了研究变量之间存在的因果关系。依据这种假设性关系,研究人员可以有目的地选择测量方法、工具,控制实验条件。科学的假设能够为研究提供依据,指明方向。

### (二)要控制实验条件

实验法可以对各种条件进行人为控制,排除干扰,将需要研究的因素从诸多因素中提取出来,予以独立观察,并控制无关变量,使自变量作用于实验组,而不作用于对照组。

### (三)容易揭示变量间的因果关系

调查法力求保持研究对象的"自然"状态,不能很好地控制条件,因而难以确保研究工作在最少干扰和影响的时间、条件下进行,某些无关变量的影响和干扰就会掩饰事物的本来面貌。人们只能等待所研究的现象自然呈现出来,而很难主动控制所要研究的现象和过程。数学教育实验法则不然,它不是对教育过程的消极旁观,而是进行积极的操作和控制,比较准确地揭示事物间的因果关系。在揭示事物间的因果关系时,调查与观察等研究,往往通过问卷调查、直接收集或查找表面材料来揭示这个教育现象或教育问题,只是在浅层次上看待事物之间的联系,对这些联系中的"因"与"果"并没有明确的判断。实验法则对变量进行了严格的控制,有可能使事物间的因果关系通过观测到的结果显露出来。

### (四)具有可重复验证性

数学教育实验法强调控制条件,每一项具体的数学教育实验对如何操纵自变量,如何控制无关变量,如何观测因变量都做出了具体的规定。因此,已经完成的数学教育实验可以再次重复进行,并通过重复实验对已有的实验结果进行验证。这就增强了数学教育实验法的科学性。

### (五)实验具有形成性

数学教育实验重视的并不是数学教育的结果,而是数学教育过程中产生的问题以及这些问题的成因。因此,数学教育实验研究者是在"控制无关变量以求纯粹化""操纵自变量以求强化""测量自变量以求量化"的情况下,去观察研究实验过程中的种种变化,以掌握实验假说所期望的实验结果是如何发生的。事实上,实验过程对研究者是十分重要的,他们需要去观察、判断和分析自变量和因变量的变化原因与变化趋势,这正是数学教育实验研究的关键所在。

### (六)实验周期都比较长

数学教育实验不可能在短时间内完成,往往需要几年、十几年甚至几十年的反复实验,才能看到真正的效果。比如顾泠沅先生主持的"青浦实验",先经过三年现状调查才形成大面积提高数学教学质量的实验假说,又经过三年的教改实验将经验描述逐步上升为科学的理论认识,最后又经过七年的传播发展。

因此,进行数学教育实验需要天时、地利、人和,并且研究者切不可急于求成,要有持之以恒的精神。

### 三、数学教育实验法的类型

数学教育实验是一项极其复杂的社会性实验,它本身的复杂性和特殊性决定了它有不同的类型。实验研究可从不同的角度,如实验目的、实验内容和变量的多少,把实验划分为不同的类型。了解不同类型的实验有利于增强实验设计的科学性。

#### (一)探索性实验和验证性实验

按照实验的研究目的和任务的不同,数学教育实验可分为探索性实验与验证性实验。探索性实验是为揭示某种数学教育现象的内在规律或解决数学教育实践中的新问题,而进行的具有开创性的研究实验。这类实验的目标在于达到某种科学的教育目标,探索有效的教育活动策略;改革教育活动中存在的问题,通过教育现象的内在规律来寻求最优化的教育策略。它所要揭示的规律是教育研究人员并未认识的,所要寻求的有效策略是教育实践中尚未实施过的,因而它具有开创性。验证性实验是指以验证已取得的认识成果或实践活动方法为目的的实验。它一般是对已揭示的教育成果或者对人们已经发展创造出的某种教育活动方法进行验证,验证其合理性程度,并对其进行修正和补充。

#### (二)单因子实验和多因子实验

按实验操作因子的个数,数学教育实验可分为单因子实验和多因子实验。单因子实验是指在实验中研究者只操纵一个自变量的实验。它变量少,操纵容易,实验难度小,一因一果或一因多果的因果关系相对较明确。多因子实验是指在实验中需要操纵两个或两个以上的自变量的实验。其特点是可以考察两个或两个以上自变量与因变量之间的相互作用。但实验要操纵的变量较多,具体实施难度较大。

### 四、数学教育实验法的实施程序

数学教育实验可分为三个阶段进行,即准备阶段、实施阶段和结束阶段,这是一个相对稳定的、有序的结构程序。

#### (一)数学教育实验的准备阶段

数学教育实验成功与否,很大程度上取决于实验前的准备工作。数学教育实验的准备阶段,首先就是选定实验研究课题。

实验研究课题的选定,不仅关系到研究者或某个研究群体今后科研的主攻方向、目标和内容,而且在一定程度上规定了实验研究应采取的方法和途径,同时制约了实验研究结果的层次水平。因此,选好实验研究课题是进行实验研究的第一步,而且是关键性的一步。数学教育实验研究的选题范围是非常广泛的,涉及数学教育的方方面面。比如数学课程与教材改革实验、数学教学模式与教学方法改革实验、数学学习实验等均是选题范围。在确定研究课题的基础上,研究者必须科学地确定数学教育实验的计划、构架和策略,描述数学教育实验过程中的一系列活动,论述它的内容和方法,这就是数学教育实验的设计。

数学教育实验设计一般需要形成研究假设,明确界定该数学教育实验要解决研究的具体问题,确定实验的自变量及呈现方式、因变量及其测定方法、无关变量的控制措施,并确定取样大小及方法,选择实验设计类型,安排实验的具体步骤以及选择适当的统计方法。

**(二)数学教育实验的实施阶段**

此阶段主要是按照实验设计进行数学教育实验,采取一定的变革措施(实验处理),观测由此产生的效应,并记录实验所获得的资料、数据等。

**(三)数学教育实验结果的总结阶段**

此阶段就是对实验中取得的资料数据进行处理分析,确定误差的范围,从而对研究假设进行检测,最后得出科学结论,并在实验研究结果分析的基础上,写出实验报告。

**五、数学教育实验的设计**

数学教育实验设计是指对如何在一个实验中安排自变量及其呈现方式、因变量的指标及其测定方法、控制无关变量的具体措施,以及确定抽样大小及方法,安排实验的具体步骤,选择适当的统计方法等做的一种规划和构架。

**(一)数学教育实验研究的假设**

数学教育实验研究的第一步是确定合适的研究课题,接着要提出研究假设,并对假设做出清晰的陈述。假设的陈述涉及有关实验变量和条件,对这些变量及条件必须做出可操作的定义,即操作性定义。操作性定义是一种规定,使确定的变量及条件的操作具体化,也就是说,使研究者知道如何测量变量(或选择与控制条件)或用什么方法去测量变量(或选择与控制条件)。

假设的陈述应符合以下三个标准:(1)含有两个或两个以上变量及变量之

间的期望关系;(2)陈述句明确无误地表述;(3)假设最终可以得到检验。比如,开展"质疑问题有助于初中数学创新思维的培养"实验研究,变量 1 就是质疑问题;变量 2 是数学创新思维;期望关系是有助于。

**(二)数学教育实验的操作与控制**

实验过程是通过对变量的操纵和控制,揭示因果关系的过程。实验者在操纵自变量,观察自变量对因变量的影响时,要保证观察的结果不被无关变量影响、混淆。为了使实验正常进行,结果有效可靠,达到实验目的,研究者要对实验进行操作与控制。

1. 自变量的操作定义与控制措施

给自变量下操作定义就是把抽象的概念形式的自变量转化为客观的具体的指标或行为措施,从而使理论观念的教育设想科学地转化为具体的可控制的操作步骤,以便于实验者进行严密的操作和观察记录。实际上,对自变量下操作定义就是规定变量在实验过程中的操作程序。如果自变量不能以程序的形式给出,那么就要把变量分解成一项可遵照操作的具体要求。

2. 因变量的观测指标与观测方法

(1)中小学数学教育教学实验的观测指标多数是学生的考试成绩及自身素质的变化。

(2)确定因变量的观测指标就是把因变量的变化用数字表示出来。

(3)在选择实验的因变量即反应变量时,最好选择那些有量表或自己能够制造测量手段的品质来做反应变量,而且要在实验计划中说清究竟怎样测出这些品质的变化。

3. 无关变量的控制措施

在数学教育实验中,通常采用消除法、恒定法、抵消法、随机抽样法和盲法控制来控制无关变量。

(1)消除法。消除无关变量是最简便的控制无关变量的方法。在实验期间,可以设法消除某些无关变量的影响。如比较不同的数学作业类型、作业量对学生学业成绩影响的数学教育实验中,应避免学生课后自我加压做大量的习题。

(2)恒定法。不能消除的无关变量,则要在实验过程中保持恒定,在实验组与对照组中也要保持平衡。如在数学教学方法的比较试验中,除教学方法外,其他条件如教师水平、教学内容等应保持相同。实验组和对照组的前测也应尽可能均等。由于两组无关变量的影响基本相同,因此两组反应变量之差,就可以认为是自变量带来的结果。当然在真正的数学教育实验中,难以做到使众多因素保持恒定,所以恒定法一般需要和其他方法一起使用。

(3)抵消法。使顺序变量(按先后顺序出现的自变量)对实验组和对照组的影响彼此相等。轮组实验就是采用这种方法,对顺序变量加以控制。

(4)盲法控制。使被试人员处于并不知道数学教育实验实施的自然状态,避免被试知道在进行实验而表现异常,如格外努力地学习,进而影响数学教育实验的真实性。

4. 被试选择

被试选择,即对实验对象的选择,一般是对学生进行选择,除代表法外,常常使用的是抽样法。抽样法即从总体中抽出一定数量的个体组成一个既比总体小,又能反映总体性质的样本。数学教育实验中常用的抽样方法有以下几种。

(1)简单随机抽样,也叫纯随机抽样。也就是从总体中不进行任何分组、归类、排队等,完全随机地抽取调查单位。特点是每个样本单位被抽中的概率相等,样本的每个单位完全独立,彼此之间无一定的关联性和排斥性。简单随机抽样是其他各种抽样形式的基础,通常在总体单位之间差异程度较小和数目较少时,才采用这种方法。

(2)机械抽样,也叫等距抽样或系统抽样,是将总体各单位按一定的标志或次序排列成图形或一览表,然后按相等的距离或间隔抽取样本单位。其特点是抽出的单位在总体中是均匀分布的,而且抽取的样本少于纯随机抽样。等距抽样既可以用与实验项目相关的标志排队,也可以用与实验项目无关的标志排队。如使用学生学号机械抽样,抽取学号尾号为 7 的学生参加实验。

(3)分层抽样,也叫类型抽样,就是将总体单位按其属性特征分成若干类型或层,然后在类型或层中随机抽取样本单位。其特点是归类分层增大了各类型中单位间的共同性,容易抽出具有代表性的调查样本。该方法适用于总体情况复杂,各单位之间差异较大,单位较多的情况。

(4)整群抽样,又称集团抽样,就是从总体中成群成组地抽取实验对象,而不是一个一个地抽取实验样本。其特点是实验对象比较集中,实验工作的组织和进行比较方便,但实验对象在总体中的分布不均匀,准确性要差些。因此,在群间差异性不大或者不适宜单个地抽选实验对象的情况下,可采用这种方式。如在某项数学教育实验中,抽取两个学校的同一年级的学生作为实验对象。

### (三)数学教育实验结果的统计分析

数学教育实验结果的统计分析就是运用统计的方法对实验结果予以科学的计算、分析和解释,以得出有意义的结论。常用的统计检验方法有:$Z$ 检验法,它是用正态分布理论来推测差异发生的概率,常用于大的研究样本;检验法是以 $r$ 分布的理论来推测误差发生的概率,从而判断两个研究样本均数差异是否显著,适用于 $N<30$ 的小样本。此外还有适合计数资料的 $X$ 检验法,适合对多个均数差异全盘检验的检验法(在方差分析的基础上)以及符号检验法等非参数检验方法。

## 六、数学教育实验报告的撰写

数学教育实验报告是实验研究工作的最终产物,其目的是总结和巩固全部研究工作的新成果,把自己的成功经验和全部新成果进行普遍的推广、交流,同时为后人进行数学教育研究提供资料。人们在长期的写作实践中形成了一种适用于实验报告表达的书面形式,写作时可以参考以下基本结构逐项写出。

### (一)题目

题目要具体、简明、有个性,避免笼统抽象。题目要与实验的课题相符,反映实验的中心思想和主要内容;要指出实验研究的自变量,如"实验报告";有时还要指明因变量。如"发现法教学在促进学生数学思维能力发展中作用的实验研究",这一题目既指明了自变量是"发现法教学",也指明了因变量是"学生数学思维能力发展"。

### (二)署名与摘要

摘要是研究工作的概述,必须能够准确地反映报告的内容和目的,文字清晰、易读,要力求忠实于报告,并避免评述,其字数以 200—300 字为宜。

### (三)前言

这部分主要介绍实验的背景与目的,包括实验课题确定的过程、实验的假说、实验的目的及意义等。这部分与实验计划的内容基本相同,但是如果在实验的实施过程中对实验计划中的部分内容做了调整,那就要以修改后的内容为准。

### (四)介绍研究方法

包括被试的选择方法与组织形式、实验变量的操作方法及辅助措施、无关变量的控制方法、因变量的观测方法等。

### (五)实验的结果与分析

包括实验中得到的原始数据的描述统计结果,以及根据描述统计结果,采用推断统计获得的结果。结果部分所列的全部内容必须来自本实验,既不能任意修改、增删,也不能添加自己的主观见解。

### (六)讨论与结论

"讨论"主要包括是否验证了假说,为什么,对实际教育教学有什么促进作用,有哪些意外的发现,有什么建议,等等。"结论"部分要简短,不要长篇大论。同时,结论一定要以本实验的结果和分析为依据,不能夸大,也不能缩小,要确切、客观地反映出整个实验的收获。

### (七)参考文献及附录

最后要写明参考文献,以便查找资料。附录附在实验报告后。实验中一些重要的材料和统计图表,在实验报告中未能全部引用,如有必要,可列在附录中。

## 七、数学教育实验法示例

**【案例3-3】** 数学课堂教学中学生参与程度对学习效果影响的实验研究①

#### 1. 实验背景

从20世纪80年代以来,中国学生在有关数学成就的几次大型国际比较研究中表现都十分优秀。同时,人们也清醒地认识到,中国学生在优秀成绩背后付出了太多的时间和精力,效率并不高,且"学习异化"现象在中国课堂教学中逐渐显现:教师教得越多,学生越被动,知识技能越来越多,理解应用越来越少。究其缘由主要是受到心理主义的学习本质观和功利主义的学习价值观的影响,心理主义的学习本质观认为学习是受客观规律支配的心理现象,只要遵循一定的技术操作程序或心智技能规则,便可以实现学习目的;功利主义的学习价值观轻视学习的内在价值,认为学习是为了考试、为了社会升迁。"学习异化"现

---

① 斯海霞,叶立军.数学课堂教学中学生参与程度对学习效果影响的实验研究[J].数学教育学报,2014,23(1):42-45.

象在课堂教学中直接表现为:在教师的"有效"主导下,学生在教学活动中参与性并不高。

已有研究也表明:学生参与数学课堂教学互动的情况并不理想。在"快节奏"的课堂教学中,教师留给学生思考的机会和时间不多,学生的参与较被动。"快节奏"指在课堂教学中,教师常会提出一连串的问题,当学生无法立即回答老师的提问时,教师便会按照自己的思路提示学生,或通过追问的方式,降低问题的难度以"帮助"学生回答问题,从而出现了快问快答、多问多答的教学现象。事实上,教师的帮助往往打断了学生的思考过程;学生缺少思考时间,处于紧张、疲于应付的状态,对知识也似懂非懂,长此以往,必然会降低学生主动参与性,同时也不利于学生对数学知识的理解、掌握。教师教得累,学生学得也不轻松。摆脱"学习异化"现象,不仅意味着要超越对心理主义"客观规律"的理解,放下功利主义的负担,更要立足于课堂教学。研究者尝试从"学习异化"的课堂表现出发,探寻通过提高学生课堂参与程度,摆脱课堂"学习异化"现象的方法。

研究学生的课堂参与问题即从学生的角度出发,探析课堂教学过程中影响学习的因素;基于上述分析,将学生参与聚焦于课堂上学生应答、思考这两个因素,并以教学实验的方式展开研究。在实验班教学中,教师通过减少提问量来增加学生思考的机会和时间。最后,研究者通过比较实验班和对照班学生的学习表现与效果,探索实验班教学措施是否有助于学生对知识的理解和掌握。

**2. 研究目的**

课堂上教师的时间有限,增加学生在课堂教学中的思考机会和时间,势必要求教师在教学过程中把握提问的频率和深度。因此,实验一方面试图通过教师在课堂教学中减少提问量、增加学生思考的机会和时间,探究学生在课堂教学中的思考时间对学生掌握和理解知识的影响;另一方面通过视频分析课堂教学中学生参与应答的情况,探究学生在课堂教学中的应答情况与学习效果的相互关系。

**3. 研究方法**

**3.1 实验假设**

(1)增加学生的思考时间有利于学生对知识的理解,提高学生的学习效果——通过比较实验班和对照班验证。

(2)学生的成绩与应答、思考有关,应答、思考越多,成绩越好——通过观察分析对照班学生表现与学习效果验证。

### 3.2 实验研究中的基本方法

视频分析法:使用摄像机对准实验班和对照班的学生拍摄,通过反复观看视频,统计课堂中学生思考的次数和时间,同时记录对照班被试学生应答的方式与次数。

测试统计法:对实验班和对照班都实施前、后测,以测试学生的学习效果。

### 3.3 实验设计

表 3-1 实验设计表

| 实验对象 | 前测 | 实验处理 | 后测 |
|---|---|---|---|
| $G_1$ | $O_1$ | 增加学生思考的时间($X_1$) | $O_2$ |
| $G_2$ | $O_3$ | 常规教学(一) | $O_4$ |

#### 3.3.1 实验对象

探究学生思考对学习效果的影响的实验对象:杭州 $W$ 实验中学七年级两个平行班,这两个班的数学课都由 L 老师任教,其中 $G_1$ 是实验班,$G_2$ 是对照班。

探究学生成绩与学生应答、思考关系的研究对象:从 $G_2$ 中选取 3 名学生,各从 $A$、$B$、$C$ 层学生中选 1 名,$A$ 层是指在班级(前、后测总分)前 30% 的学生,$B$ 层是指在班级中间 40% 的学生,$C$ 层是指在班级后 30% 的学生。通过视频分析,记录学生上课应答情况。

实验时间:L 教师在实验班和对照班教授一节内容相同的数学课。

上课内容:浙教版七年级数学上册"5.4 一元一次方程的应用(2)"。这节内容分多个课时教授,实验课内容为"一元一次方程的应用"的第二个课时。

#### 3.3.2 实验设置

$G_1$:教师在教学过程中减少提示性的提问量,从而增加学生思考的机会和时间。

$G_2$ 进行常规教学,一方面它是实验的控制组;另一方面,在 $G_2$ 中选择 3 名学生分析学生应答、思考与学生成绩的关系。

#### 3.3.3 前、后测

对实验班和对照班都进行了前、后测,前、后测都各包含 3 个封闭性问题和 1 个开放性问题。前测试题主要选取与实验前一课"5.4 一元一次方程的应用(1)"的例题和习题同类型的题。3 个封闭性问题分别为行程问题(如例 1)、经济问题、数字问题。开放性问题则为学生根据所列方程 $4x + 12 = 5x$ 编制的一个实际应用题。

例1(行程问题)：某汽车和电动车从相距298千米的两地同时出发,相对而行,汽车的速度比电动车速度的6倍还多15千米,半小时后两车相遇。求两车的速度。

前测在学生学完"5.4　一元一次方程的应用(1)"之后,学习"5.4　一元一次方程的应用(2)"之前进行。实验班和对照班同时测试,时间为20分钟。

后测试题选取与实验课内容"5.4　一元一次方程的应用(2)"的例题和习题同类型的题。3个封闭性问题分别为分配问题(如例2)、几何问题、行程问题。开放性问题则为学生根据所列方程 $15 - x = 3(x + 3)$ 编制的一个实际应用题。

例2(分配问题)：甲商店有彩电100台,乙商店有彩电88台,现新开的一个丙商店从甲、乙两商店共调走彩电50台,使甲、乙两商店剩余彩电相等。请问丙商店从这两个商店各调走了多少台？

后测在学生学完"5.4　一元一次方程的应用(2)"之后,学习新内容之前进行。实验班和对照班同时测试,时间为20分钟。

由于上述封闭性问题与教材、练习中出现的题目类似,因此,此类题考查学生对知识技能的熟悉程度。开放性问题通过给出一个已知的方程式,让学生根据这个方程式自编一个实际应用题。如上述前、后测开放题中,学生可通过对方程等号两边式子的理解,给出不同类型的应用题,这类题给学生提供了自主探索一元一次方程式本质的机会,旨在考查学生对知识的理解程度。

### 3.3.4　变量

自变量：学生课堂中的思考时间。在实验中,将教师"问"与学生"答"之间的学生行为称为思考,这段时间称为思考时间。

因变量：前测与后测的得分。

### 3.3.5　数据处理

编码计分：分析前、后测时,第1—3题(封闭性问题)考查学生对已学知识的熟悉情况,分别从解题是否规范(过程)、答案正误(答案)和解法是否常规(方法)这三个方面进行分析计分。具体计分如下：

解题是否规范(过程)：没有做计为0;设、单位、答都缺,计为1;设、单位、答缺 2,计为 2;设、单位、答缺 1,计为 3;设、单位、答都完整,计为 4。

答案正误(答案):没有做计为 0;列式错误计为 1;计算有误计为 2;解题不完整计为 3;正确计为 2。

解法是否常规(方法):没有做计为 0;算式计为 1;设元计为 2。前、后测的第 4 题都为开放题,考查学生对所学知识的理解程度。其计分方式如下:没有做计为 0,表达有误计为 1,正确计为 2。

### 3.3.6　数据分析

使用统计分析软件 SPSS v13.0 对数据多变量进行 GLM 分析(多元方差分析)。对封闭题三个维度的前后测、开放题的前后测及前后测总分分别进行分析。在检测中,前、后测是一个因素,实验组、对照组是一个因素,若交互作用显著说明实验组与对照组有差异。

### 4.研究结果及分析

#### 4.1　增加学生的思考时间有助于学生在开放题中更好地表现,并有助于学生对知识的理解

通过对实验班和对照班的教学视频分析统计,得到有关学生思考的统计结果(如表 3-2):在实验班 $G_1$ 的教学中,教师通过减少提示性提问量,增加了学生思考的机会和时间。

表 3-2　实验班和对照班学生的思考次数和时间

| | 思考次数 | 思考时间(s) |
|---|---|---|
| $G_1$ | 33 | 195 |
| $G_2$ | 13 | 63 |

表 3-3　各项前、后测多变量 GLM 分析

| 来源 | 应变量 | 型Ⅲ平方和 | $df$ | 均方 | $F$ | Sig. |
|---|---|---|---|---|---|---|
| 学生 | 规范性前测 | 0.673 | 1 | 0.673 | 0.875 | 0.353 |
| | 规范性后测 | 0.745 | 1 | 0.745 | 1.296 | 0.259 |
| 学生 | 答案前测 | 0.660 | 1 | 0.660 | 0.560 | 0.457 |
| | 答案后测 | 0.121 | 1 | 0.121 | 0.187 | 0.667 |
| 学生 | 常规性前测 | 0.036 | 1 | 0.036 | 0.176 | 0.676 |
| | 常规性后测 | 0.061 | 1 | 0.061 | 0.389 | 0.535 |

续表 3-3

| 来源 | 应变量 | 型Ⅲ平方和 | df | 均方 | F | Sig. |
|------|--------|-----------|-----|------|-----|------|
| 学生 | 开放题前测 | 1.085 | 1 | 0.875 | 2.822 | 0.098 |
|      | 开放题后测 | 2.849 | 1 | 2.849 | 7.750 | 0.007 |
| 学生 | 前测总分 | 0.612 | 1 | 0.612 | 0.099 | 0.754 |
|      | 后测总分 | 2.013 | 1 | 2.013 | 0.580 | 0.449 |

　　表 3-3 呈现的是以对照班和实验班为主体对比因子的前、后测多变量 GLM 分析结果。从中可看出,封闭性问题在解题规范性、答案正确性和解法常规性这三个维度的前、后测 Sig. 值都在 0.259 至 0.676 之间,均未达到 0.05 的显著水平。这表明在前、后测中,实验班和对照班的学生在这三个维度的表现均不存在显著差异,即实验条件对学生在这三个维度的表现没有显著作用。

　　而开放题的前测 Sig. 值 0.098 > 0.05,属于边缘显著,在实验条件下,其后测 Sig. 值 0.007 < 0.05,达到显著性差异。这说明在实验条件下,对照班和实验班学生的开放题成绩差异显著。

表 3-4　对照班与实验班开放题前、后测平均分

|      | 对照班 | 实验班 |
|------|--------|--------|
| 前测 | 1.15 | 0.90 |
| 后测 | 1.03 | 1.35 |

　　表 3-4 中的数据显示实验班前测平均分低于对照班,而后测平均分则高于对照班,即在实验条件下,实验班学生在开放题中表现优于对照班,且差异显著,实验条件促进了实验班学生在开放题中的表现。

　　上述实验结果表明,一方面,在思考时间和次数增加的条件下,实验班和对照班的学生在解题规范性、答案正确性和解法常规性这三个维度的表现并没产生显著差异。学生若想在这三方面取得进步,需要长期训练、学习,仅靠在一节课中增加思考次数和时间无法产生显著性变化。另一方面,虽然实验班学生在前测开放题中的表现并没有对照班好(表 3-4),但在实验条件下,实验班学生在开放题中的表现明显优于对照班学生,这表明实验有关"增加学生的思考时间有利于学生对知识的理解,提高学生的学习效果"的假设基本成立;教师在课堂教学活动过程中,为学生提供了比较充裕的应答、思考时间。这在一定程度上促进了学生对一元一次方程的理解。

### 4.2 学生减少急于应答现象并增加思考机会有利于其对知识的理解

为了探析学生应答与学习成绩之间的关系,研究者以对照班学生前、后测成绩为依据,将学生分成A、B、C三层,学生A、B、C的前后测成绩分别处于A、B、C层。并根据课堂上应答的学生人数,将应答分为单独回答、部分回答和集体回答。单独回答是指只有一名学生回答教师的提问,部分回答指只有部分学生回答教师的提问,集体回答是指几乎全体学生回答了教师的提问。

表3－5　对照班的被试学生课堂应答次数及其前、后测得分

| 学生 | 前测得分 | 后测得分 | 应答次数 | | |
|---|---|---|---|---|---|
| | | | 单独 | 部分 | 集体 |
| A | 16 | 16 | 1 | 2 | 5 |
| B | 11.5 | 12.5 | 1 | 4 | 12 |
| C | 3.5 | 4 | 0 | 0 | 2 |

从表3－5可以看出,三名学生的应答中,单独回答出现最少,主要是部分回答和集体回答。学生B在课堂上应答最积极,学生C应答最少,学生A虽然学习成绩最好,但在课堂上应答不是最积极的。结合课后对这三名学生的访谈和观看教学视频,研究者发现,学生A对于较简单的提问一般不予回答;对于有难度的提问,他不会急于回答,而是先思考,有答案后再回答。学生B回答问题比较踊跃,不管问题的难易程度,只要有答案,就会及时"响应"教师的提问,且主要是集体应答。学生C在课堂上则相对被动,且眼神常处于游离状态,跟不上教师上课的节奏。

通过对学生A与学生B的上述分析发现,实验有关"应答、思考越多,成绩越好"的假设并不成立,应答与成绩并不成正比关系,学生的应答只有在一定的思考下才有效。虽然在日常课堂教学中,教师留给学生的思考机会和时间不多,但学优生(学生A)能摆脱教师的"控制",自觉减少应答量,"安排"时间对问题进行思考,学生A在对知识的理解和运用上都优于学生B和学生C。学生B虽然回答问题很积极,但没有充足的时间对问题进行思考,对问题的理解并不深入。因此,在课堂教学中,学生应答次数多并不表示其对知识的理解程度高,教师应努力为学生营造独立思考的空间,提供训练抽象思维、深入理解知识的机会,同时也应提醒学生不要急于应答老师提出的问题,这样才能提高学生应答的"质",提高学生的学习效果。

### 4.3 课堂问答保质减量有利于为学生营造主动参与的空间

课堂教学中快节奏的一问一答虽然在一定程度上提高了学生的快速应变能力,但也使一些学生形成了对教师的提问不假思索地急于应答的习惯,这并不利于促进学生对知识的理解,对照班的学生 B 的表现验证了这一点。由于大部分学生在课堂教学中无法像学生 A 那样对教师的提问自主地进行思考,因此教师在课堂教学中对提问做到保质减量,给学生提供一定的思考机会与时间便显得尤为重要。

教师的教是为了促进学生的学,其课堂提问是为了引发学生思考,而非只为从学生那得到"正确"的答案。对于那些有一定难度的问题,快节奏的问答并不利于学生对问题进行思考,更谈不上对问题的理解,因为学生在课堂上没有足够的时间对知识进行内化、分析。古人云:"学然后知不足。"苏联教育学家苏霍姆林斯基也认为:"让学生深入思考是上课的一个最重要阶段。"思考是理解、掌握和运用知识的基础,尤其是数学这样逻辑性、认知性、方法性较强的学科。从上述实验中也可以看出,教师在课堂教学中提供更多自主思索的机会和时间之后,学生对一元一次方程的理解程度进一步加深了。

教师若想在课堂教学中听到学生真正的声音,应在学生有教学参与意愿时,尽量为学生提供一个参与数学课堂教学的良好平台,在有限的课堂教学时间内为学生提供思考、解决问题的机会,有效推进课堂问答交流。学生有所思方能有所悟,如此才能真正培养学生形成主动参与课堂教学的意识,提高其学习效率。

### 5. 结束语

学生主动参与课堂教学是学生高效地学习数学的心理特征之一。提高学生的参与主动性,不仅是当前数学课堂教学改革的诉求之一,同时也是学生学习自主性的体现。学生的参与在课堂上主要表现为应答与思考。思考是应答的基础,只有学生主动地投入学习,积极思考,才能促进自身对知识的建构,才能实现从"学会"到"会学"的转变,才能培养学习的主动参与性,才能逐步摆脱"学习异化"。在实施教学过程中,教师适当减少提问的量,增加问题的思维难度,同时在"问"与"答"之间给学生留出较充足的思考时间,给学生思考问题的空间和时间,不仅能促进学生认知、思维的发展,还能使教学起到事半功倍的效果。

# 第七节　行动研究法

## 一、数学教育行动研究法概述

"行动研究"这个术语最早出现在 20 世纪上半叶的美国。20 世纪 40 年代，美国社会心理学家库尔特·勒温对行动研究进行了比较系统的阐述，他指出了行动研究的几个特征——参与、民主、对社会知识及社会变化的同时贡献。他用"计划""发现事实""观察""实施""评价"等字眼，把行动研究描述成一个螺旋状的逐步行进的过程。到了 20 世纪 50 年代，行动研究被广泛地介绍到教育领域。20 世纪 70 年代以后，行动研究再次受到教育界的关注，此后行动研究逐渐演变成一种研究方法。

目前，行动研究在中国受到广大教育工作者的青睐，它逐渐成为中小学教师进行教育科学研究的重要方法。《国际教育百科全书》把"行动研究"定义为：由社会情景（教育情景）的参与者，为提高对所从事的社会或教育实践的理性认识，为加深对实践活动及其依赖的背景的理解，所进行的反思研究。

行动研究被运用到数学教育领域即是数学教育行动研究法。我们认为数学教育行动研究法是数学教育理论和实践工作者，以研究解决数学教育教学的实际问题为根本目的，以"对行动进行研究，以研究促进行动"为基本方法的数学教育教学实践研究方法。

数学教育行动研究法是解决传统数学教育研究中理论脱离实际问题的良好途径。它既重视实践性，又重视理论的作用，特别强调理论研究者和实践行动者的结合，各取所长，共同促进数学教育理论和教育实践的发展。同时，它突破了科学实验的种种限制，比较简单易行，容易为广大中小学数学教师所接受，有利于提高数学教师的教学研究水平和能力。

## 二、数学教育行动研究法的意义

数学教育行动研究是针对数学教育领域的实际情境而进行的研究，它着重解决数学教育现场出现的实际问题。因此，它适用于数学教育教学中实际问题的研究，以及中小规模的实际研究。

首先，通过开展行动研究可以提高数学教师的教学实践水平。数学教师通过亲自参与行动研究，对自己已有的教学经验进行反思和分析，从而提高数学教学能力。比如,可以通过撰写反思日志的方式总结归纳自己日常教学的效果、上课的具体感受、缺点、存在的问题,并进行反思,得出解决办法与设想等,从而不断改进研究计划以进行再研究,使自己的数学教学实践水平得到不断提高。

其次,通过开展行动研究可以促使实践者真正成为研究者。在数学教育研究领域,研究者和实践者长期处于分离状态,这种状态阻碍了数学教师专业实践水平的提高。数学教师通过行动研究,使自己成为实践情境的研究者,在不断提高数学教学实践水平的同时,又通过批判和修正不断提高自己对数学教育实践情境的理解水平,从而真正从实践者转变为研究者。

再次,通过开展行动研究促进数学教师的专业成长。数学教师通过合作开展行动研究,在研究中实践,在实践中研究,有利于数学教师专业素质的全面快速提高,不仅使数学教师获得更好的教育实践效果,也能够使数学教师体验到从教的乐趣、创造的乐趣。

### 三、数学教育行动研究法的实施程序

自从行动研究产生以来,许多学者都试图寻找一种可以普遍推广的操作程序,以便使行动研究的执行规范化、明确化。国内外比较有代表性的操作程序有以下几种:

#### (一)国外行动研究法的程序

美国社会心理学家库尔特·勒温在 20 世纪 40 年代就提出了一种循环模式,他认为可以用计划、调查、实施等概念来描述行动研究的过程。澳大利亚学者凯米斯对行动研究程序的描述进一步继承并发展了勒温的传统,他认为行动研究的核心就在于由计划、行动、观察与反思等环节构成的、螺旋式推进的循环过程。凯米斯广泛倡导"教育行动研究",鼓励教师成为教育工作的反思性实践者,认为教育行动研究是一种可行性相当高的研究方法。

#### (二)国内行动研究法的程序

我国学者对不同行动研究流派的操作程序进行了整合,逐渐形成了独具特色的观点。总体而言,行动研究法的操作步骤大体涉及确定问题、制订计划、实施行动、进行反思、总结成果等几个环节。

1. 确定问题

发现和确定问题是进行数学教育行动研究的前提。对于数学教育研究者

来说,可以从数学教学场景中寻找亟须解决的问题;对于中小学数学老师来说,应该从自己的数学教学实践中,或者与学生交流的过程中,通过密切观察与思考,及时发现和捕捉问题。

2.制订计划

在确定具体的问题领域后,教师需要对问题进行界定和分析,诊断其原因,并确定其范围。教师不仅应对问题予以准确的界定,而且须在界定问题的同时,对问题的本质有较清晰的认识。接下来,教师需要在收集相关资料的基础上,提出一个总体的计划,表现形式可以是开题报告。总体计划一般包括:(1)课题名称。课题名称应该简洁明了,避免冗长和表述不清,应该能准确反映研究的范围、对象、内容、方法。(2)课题研究的内容,即本课题要解决的主要问题及采取的措施。研究者必须明确该研究的核心问题是什么,进而对这一问题进行细化,形成更为具体的子问题,以便于制订解决问题的具体行动方案。(3)研究方法。研究者可以综合采用多种方法对课题进行研究,既可以使用观察法、访谈法、个案研究法等质的研究方法,也可以采用问卷法、实验法等量化的方法。研究者经常将这两类方法结合使用。(4)计划的步骤及时间安排。为了确保研究工作的顺利开展和按时完成,研究者必须制订总体性的研究进度表,把工作进行合理的分割,规定各个工作项目完成的期限。(5)成果形式。行动研究的成果表现形式包括研究论文、调研报告、教育教学行为观摩等。

需要强调的是,行动研究的计划并不是一成不变的,研究者应该在行动研究的过程中根据出现的新情况不断对计划进行修正和改进。

3.实施行动

实施行动环节是行动研究的核心步骤,主要包括行动及对行动的观察,主要是指研究者把计划中设计的解决问题的途径和方法付诸实施的过程,它既是问题解决的实际操作过程,使研究计划付诸实施的过程,也是后期进行反思的实践基础。在行动研究的实施过程中,研究者要对行动研究情况进行观察和记录,收集有关资料,以便及时对计划实施情况有一定的了解,并最终对本研究的过程和结果做出比较全面、深刻的分析。

4.进行反思

反思是在行动和观察后做出的,它是对"计划—行动—观察"进行再认识的过程。经过一段时间的观察和研究,研究者可以对前一段的行动研究结果进行分析和判断,反思的目的在于弄清计划的实施在多大程度上解决了计划要解决的问题。

5. 总结成果

行动研究结束后,研究者对研究的过程进行记录、描写、阐释和反思。表现形式可以是研究论文、研究日志、教育案例、教学反思等。

## 四、数学教育行动研究法示例

### 【案例3-4】　中学数学教学中融入数学史的行动研究①

#### 1. 研究方法

本研究采用行动研究法开展研究活动,整个行动研究是由若干个行动研究循环组成的,每个循环又是由相互联系并具有内在反馈机制的四个环节构成的,这四个环节分别是计划、行动、反馈和反思。本研究的工作对象是诸暨中学120名高中一年级学生。本研究所收集的资料,主要来自课堂观察、学生问卷、学生访谈、教师讨论记录和研究者的教学反思日记。

#### 2. 研究过程

从整个研究过程来看,本研究可以分为两个阶段,阶段一在高一上学期前半期进行,阶段二则是在高一下学期后半期进行。

##### 2.1　第一阶段——将历史附加于教学过程中

##### 2.1.1　教学需要解决的焦点问题

在高中数学学习过程中,高一上学期可以说是一个非常重要的过渡期,学习内容抽象致使很多学生的自信心受到了打击,这种情形必然会造成学生对数学课程的畏惧。所以,在本阶段的教学中,如何拉近学生与课程之间的距离是研究者希望解决的焦点问题。

##### 2.1.2　教学计划与实施

根据教学的实际情况,我们最终选取以下三个方面的历史材料融入数学教学:(1)通过介绍集合论的产生及康托尔的生平来激发学生的学习兴趣;(2)通过介绍函数概念的发展历史,揭示函数各种定义的局限性;(3)通过介绍对数概

---

① 张小明,汪晓勤. 中学数学教学中融入数学史的行动研究[J]. 数学教育学报,2009,18(4):89-92.

念的发展历史,让学生明白引入对数运算的重要意义。

### 2.1.3 教学反馈

本单元教学结束以后,为了获得来自学生方面的反馈信息,我们用以下两个问题对参与研究的 120 名学生进行了问卷调查:(1)你对我们在课堂上介绍的数学史知识感兴趣吗? 为什么? (2)你认同这种教学方式(在数学课堂引入数学史知识)吗? 为什么?

调查结果显示,学生对数学史材料同样持"高评价、低接受"的态度。对于教学过程中介绍的数学史材料,90%的学生持正面意见,但是53%的学生并不赞成这样的教学方式。学生持反对意见的主要原因与升学压力有关,诸如时间不足、课堂演练不足等问题使得学生担心应用历史会影响教学效果,特别是考试的成绩。

### 2.1.4 反思

为了找到问题的症结所在,我们与几位同组的数学老师进行了讨论和分析,对前一个阶段的实施情况进行了反思,达成了以下的共识:(1)历史材料的安排不能影响教学进度;(2)光有兴趣是不够的,如何让历史材料发挥更大的作用是一个关键问题;(3)应用历史材料的目的是帮助数学教学;(4)前一阶段应用历史材料的基本模式是"数学 + 历史"的形式,这种形式并不受欢迎。

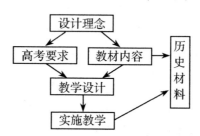

**图 3 - 12 "数学 + 历史"模式**

### 2.2 第二阶段——融合式应用

#### 2.2.1 需要改进的焦点问题

通过第一阶段的研究,我们得知数学史附加于数学教学的做法不被多数学生认可。在应用数学史的层次上,只停留在激发兴趣的层面是不够的。所以,如何提高应用数学史的层次,使得历史材料能对学生的理解有所帮助,是需要解决的焦点问题。数学史的融入所花费的时间对教学进度的影响也不容忽视。

#### 2.2.2 解决问题的构想与实施

通过第一阶段的研究,我们了解到在升学压力的影响下,如果数学史给学生带来的仅仅是兴趣,他们宁愿花这些时间多做几道题目,所以,深入挖掘数学史的深层次的作用是本阶段研究的主要目标。为了达到这个目标,研究者至少要从数学知识、数学史和学生认知三个方面进行综合考虑,以便在教学过程中获得平衡。在做教学设计时,要以数学教学为主轴,同时要考虑学生的认知心理和想法,特别是要对历史材料进行适当的处理,使之既符合实际教学的要求,又不影响教学进度。

三角函数是高一下学期的主要教学内容,根据经验,众多的三角公式让很多学生心存畏惧,加之教材对公式的证明以代数方法为主,不能给学生留下深刻的直观印象。从历史上来看,这些三角公式的证明大多是以几何形式进行的。所以我们试图从历史的角度入手,帮助学生克服学习中遇到的困难。具体做法是:

(1)在上课前先下发三角学、帕普斯(Pappus)、希帕霍斯(Hipparchus)、麦涅劳斯(Menelaus)、托勒密(C. Ptolemy)的历史背景材料,让学生在课余时间先行阅读,并请各位同学思考托勒密弦表的历史背景及如何制作弦表。

(2)在课堂上下发学习工作单(全单元共四张),引导学生学习,让学生了解三角函数的和、差公式的几何证法。下面给出了其中一张学习单。

(3)讲解课本的证明方式并引导学生将其与学习单所提供的证明方法进行比较。

(4)课程结束后,将托勒密证明和角公式的方法发给学生当作阅读材料。

### 学习单 1　两角和的正弦、余弦

两千多年前,希腊数学家希帕霍斯利用相当于三角函数和、差角公式的结果制作了目前所知的第一个弦表,可惜它未能流传下来。后来,托勒密也利用相当于和、差公式的结果,制成现存最早的三角函数的弦表,弦表在后来的天体测量与大地测量中起着非常重要的作用。

两千多年前,亚历山大的数学家想出了利用几何图形证明正弦函数和角公式的方法。我们想顺着古代数学家的想法,试着将其他的公式一并证明。问题与讨论:

(1)图 3-13 展示的是两角和的正弦公式的证明方法,你能说明其证明过程吗?

（2）参考上述证明方法，再看看图 3 - 14，能得到什么结论呢？

（3）现存第一张三角函数的弦表，就是古希腊数学家托勒密利用相当于和、差角公式的结果计算出来的。你能利用题（1）与题（2）的结果计算出 sin 75° 与 cos 75° 的值吗？

（4）求 sin 25°cos 65° + cos 25°sin 65° 与 cos 40°cos 35° − sin 40°sin 35° 的值。

（5）上述结果是否对任意的角 α、β 都成立？

（6）课本中给出的证明方法是 19 世纪法国著名数学家柯西（A. L. Cauchy）给出的，请将以上两种证明方法进行比较，你感觉哪种证明方法更好？理由是什么？

（7）将第（1）题与第（2）题所得公式中的 β 改为 −β 将得到什么结果？

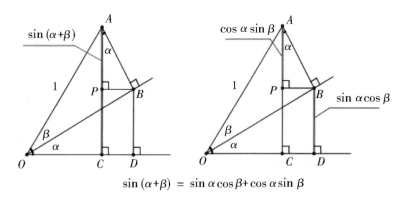

$$\sin(\alpha+\beta) = \sin\alpha\cos\beta + \cos\alpha\sin\beta$$

图 3 - 13　两角和的正弦公式的图形证明

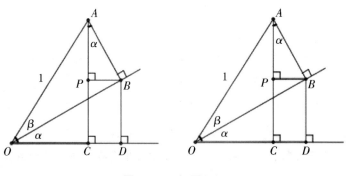

图 3 - 14　问题（2）

### 2.2.3　课后反馈

本单元的教学结束以后，我们依旧采用第一阶段教学反馈的两个问题对

120 名学生进行问卷调查。和第一次问卷调查的结果相比,对数学史材料持正面意见的人数占到了 86.6%,而对融入数学史的教学方式持正面意见的人数占到了 65.4%。虽然比例还不是很高,但对我们来说,这无疑是很大的鼓舞。当然,在问卷调查和访谈中,持反对意见的同学给出的理由也值得我们重视:(1)学习单加重了学习负担;(2)只介绍课本上的证明方法就够了,重要的是公式的应用;(3)不适合目前的教育形势;(4)比较适合初中生,对高中生来说,压力太大了;(5)数学史并不是数学;(6)要是高考也涉及数学史,这样做就比较合适。

### 2.2.4　反思

从数学史融入的方式来看,这个单元的应用方式主要是融合式的应用——以学习单的形式把数学史材料和教学内容有机结合在一起,尤其是以问题探究的方式让学生既了解了历史,又学习了新的教学内容;既保证了教学进度,又收到了良好的教学效果。

通过问卷结果可以看出,绝大部分的学生对融入数学史的教学方式持正面看法,而持负面看法的学生,主要是担心成绩不能有效、快速地提升,毕竟高考的压力大。所以在使用技巧上应当避免偏离数学的主要学习目标;选材应避免过于艰涩;会给学生增加太多负担的材料最好不要用。

### 3. 研究结果

#### 3.1　学生对融入数学史的教学的感受

经过历时一年的两个阶段的行动研究,为了获得学生对数学教学中融入数学史的真实感受,我们对参与研究的 120 名学生进行了问卷调查和访谈。问卷中共有 10 道题目,前 8 道题目主要是调查学生对数学史融入数学教学的态度,第 9 题和第 10 题的主要目的是了解学生对融入数学史的方式以及功能的看法。问卷和访谈结果显示:(1)学生对融入数学史持同意意见的约占 56%,32% 的人没有意见,12% 的人持不同意的意见,从整体来看,大部分学生对融入数学史的教学是肯定的;(2)制作学习单、介绍历史命题以及历史上的各种数学方法是学生最为赞同的两种方式,而在课本中附加数学史阅读材料、开设数学史选修课这两种方式的支持率最低;(3)学生最希望数学史能够发挥的功能是其对数学认知的帮助,而对情感领域的功能和文化领域的功能则不够重视。

#### 3.2　在数学教学中融入数学史的主要困难和策略

在高中阶段,升学至上的观点在很大程度上影响着数学教学。所以,要在这样的背景下将数学史融于数学教学一定会面临更多的困难。从这个意义上讲,本研究进行的过程既是一个不断改进和发展的过程,也可以说是一个逐步克服困难的过程。

### 3.2.1　融入数学史和教学进度之间的矛盾

在保证正常教学进度的情况下融入数学史是研究者面临的第一个困难。在整个教学过程中,我们采用的策略是:(1)课堂上对数学史的应用以融入式为主;(2)采用学习单辅助学生学习;(3)学习单的设计模块化。

### 3.2.2　部分学生对融入数学史的教学方法表示怀疑

在升学压力下,部分学生对融入数学史的教法表示怀疑,这也给教学开展带来困难,我们针对这一困难采用的策略是:(1)综合考虑教学、学生认知和数学概念的发展历史三个方面的要求;(2)提高应用数学史的层次,注重 HPM 与 PME 的结合。

### 3.2.3　教材内容的顺序与数学概念的发展历史之间的矛盾

正如荷兰数学教育家弗莱登塔尔(H. Freudenthal)批评的那样,现行的教材并不是按照历史的发展来安排的(当然我们并不认为每一个教学单元都必须遵循历史),这种情况给融入数学史带来了一定的困难。比如,人们普遍认为将乘法转化为加法的思想来自三角公式,但是在教材中,三角的相关内容却在对数之后。严格地遵循历史,是数学史家进行专业数学史研究的基本要求,但在数学史辅助教学的过程中,由于教材安排和学生接受能力的限制,我们不得不对历史材料进行加工和剪裁,弗莱登塔尔的"再创造"的观点正好可以说明此问题。所谓"再创造"即在数学教学过程中,学生应当有机会经历与数学事件的发展历史相类似的探究过程,但此时学生并不是真正地去创造,而是在教师的引导下获得知识。

### 3.2.4　缺乏必要的参考资料和人员协助

在本研究进行的过程中,面临的第一个困难便是缺乏必要的历史材料,尤其是教育取向的数学史料少之又少。另外,在研究进行的过程中,教学中出现的问题,需要其他教师协同、帮助解决。我们采取的策略是:(1)寻求专业数学史家的帮助;(2)广泛征求其他任课老师的意见。

### 3.3　数学史融入数学教学的模式和流程

在本研究进行的过程中,数学史融入数学教学的模式,主要经历了从附加式到融入式的发展,而融入式的教学设计模式收到了较好的教学效果。所谓融入式,就是在应用数学史时,应该综合考虑数学教育领域、数学史领域和逻辑思考领域三个方面的问题,探索学生的数学学习和数学概念的发展历史之间的联系,然后根据此联系进行具体的教学设计,使数学史材料融入学生的学习过程之中,而不是在原来的教学基础上附加数学史。具体的流程如图3-15所示。

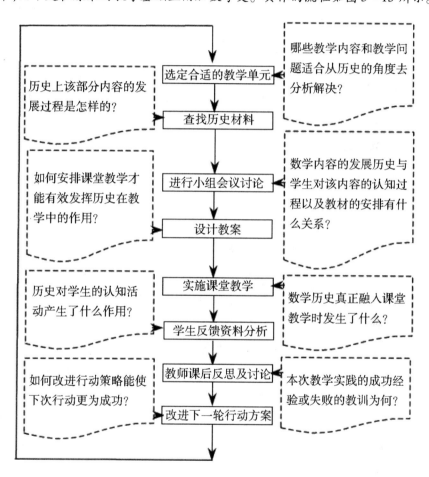

**图3-15 数学教学中融入数学史的工作流程**

### 4.几点建议

根据本研究所得出的结论,我们对数学教学、教育者、教材编写者以及数学史家提出几点建议。

### 4.1 对数学教学的建议

(1)教师在数学教学中,将数学史融入教学可以提高学生的学习兴趣,并能改变学生对数学课的枯燥印象。对于引入数学史的方式，仍建议以"融入"的方式为主。

（2）在数学教学中融入数学史，一定要重视数学史对学生认知方面的帮助作用。对学生来讲，仅有兴趣是不够的。另外在教学设计时，要综合考虑教学要求、学生的认知和数学概念的发展历史这三个方面。

（3）在教学上仍应以课本为主，对于选取的数学史材料宜做适度的筛选和剪裁，以免对学生造成负面的影响，增加学生的学习障碍。尤其是在使用数学史料时，更要特别注意低分学生在吸收或阅读上是否有障碍。而且，"数学史融入式教学"并不一定适用于每一个数学单元，不要为了用"数学史"而教"数学史"。

（4）随着网络信息的日益丰富，学生独立使用计算机查询信息的能力越来越强，教师可以大概地提出想补充的数学史料，其他的相关资料则由学生自行上网查询。

### 4.2 对教育者、教材编写者及数学史家的建议

（1）在本研究进行过程中，研究者不仅对 HPM 的理论和实践有了进一步的认识，而且在反思能力、处理教材的能力、与学生交流的能力等方面都得到了提高。所以，在教师教授的课程中，如果能以 HPM 为切入点，以 HPM 的行动研究作为教师在职培训的课程，想必会取得很好的效果。

（2）建议师范院校开设教育取向的数学史课程。在数学史课程的学习过程中，应当重视 HPM 教学案例的使用；必要时，让职前教师自行设计 HPM 教学方案。只有这样，职前教师的 HPM 方面的素养才会得到真正的提高。

（3）虽然现行的教材收录了部分数学史材料，但形式比较单一，基本以课外阅读材料为主，建议教材编写者选取适当的单元，将数学史融入教学内容，提高应用数学史的层次。

（4）可供中学教师使用的数学史材料非常匮乏，建议数学史家们尽快编写有关教育取向的数学史著作。另外，数学史家、数学教育家和数学教师联合开发可供广大教师使用的 HPM 案例也非常有必要。

### 参考文献

[1]叶立军.数学教育研究方法[M].北京:科学出版社,2017.

[2]闫蒙钢.化学教育科学研究方法[M].芜湖:安徽师范大学出版社,2015.

[3]王光明.数学教育研究方法与论文写作[M].北京:北京师范大学出版社,2010.

[4]李士锜.数学教育研究方法论[M].北京:科学出版社,2015.

[5]张世勇,李勋.化学教育研究方法与案例[M].北京:中国石化出版社,2020.

[6]杨骞.文献法及其在论文写作中的应用[J].中学数学教学参考(教师版),2000(6):26-28.

# 第四章　数学教育研究论文的撰写

数学教育研究论文依据不同的标准,有多种不同的分类。一般来说,按研究的目的分类,数学教育研究论文可分为学位论文、学术(期刊)论文和会议交流论文。学位论文是研究者为获取某种学位而撰写的论文,包括学士学位论文、硕士学位论文和博士学位论文。学术(期刊)论文是作者在学术刊物上发表的论文,这类论文根据不同刊物的办刊宗旨在学术水平和写作要求上有较大差异,有的杂志要求论文的学术性较强(如《数学教育学报》),有的杂志不太注重学术性而强调应用性或普及性(如国内诸多师范类大学办的数学教学类期刊)。会议交流论文指在各种学术会议上宣读的论文,除国际性会议和国内由一、二级学会主办的会议外,其他类型的会议交流论文一般在学术性和规范性方面没有太高的要求。这里主要探讨学术论文和学位论文两种类型。

## 第一节　数学教育学术论文的撰写

按照数学教育的学科性质,数学教育研究从宏观上大致可以分为纯粹的初等数学研究和数学教育的理论与实践研究。前者偏重于初等数学自身的学术研究,如正多边形、四面体的性质推广,不太注重初等数学在数学教育中的应用,属于中等数学研究。后者主要侧重于中小学数学中的课程、教学、学习研究等,属于教育研究。这里主要探讨各种数学教育的理论与实践研究领域的论文的撰写,纯粹的初等数学研究论文不在讨论范围之内。

### 一、数学教育学术论文的类型

数学教育学术论文的分类没有绝对的标准,按照不同的标准有不同的类型,如根据研究方法,可分为思辨型论文和实证型论文。下面从数学教育的研究对象(数学课程、教学、学习等)和初学者实际需要的角度,阐述几种代表性论文类型的基本结构,并结合具体的案例进行详细的分析,供数学教育研究初学者撰写论文时参考。

### (一)数学教育评述类论文

评述类论文是指作者对围绕一个数学教育研究主题的一组文章的研究结果进行分类,然后分门别类地概述、陈述、分析和评论的文章,也被称为综述型论文。论文多以"××回顾与反思或展望""××研究现状""××述评或综述""××文献计量分析或量化分析"等名称命名。评述类论文的写作要求作者阅读大量的相关文献,并将高质量的论文(一般刊登在高级别的刊物上)筛选出来,按某种标准进行分类,然后分别论述,这样就会使文章结构严谨、层次分明、内容全面。评述类论文按照研究方法又可以分为两类:

一是纯文字描述型评述论文,即对一组已经发表的同一研究主题的论文全部采用文字叙述的方式进行评析,整篇文章没有进行任何数据统计和量化分析。比如《我国数学文化与数学教育研究30年的回顾与反思》(《当代教育与文化》2011年第6期)、《我国中学数学实验研究:现状与展望》(《课程·教材·教法》2019年第2期)、《回顾与反思:我国数学素养研究述评》(《教学研究》2017年第4期)、《学生数学信念研究三十年:回顾与展望》(《数学通报》2017年第7期)、《新中国成立70年数学学科德育的回顾与展望》(《课程·教材·教法》2019年第12期)、《国外数学史融入数学教学研究述评》(《比较教育研究》2013年第8期)、《国外数学理解研究的进展与展望》(《教育学报》2018年第1期)、《少数民族学生数学能力发展的跨文化研究述评及展望》(《数学教育学报》2009年第4期)、《国内外数学问题提出教学研究的回顾与反思》(《数学教育学报》2005年第3期)均属于此类论文。

**【案例4-1】　我国数学文化与数学教育研究30年的回顾与反思①**

该文是典型的纯文字综述型论文,作者在对近百篇参考文献综合分析的基础上,分门别类地介绍了我国1978—2008年这30年的数学文化与数学教育各个方面的研究概况,资料翔实,论述全面,为对"数学文化与数学教育"感兴趣的读者提供了一份有价值的参考资料。论文主体共分为三个部分:首先从三个阶段回顾了我国数学文化与数学教育研究30年间的主要历程;其次从数学文化与数学课程教材、数学文化与数学教学、数学文化与数学学习三个方面九个小

---

① 张维忠,孙庆括.我国数学文化与数学教育研究30年的回顾与反思[J].当代教育与文化.2011(6):41-48.

领域综述了我国近30年来数学文化与数学教育研究取得的成绩;最后对数学文化与数学教育研究进行了反思。研究发现存在的主要问题有:整体研究水平不高;研究问题的层面不够均衡;选题范围窄,研究角度单一,缺乏实证研究;缺少理论研究者与中学一线教师的紧密合作等。

二是数据量化分析型评述论文,即对一组已经发表的同一研究主题的论文进行综述时,既有数据编码和统计,又有文字描述、分析和评论的文章。比如《新世纪以来我国中小学数学教材研究热点、演进与展望:基于科学知识图谱的实证分析》(《教育理论与实践》2021年第8期)、《中国数学逻辑推理研究的回顾与反思:基于"中国知网"文献的计量分析》(《数学教育学报》2018年第4期)、《中国中小学数学建模研究的回顾与反思:基于1989—2016年核心期刊文献的统计分析》(《数学教育学报》2017年第5期)、《我国数学文化研究的文献计量分析》(《全球教育展望》2017年第2期)、《中国数学史研究状况与趋势:基于2001—2010年数学史文献的计量分析》(《自然辩证法通讯》2012年第3期)均属于此类论文。

**【案例4-2】 新世纪以来我国中小学数学教材研究热点、演进与展望: 基于科学知识图谱的实证分析①**

该论文是具有代表性的数据量化分析型评述文章,不仅应用文献计量法,还应用当前比较热门的科学知识图谱分析的方法,利用CiteSpace5.1.R8软件对样本数据库中418篇关于21世纪以来我国中小学数学教材研究的核心期刊文献进行定量分析。论文主体分为四个部分:首先交代了研究方法与数据来源;然后从研究成果年度、研究作者、研究机构三个方面进行数据分析;接着借助CiteSpace软件绘制出关键词共现知识图谱来探寻21世纪以来中小学数学教材研究的热点,并导出高频关键词频次统计表进行研究热点和前沿分析;最后对未来的研究进行了展望。研究结果表明:中小学数学教材研究的核心作者为高校教师,主要研究机构为师范类高校,部分研究团队已形成各自的研究特色;研究的热点主题为数学教材比较研究、内容研究、使用研究、教材中数学史与数

---

① 邓翰香,吴立宝,曹一鸣.新世纪以来我国中小学数学教材研究热点、演进与展望:基于科学知识图谱的实证分析[J].教育理论与实践,2021(8):38-43.

学文化研究;研究的演进历程分为改革起步、发展波动、快速上升、平稳探究四个阶段,这与我国实行的教育政策和国家大政方针紧密相连。我国中小学数学教材研究需把握方向性,紧跟新时代教材建设方向来指导教材研究;把握全局性,建构学术共同体助力教材研究均衡发展;把握时代性,开发动态数字教材,推进教材研究信息化发展;把握全面性,完善教材研究框架,促进教材研究深入发展。

**(二)数学教育理论探索类论文**

探索类论文是作者对某一数学教育问题进行深入思考,从而提出自己具有创新性的观点,同时有充足的论据作为支撑的论文。探索类论文的学术性要求较高,要求作者有较强的创新意识和创造性思维能力。按照对数学教育理论探索的程度,探索类论文大致分为三种类型:一是理论应用型论文,即探索将一种经典理论用于数学教育实践的文章。其基本构思是将某一种哲学或心理学或教育学的相关理论用于数学教育理论与实践,写作的关键是要突出数学教育的特征。比如,《加德纳多元智能理论与数学教育改革》(《数学教育学报》2002 年第 4 期)、《后现代思想观念对于数学教育的若干启示》(《数学教育学报》2005 年第 4 期)、《建构主义的发展及其对数学教育的启示》(《数学通报》2006 年第 4 期)、《运用多元智能理论实施差异数学教学》(《教育探索》2010 年第 1 期)、《论杜威的"探究"思想及其对数学教学的启示》(《教学与管理(理论版)》2012 年第 12 期)均属于此类论文。

二是理论思索型论文,即通过对某个数学教育领域的理论进行深度剖析、改造和完善,试图提出一种新的观点。比如《对数学理解的再认识》(《数学教育学报》2002 年第 3 期)、《数学教育价值观的嬗变与重构》(《教育研究》2005 年第 12 期)、《对数学教育人文性的再认识》(《课程·教材·教法》2015 年第 6 期)、《对数学问题解决研究的再认识》(《教学与管理》2018 年第 21 期)、《"数学核心素养"内涵的再认识》(《上海教育科研》2018 年第 7 期)均属于此类论文。对数学教育工作者来说,只要对数学教育的特殊性做深入的分析,往往可以使一般的教育学理论或心理学理论的内涵在数学教育中得到丰富,从而提出一些新的观点、见解和理论。

三是理论构建型论文,即在已有研究和自己深入研究的基础上,探索建立一种新的数学教育理论或学习理论,或者将数学教学中的实践问题上升到理论高度。比如《数学学习心理学的 CPFS 结构理论》(《数学教育学报》2003 年第 1 期)、《论数学文化与数学学习》(《课程·教材·教法》2004 年第 11 期)、《中国数学双基教学理论框架》(《数学教育学报》2006 年第 3 期)、《"基本数学经验"的界定与分类》(《数学通报》2008 年第 5 期)、《基于数学文化的教学模式构建》(《课程·教材·教法》2009 年第 5 期)均属于此类论文。这类论文需要长时间的系统的研究,对研究者的学术和理论功底要求较高,一般适合数学教育研究专家和学者进行撰写。

**(三)数学课程与教材研究类论文**

数学课程与教材是数学教育的重要研究对象,历来受到数学教育研究者的关注。这类论文主要包括以下几种:

一是数学课程改革与发展研究类论文。这类论文主要针对基础教育数学课程发展的理论、历史脉络及改革等进行研究。比如《对数学课程中有关数学文化的思考》(《数学教育学报》2005 年第 3 期)、《论信息技术与数学课程的整合》(《江西教育科研》2005 年第 8 期)、《关于数学课程的情境化设计》(《课程·教材·教法》2006 年第 9 期)、《谈数学课程与教学中的跨学科思维》(《课程·教材·教法》2021 年第 7 期)、《中小学数学课程改革的几个关键问题》(《数学通报》2003 年第 6 期)、《从数学本质解读数学课程改革》(《数学教育学报》2005 年第 1 期)、《课改新视域:数学史走进新课程》(《课程·教材·教法》2005 年第 9 期)、《20 世纪以来中国数学课程的数学情感目标演变》(《数学教育学报》2019 年第 3 期)、《改革开放四十年来中国中学数学课程发展的历程及特点分析》(《数学教育学报》2021 年第 1 期)。另外,还包括对国外基础教育数学课程改革评介、中外中小学数学课程的比较研究等,比如《国外数学课程中的多元文化观点及其启示》(《课程·教材·教法》2014 年第 4 期)、《21 世纪美国基础教育数学课程改革与启示》(《数学教育学报》2014 年第 1 期)、《加拿大不列颠哥伦比亚省新一轮基础教育数学课程改革评介及启示》(《比较教育学报》2021 年第 2 期)、《中美数学英才教育课程及其实践的比较研究》(《数学教育学报》2021 年第 4 期)。

二是数学课程标准比较研究类论文。这类论文主要为我国数学课程标准的制定与完善提供依据与参考,既包括国内新旧数学课程标准的纵向比较和横向比较,又包括对中外数学课程标准的整体或者某部分进行比较。比如《中澳数学课程标准内容广度比较:基于初中学段"统计与概率"的分析》(《课程·教材·教法》2013 年第 1 期)、《高中数学课程内容及其分布的国际比较:基于 12 个国家高中数学课程标准的研究》(《数学通报》2015 年第 7 期)、《中国、美国、澳大利亚数学课程标准的国际比较与借鉴》(《教育科学研究》2019 年第 9 期)、《十国现行课程标准中数学核心素养构成要素的比较与启示》(《课程·教材·教法》2020 年第 11 期)、《百年高中数学课程能力目标发展的回眸与反思:基于课程标准(教学大纲)的文本分析》(《数学教育学报》2019 年第 6 期)均属于此类论文。

三是数学教材分析研究类论文。这类论文的主要研究目的是服务于中小学数学教学实践,为数学教师高质量使用教材及教材的修订和完善提供参考,包括以下几个方面:(1)从理论上对数学教材的编制进行跨学科和多视角研究,比如《论数学教科书编制的若干问题》(《内蒙古师范大学学报·教育科学版》2009 年第 12 期)、《多元文化视野下的数学教科书编制问题刍议》(《全球教育展望》2012 年第 7 期);(2)对某个版本的数学教材的编写特点、背景、知识点、功能、结构等进行分析,比如《浙教版初中数学拓展性课程教材编写特点及改进建议》(《数学教育学报》2019 年第 6 期)、《人教 A 版高中数学新教材特色分析及使用建议》(《课程·教材·教法》2019 年第 12 期)、《北京师范大学版初中数学教材中数学史的研究》(《数学教育学报》2007 年第 2 期)、《数学教科书例题的分类及其教学建议》(《数学教育学报》2018 年第 2 期)、《我国高中数学教科书插图的分类、功能与运用策略》(《课程教学研究》2018 年第 7 期);(3)对中外教材、国内新旧教材的某部分内容进行比较研究,比如《中国与新加坡高中数学教材复数内容比较研究》(《数学通报》2016 年第 1 期)、《初中数学教材代数内容的国际比较研究》(《数学教育学报》2016 年第 4 期)、《中澳教材中的数学探究比较:以初中"相似"内容为例》(《教育学术月刊》2017 年第 7 期)、《从关注学科知识转向关注核心素养的教科书的习题设计:基于对我国九个新版本初中数学教科书的调查》(《中小学教师培训》2017 年第 10 期)、《三个版本高中数学教材中"拓展栏目"的比较研究》(《中小学教师培训》2017 年第 12 期)、《小学数学教材中"认识三角形和四边形"的内容编排分析与比较:以"人教版""苏教版""北师版"为例》(《数学教育学报》2021 年第 2 期)。

**(四)数学教学经验总结类论文**

这类论文研究着重于解决"如何做""为什么"和"做得怎么样"等与教学实

践密切相关的问题。论文的撰写要求有理论、有实践、有观点、有方法,并尽可能体现数学教学的先进理念。这类论文的主题可大可小,比如,对某个课题研究结束后的总结属于大的主题,对某节课的教学设计或某堂课的教学实录属于小的主题。经验总结类论文一般要考虑"是怎样做的""做的效果如何""为什么要这样做"的问题。"是怎样做的"和"做的效果如何"是经验介绍,"为什么要这样做"是经验向理论的提升。许多中小学教师写的论文多属于经验总结类型,但他们在写作的时候往往只论述"是怎么做的",而忽视对后面两个问题的讨论,从而使论文的学术性很难提升。一般来说,"是怎么做的"可以介绍具体的做法,可以用案例作为论据辅助说明论题;"做的效果如何"可以从认知或非认知的角度考查学生的学习情况,并用适当的数据说明结论;"为什么要这样做"是将具体做法中的思想提炼出来,或用已有的理论对具体的做法给予解释。上述三部分组合起来,就构成了学术论文的基本框架,也明确了写作的思路。

**(五)数学学习研究类论文**

这类论文主要立足于数学学习内容的特点,结合学生的认知规律,对如何进行数学学习进行多层面、多角度的研究,包括对某类数学知识学习认知规律的深入剖析与调查、对某种数学学习方法运用的实证研究、对某类数学知识问题解决的思维策略的探索等。比如《函数学习中的六个认知层次》(《数学教育学报》2004 年第 3 期)、《高一学生函数概念数学理解水平的实证研究》(《数学教育学报》2018 年第 3 期)、《高中三角函数内容深度的实证研究》(《数学教育学报》2016 年第 6 期)、《上海七年级学生"平行"概念表征与转译的调查研究:基于数学核心素养的视角》(《数学教育学报》2019 年第 1 期)、《初中学生数学自主学习的实证研究》(《教学与管理》2010 年第 1 期)、《数学概念学习障碍的表现与突破》(《教学与管理·理论版》2020 年第 8 期)、《高中学生数学原有知识水平和学习认知负荷对数学课堂学习效率的影响研究》(《数学教育学报》2021 年第 2 期)均属于数学学习研究类论文。

**(六)数学解题思想方法类论文**

这类论文包括以下几类:一是以某一数学思想方法为中心,研究该思想方法在不同问题情境中的应用,即以方法论题;二是以某一类应用问题为中心,研究这类问题的不同解决方法,即以题论方法;三是探讨某一数学思想方法在寻找解决问题策略时的指导作用。数学解题思想方法类论文,立论要有新意,分析要到位,例题要具有时代性、典型性,使读者阅读后有所启迪,切忌老生常谈。

## 二、数学教育学术论文撰写的基本步骤

一般来说,数学教育学术论文可以按照收集资料、拟定题目、拟定提纲、撰写引言、撰写正文、撰写结论、提炼摘要、选取关键词、修改初稿等步骤依次展开写作。

### (一)收集资料

收集资料即是对原始资料和前人的研究成果(文献资料)的搜寻和采集。其目的是让研究者把握现状,避免重复劳动(如图4-1)。另外,还可以较为全面地知悉别人已经采用了哪些方法,尤其是别人进行研究设计的方法、收集原始资料的方法、测量的方法、统计分析的方法、论证的方法等具体方法和技术,从而为自己提供方法借鉴,提高研究的科学性。

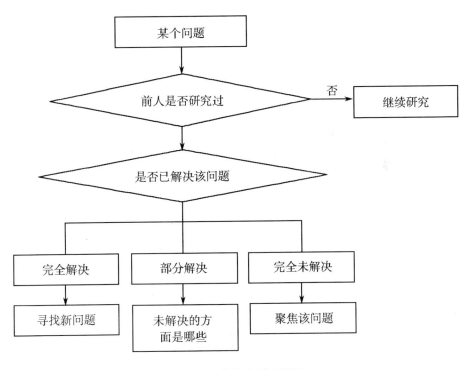

**图4-1 收集资料流程图**

一般来说,文献资料的收集可以采用工具法、追溯法和综合法三种方法。工具法是利用各种检索工具查找文献资料的方法。比如利用中国知网、重庆维普数据库、万方数据库、中国人民大学复印报刊资料、超星数字图书馆等专业网

站,或者利用《中国教育学刊》《课程·教材·教法》等基础教育类核心期刊及《数学教育学报》《数学通报》《中学数学教学参考》等数学教育类的核心期刊,也可以利用《数学教学》《中学数学月刊》等各个省级师范大学主办的数学教学类期刊查找相关文献。追溯法是通过阅读已经查找到的文献的注释或参考文献来进一步寻找与数学教育相关文献的方法。追溯法在一定程度上可以将工具法可能遗漏的某些重要文献补充进来。综合法即将工具法和追溯法交替使用的一种文献资料收集方法,即先利用检索工具找到一些文献资料,再利用这些文献资料的注释或参考文献来查找另一些文献资料。一般来说,工具法和追溯法能够相互补充,因此,将两种方法交替使用的综合法是最好的文献资料收集方法。

### (二)拟定题目

一般来说,研究者在查阅论文或编辑部在审读来稿时,首先看的是论文题目。论文题目在一定程度上影响着读者是否阅读这篇论文。可见,论文题目直接起到吸引读者的作用,因而题目的拟定是论文写作过程中必须认真对待的一件事。论文题目的拟定需遵循三个要求:

#### 1.题目要精确

所谓精确,即题目必须准确、全面地反映论文的主要内容,既不能过于宽泛和空洞,又不能过于繁杂和琐碎,也不能似是而非和模棱两可。

#### 2.题目要简洁

如果题目太长,就容易给读者留下烦琐和啰唆的印象,进而影响读者的阅读兴趣和对论文质量的评价。因此,题目应该做到惜字如金,用最少的文字精确概括出论文的主要内容,中文论文的题目最好不超过 25 个汉字,英文论文的题目最好不要超过 100 个字符。题目如果用一行文字能表达完,就尽量不要用两行。

#### 3.题目要清晰

题目要能清晰地反映出论文的主要内容,让读者一看就理解。拟定题目时,尽量避免用艰涩的词汇、不常用的公式和专业术语或自己发明的中、英文缩写词,否则容易让读者费解。题目通常由名词性短语构成,如果有动词也大多以动名词或分词的形式出现。

### (三)拟定提纲

在撰写数学教育研究学术论文时,有些作者不太愿意写提纲,习惯直接写初稿。如果作者在头脑中已经把提纲拟好,那也未尝不可。如果作者头脑中还没有形成清晰的写作思路和明确的结构安排,那么拟写提纲就是不应被省略的一个重要步骤。提纲是正式动笔行文前的必要准备,体现了作者对整篇论文思路和框架的构思。学术论文需要运用大量的文献资料或原始资料,逻辑严密、层次清楚、结构合理地展开论述,从而严谨科学地论证主要观点或得出基本结论。而有一个较为成熟的提纲,就能够做到纲举目张,确保论文结构的完整、层次的分明和逻辑的一致,并能够按照提纲中各个部分的具体需要来选择资料,将资料的作用尽可能充分地发挥出来。提纲分为简单提纲和详细提纲。简单提纲往往比较简略,只涉及论文要点,对于每个要点具体应如何展开则不加描述,因而经常只有一级提纲。如果作者已经深思熟虑,就可采用简单提纲,否则,就应采用详细提纲。详细提纲将论文的要点和每个要点怎样展开都详细列出,因而往往会形成三级提纲。

拟写提纲时,主要应从三个方面加以把握:第一,要以问题为中心,始终围绕学术论文所要解决的问题拟订框架,防止所列条目偏离主题。第二,要考虑提纲的逻辑性,注意各个部分之间的逻辑关系,这一点很关键。在拟写提纲时,内在逻辑结构的安排方式不容忽视。一般来说,数学教育研究学术论文的内在逻辑结构主要有三种,一是并列结构,二是递进结构,三是综合结构。并列结构是指学术论文的各个部分之间是并列关系,不存在主从之分或逐层展开的关系。采用并列结构的学术论文的各个部分之间可以调换位置而不影响逻辑性。递进结构是指学术论文的各个部分之间存在逐层深入、逐步展开的内在逻辑关系,即每一部分均由前一部分自然地引出,各个部分之间的位置不可随意调整,否则就会造成逻辑混乱。综合结构是指在学术论文中交叉采用并列结构和递进结构的结构安排方式。第三,要确立全局观念,从整体上明确各个部分的地位和作用,进而确定各个部分的比例分配和全文的篇幅,做到各个部分的比例分配与其地位和作用保持一致,全文的篇幅长短与研究主题保持协调。

**(四)撰写引言**

引言就是引出论文正文部分的文字,有时也叫"问题的提出",位于论文的开头部分,字数在 500—800 字左右,最长不超过 1000 字。作为引导性的文字,引言一般包括以下几个方面:

### 1. 交代研究缘由

研究缘由主要是为了凸显论文所关注的主题的研究价值,言简意赅,一两句话即可,主要目的是回答"为什么要研究"的问题,即让读者理解论文研究的必要性。

### 2. 介绍研究概况

研究概况是简要介绍前人就本研究主题已经做了哪些研究,研究到何种程度,这些研究存在哪些不足或忽视了什么问题,从而揭示出本论文的理论价值。有时研究概况和研究缘由可以合并,叫作研究背景。

### 3. 阐明研究问题

在研究概况中,通过对研究成果的概要回顾来发现已往研究的不足或忽视的问题,从而引出论文尝试解决的总问题。作者需要对引出的总问题进行初步阐释,让读者对这个总问题有准确、全面的理解。在阐释中,有时不仅要对总问题本身进行解释,而且要围绕总问题层层剥离出一个个子问题,其中的总问题犹如一棵树的树根,由总问题进行第一次分解所形成的子问题犹如主要树干,对第一次分解出的子问题再进行第二次分解形成子问题的子问题,依此类推,就形成了一棵"问题树"。

### 4. 明晰基本概念

对基本概念的界定在引言中并非必不可少。如果撰写的论文涉及的基本概念在学术界已基本达成共识和为同行所熟知,就没有必要对论文所用概念加以界定。如果论文涉及的基本概念在学术界尚存争议或是比较新颖,就有必要对概念进行界定。这样做的好处是既便于读者理解,又利于始终围绕论文界定好的概念内涵展开研究,避免因滑向概念的其他含义而造成逻辑上的矛盾或不统一。

### 5. 交代研究方法

研究方法的重要性不言而喻。在引言中应当对撰写的论文为了解决所研究的问题而采用的方法做交代。否则,哪怕论文的基本观点或研究结论非常引人注目和令人振奋,读者也可能因不明白论文究竟采用了什么研究方法而对观点和结论的可靠性产生怀疑。当然,如果论文所用的研究方法比较传统和常规,那么只需一带而过地论及所用方法对解决研究问题的适切性,而无须对方法本身做过多阐释。如果论文所用方法比较新颖和不为同行所熟知,那么还应对方法本身进行简明扼要的解释。这种解释只要让读者明白该方法究竟是什么即可,不应过多展开,以免偏离主题。需要说明的是,如果研究方法需要较为详细的阐述交代,也可以不在引言中出现,而单独在文章结构中成为和引言并列的部分。

6. 阐述研究意义

研究意义包括理论意义和实践意义,主要是凸显论文研究的应用推广价值,一般在引言的末尾处呈现,有时也可以和研究缘由放在一起用一两句话进行阐述。

需要特别强调的是,并不是每篇论文的引言都包括以上六个方面,可以对六个方面进行自由组合,有的引言内容可能是六选三,如包括研究缘由、研究问题和研究意义;有的引言内容可能是六选四,如包括研究缘由、研究概况、研究问题和研究意义。比如案例 4 – 3 的引言内容就是按照研究缘由、研究概况、研究问题、研究意义的顺序书写的。

**【案例 4 – 3】** **《初中数学教科书中的性别刻板印象研究》**①**引言**

**【研究缘由】**教科书作为传播性别文化的重要媒介,对正处于性别社会化关键期的初中生形成正确的性别角色意识和行为规范有重要影响,其隐含的性别不平等信息会渐渐地加深其形成的性别刻板印象。在数学学习上,表现为认为女生不适合学习数学,男生数学成绩优于女生是理所当然的,导致女生对数学学习的兴趣不高和信心不足,成就动机相对较弱。因此,2001 年,中国实行新课程改革后,国务院颁布的《中国儿童发展纲要(2001—2010 年)》《中国妇女发展纲要(2001—2010 年)》等文件都明确规定,将性别平等意识纳入课程和教材。

**【研究概况】**西方学者从 20 世纪四五十年代开始,就从人类学、社会心理学和跨学科的视角对美国、法国、西班牙、瑞典、苏联等国教科书中男女的比例、社会角色、人格特征进行研究,发现均表现出显著性别差异,如美国加州大学的兰诺·韦茨曼博士曾在 20 世纪 70 年代对美国 100 种使用最多的小学教科书(包括拼写、阅读、社会和科学等不同学科的读本)中的插图、文字、主题等表现出的性别形象进行分析,分析表明教科书中的内容具有强烈的男性中心倾向。中国

---

① 本文发表于《数学教育学报》2017 年第 3 期,作者孙庆括、徐帆、胡启宙。

的相关研究始于 20 世纪 80 年代,较早的研究者有汪名骈、朱晓斌、曾天山、史静寰、吴康宁等。较有影响的是 2000 年由北京师范大学史静寰教授牵头主持的针对幼儿园和中小学教材性别分析的课题研究,成果出版在《走进教材与教学的性别世界》一书中。之后,教科书的性别研究逐渐受到关注,有多位学者从不同角度分析了国内多个学科多种版本的教科书。这些研究主要从男女出现的频次、话语权、社会角色和地位、形象特点、职业种类等方面对性别偏向进行统计分析。然而,国内研究者在教科书的样本选取上都不约而同地选择了语文、英语、政治、历史、社会、思想品德等文科教科书,从性别视角审视理科教科书,特别是数学教科书的研究不多。从文献检索来看,中国目前仅有两篇专门针对数学教科书中的性别刻板印象进行研究,且研究对象专门针对小学数学教科书。对初中数学教科书的研究除发表过一篇相关论文外,目前还没有见到专门的研究。法国课程社会学家阿普尔曾指出,有强烈意识形态色彩的教科书不仅仅是社会科学,就连一向被认为是重视客观性的数理科的教科书,也违反了科学界的历史的现实,提供给学生不合现实、保守的观点。

【研究问题】当前初中数学教科书中两性角色呈现状况如何? 与文科教科书有没有类似的性别偏向问题? 哪些问题需要进一步改革?

【研究意义】对这些问题开展系统研究,不仅为后续研究者提供有价值和可供参考的研究结论,也为中国数学教科书的进一步修订和完善提供借鉴。

有的论文引言内容可能是六选五,根据不同研究主题论文的需要而有所取舍。案例 4-4 的引言就是按照研究缘由、研究概况、研究问题、研究方法和研究意义的顺序书写的。

## 【案例 4-4】 《数学史怎样融入数学教材:以中、法初中数学教材为例》①引言

【研究缘由】数学史具有重要的教学价值,已得到理论与实践两个层面的普遍认同。然而在实践教学中,却出现了史料及意识的"无米之炊"以及对数学史"高评价,低利用"的现象。教材中运用数学史可直接为教学提供史料素材,改变"无米之炊"的现状;而以何种方式呈现将决定数学史的使用水平,这对数学教育目标的达成具有重要影响。数学史进入数学课程有显性和隐性两种形式,

---

① 本文发表于《课程·教材·教法》2012 年第 8 期,作者蒲淑萍、汪晓勤。

而尤以隐性融入为瓶颈。

【研究概况】一些学者认为我国教材对数学史的处理方式,因存在简单化倾向,即对数学史料的理解单一,内容选择单一,史料编排形式单一,而使得数学史内容未能真正"融入"教材,数学史料和教学主题与内容之间在形式及本质上仍处于分离状态。另外,因受教师认识水平等因素影响,数学史在教学中常处于低水平使用甚至被忽略的状态。数学史激发学生学习兴趣、帮助学生深入理解数学本质等多重资源价值与教学功能未能得到充分发挥。新课程的深入实施,使得数学史融入数学教材成为一个备受关注、颇有争议并富有挑战意义的课题。

【研究问题】数学史融入数学教材的"正文"的各个环节已成为理论研究与实践需要的共同呼声。如今,新课程实施已逾十年,我国教材亦几经改进,教材中的数学史使用情况如何? 以怎样的方式融入教材才能更好地发挥数学史的多重价值与功能? 扎根本土,深入分析我国教材已有做法的成功与不足之处,学习借鉴他国的长处不失为一条有效的途径。

【研究方法】本研究将在比较、分析中国与法国初中数学教材运用数学史的内容、方式和水平的基础上,探讨为什么要对数学史内容进行重构、怎样重构等问题。

【研究意义】期望本研究能为数学史素材在教材中的融入提供思路和内容参照。

**(五)撰写正文**

正文是数学教育研究论文的主体部分。正文的写作过程是在提纲的基础上,进一步推敲和明晰论点,并选取恰当而充分的材料加以论证的过程。在写作时,提纲不是一成不变、必须严格遵循的,而应根据写作时获得的新认识灵活地调整。写作过程中,要紧紧围绕怎样运用专业的语言提炼出新的论点,怎样运用新的材料和新的方法对新的论点做出准确、深入、客观的论证这两个问题展开,并注意论述时语言的流畅性、行文的规范性和逻辑的严密性。

在撰写正文时,尤其要注意论点与论据的统一性、论据与论证方法的契合性。一方面,使用的论据包括理论论据和事实论据,这些论据既要真实可靠,又要与论点紧密结合、浑然一体,从而增强论点的说服力。另一方面,论据必须借助合适的论证方法,才能起到证明论点的作用。论证方法主要有引证法(直接引用、间接引用）、例证法（直接证明、诠释证明）、推理法（归纳推理、演绎推理、引申推理）、比较法（横向比较、纵向比较、综合比较）、分析法（因果分析、结构分析、层次分析、角度分析、定量分析、定性分析）。应根据论据的具体内容，酌情选用上述论证方法中的某一种或某几种。

### （六）撰写结论

结论是学术论文的最后一个部分，也可称为"结论与讨论"。该部分主要包括五个方面：

1. 陈述论文的基本观点或研究结论

通常情况下，论文的不同部分已经相应地包含作者的观点或结论。本部分只需将这些观点或结论进行归纳和总结，并集中地呈现给读者。这种归纳和总结必须是高度概括性的，不应展开，否则就容易与正文中的某些内容重复。

2. 说明论文的长处和短处

在高度凝练地陈述论文的观点或结论后，应对论文的长处和短处做全面的说明。尤其不应忽视论文的短处，因为读者特别是研究者或审稿人，往往非常注意论文的短处，作者应以这些短处作为研究的新起点或修改意见的切入点。因此，如果作者对论文的短处避而不谈，那么这些短处一旦被读者发现，就可能导致他们对观点或结论的可靠性产生怀疑，从而造成不良的影响。

3. 将论文与其他研究做比较

在就论文自身谈其长处和短处之后，还需将论文与既往研究加以比较。比较的目的绝不是夸耀自己的研究如何比既往研究更好，而是为了客观地分析论文与既往研究相比存在的优势和劣势。在比较中，最忌讳的是掩盖论文的缺陷，最重要的是要讨论论文与既往研究在观点或结论上存在什么差别以及为什么会存在这种差别。假如通过比较后实在搞不清为什么会存在差别，那么宁愿省略差别的原因分析，也不要妄自断言论文的观点或结论是正确的，既往研究的观点或结论是错误的。

4. 阐释论文的理论意义和应用前景

本部分还应对论文形成的观点或结论在理论上的价值和在实践中进行应用的可能前景做出中肯的剖析，并清楚地交代论文的创新之处和重要性。

5. 交代论文未解答的问题和可能的努力方向

本部分最后还应简要地指出本论文中没有解答的问题，并指明解决这些问题可能的努力方向,从而为他人以此为基础进行后续研究提供参考。

### (七)提炼摘要

摘要是对论文主要内容择其要点加以介绍。摘要的作用在于,读者通过阅读摘要就能大致了解该论文所要解决的问题、得出的基本观点或研究结论。摘要分为报道性摘要和提示性摘要。报道性摘要主要介绍论文的研究目的、研究方法、基本观点或研究结论,相对更为全面。提示性摘要只介绍论文的基本观点或研究结论,不提及研究目的和研究方法,相对更为简洁。一般来说,在中文论文中,多数期刊采用的是提示性摘要;在英文论文中,往往采用报道性摘要。提炼摘要的基本要求有:

#### 1. 完整性

如果是报道性摘要,就应当把研究目的、研究方法、基本观点或研究结论都加以介绍,不应有遗漏,尤其是不能漏掉某一个或某几个基本观点或研究结论。如果是提示性摘要,因为只介绍论文的基本观点或研究结论,所以更不能有遗漏。

#### 2. 重点性

对报道性摘要而言,研究目的和研究方法虽不应省略,但只能一带而过,并重点介绍基本观点或研究结论,其他内容则无须涉及。对提示性摘要而言,基本观点或研究结论是唯一的重点,无须再提及其他内容。

#### 3. 简洁性

摘要的写作必须字斟句酌,文字精练,点到为止,无须展开。中文论文的摘要长度通常在 100—200 字之间。

#### 4. 客观性

报道性摘要就是对研究目的、研究方法、基本观点或研究结论的客观陈述;提示性摘要就是对基本观点或研究结论的客观介绍。写作这两种摘要时,自己应站在旁观者的角度进行价值祛除式的提炼,而不应进行主观评价,也无须通过与既往研究进行比较来凸显本论文的价值,更不能自我褒扬甚至吹嘘。考虑到这一点,摘要一般用第三人称来写,不要出现"本文""本研究""我们""作者""笔者"等主语,以免影响表述的客观性。

### 【案例 4 – 5】 《我国数学文化研究的文献计量分析》①摘要

基础教育课程改革强调从文化育人的视角重新审视课程教学,倡导开展渗透文化的教学。数学文化是数学学科文化品质的集中体现,对培养学生数学素养、人文素养和综合素质具有重要的作用。为推进下一阶段数学文化的研究与实践,笔者对核心期刊上发表的数学文化论文从论文发表的年度、作者来源、关注的学段、研究的主题和研究方法等方面进行了系统梳理和计量分析。研究发现:新课程改革以来,有关数学文化的研究总体呈现上升趋势;高校研究者是研究的主力军,理论研究与实践者的合作程度较低;研究关注的学段不平衡,义务教育学段关注得不够;研究主题分布失衡,关于数学文化的教材、测评和其与学习的关系等方面的研究不足;非实证研究占主导,实证研究十分缺乏。此外,本研究基于以上发现提出了相关建议。

**评析:**该文摘要基本遵循了摘要写作的规范,首先阐述了开展数学文化计量研究的重要性,并重点交代了研究结果,但文中依然出现了"笔者""本研究"等关键词。另外,该摘要过长,若对摘要文字进行适当的删减,摘要就会更精练和简洁。

#### (八)选取关键词

关键词是论文的文献检索标识,是体现文献主题概念的词或词组。关键词通常从论文题目、层次标题和正文中选取。可以选作关键词的词或词组通常包括叙词和自由词两类。叙词是指我国编制出版的《汉语主题词表》中经过规范化的词或词组。自由词是指在《汉语主题词表》中找不到的词,如体现该论文主题的新学科、新理论、新概念等新的名词术语就可能尚未收入《汉语主题词表》,因而无法从表中找到。关键词的数量通常为 3—5 个。关键词的选取需遵循专指性规则、组配规则和自由词标引规则。

#### (九)修改初稿

论文修改有广义和狭义两种含义。广义的论文修改是指对论文写作的每一步所做的修改。它既包括论文初稿形成后针对初稿进行的修改,又包括从收集资料开始直至初稿完成之前对每个步骤所做的修改。收集资料时虽然没有

---

① 本文发表于《全球教育展望》2017 年第 2 期,作者裴昌根、宋乃庆。

正式动笔写,但也可能存在对收集资料的范围、方法等进行调整的活动。这个活动也是论文写作的一个步骤,因此也可以视为论文修改的一个有机组成部分。狭义的论文修改仅指论文初稿形成之后针对初稿所做的修改,即修改初稿。对于修改初稿而言,其修改的范围主要包括标题的修改、结构的修改、观点的修改、材料的修改、语言的修改五个方面。修改初稿时应着重从这五个方面反复修改,直至达到相应的要求,方能定稿。

1.标题的修改

标题是论文的"眼睛"。论文的标题包括论文题目和具体标题。前文已经指出,论文题目应做到精确、简洁、清楚。这个要求同样适用于具体标题。在检查和修改论文标题时,应严格对照这三个要求进行。一是按照"精确"这个要求,检查标题是否准确全面地反映了论文的内容,如果发现题不配文,就需修改,直至标题符合要求为止。二是按照"简洁"这个要求,检查标题是否短小精悍。如果发现标题太长或啰唆,就需按要求修改。三是按照"清楚"这个要求,检查标题是否存在笼统、含糊、词不达意的问题,是否存在使用生造的或生僻的词汇、不常用的公式和专业术语等问题。针对笼统、含糊、词不达意的问题,需仔细推敲和修改用词和表达;针对使用生造的词汇等问题,则需更换词汇,用更加通俗易懂的文字替换不常用的公式和专业术语。

2.结构的修改

结构是论文的"骨架"。结构合理与否,直接影响到论文内容表达的效果。论文结构的修改应着重从三个方面着手:(1)思路和层次是否清晰。对思路和层次的检查既要从具体标题之间的关系来把握,也要从自然段与自然段之间的关系来进行。第一,对具体标题之间关系的把握主要看论文标题与标题之间是否符合并列结构、递进结构或综合结构的要求。尤其是当论文采用递进结构时,要看具体标题的顺序是否颠倒。如标题顺序颠倒了就会导致逻辑混乱,因而必须调整顺序。第二,自然段与自然段之间的关系,主要看相邻自然段之间是否符合转承启合的要求,在意思上是否连贯顺畅。如果自然段之间意思不连贯,就需重新整理思路,并对相关阐述加以梳理贯通,有时需增加一些过渡性的话语,有时需对自然段的位置或其中某些内容的位置进行调整,有时需增补一些内容。总之,对思路和层次的修改直至阅读时产生一气呵成之感,才算达到基本要求。(2)结构是否完整。一篇论文通常由引言、正文和结论三大部分组成。每个部分都有应包含的具体内容。修改时应对照这些内容,将缺少的内容补充完整。当然,引言、正文和结论中的具体内容也是相对的,如果通读全文时发现缺少个别内容,但并不影响全文的完整性,那么也可省略个别内容。(3)结构是否紧凑。如果论文结构比较松散,就需将多余的材料删除,将可有可无的材料缩减或删去,将偏题、无关紧要的句子删掉。同时要对每个部分之间的衔接、过渡和照应,以及语气的贯通问题等进行检查和修改。

3. 观点的修改

观点是论文的"灵魂"。一篇论文如果观点方面存在缺陷,那么其质量就会大受影响。鉴于此,修改初稿时,最为重要的是对论文观点的正确性、深刻性、新颖性加以推敲。故要立足全篇,理性审视论文的中心观点是否正确、深刻和是否具有创新性,若没有,则需对中心观点进行修正、完善,甚至重写论文。在中心观点修改完毕后,需要考察分观点与中心观点是否一致,分观点是否准确、全面。分观点如果不准确,就需修改;如果不全面,就需补充,直至达到要求为止。

4. 材料的修改

材料是论文的"血肉"。材料的修改是指对初稿中所用的材料进行调整、删减或增补。由于材料是证明论文观点的论据和使观点充实化、丰满化的重要支撑,因此所用材料必须符合三个要求:(1)必不可少。选用的证明观点的材料对证明论点是不可或缺的,换言之,少了该材料,论点就无所依托。如果材料并非必不可少,而是可有可无,那么就应删减。(2)真实可靠。材料作为证明观点的论据,如果不够真实可靠,就会大大影响观点的可信性和正确性。假如材料的真实可靠性存在问题,就必须对这个材料进行调整甚至替换。(3)恰到好处。证明观点所引用的材料既应恰当贴切,又要不多不少。如果材料不能准确有力地论证观点,就需对材料进行调整;如果材料过于冗长和芜杂,就需进行提炼和简化;如果材料太过粗略或陈旧,就需细化或替换。总之,为了做到恰到好处,必须逐字逐句地对材料进行推敲,然后酌情调整、删减、增补,直至能恰如其分地证明观点为止。

5. 语言的修改

语言是论文的"细胞"。论文的形成必须以语言为基本载体,论文的观点和结论必须靠语言来呈现。对论文语言的基本要求是准确、简练、可读。为了达到这个要求,在修改初稿时,必须反复对语言进行推敲、修改。可以从三个方面努力:(1)准确性。需要对论文中用词不当的情况加以查找和改正,需要把似是而非、含糊不清的语句改为准确的文字,需要仔细校对和改正错别字和错误的标点符号,需要对论文中出现的符号、公式、图标等进行仔细校正。(2)简练性。需要逐字逐句地检查,删去重复的或可用可不用的词句,并将啰唆冗长的语句改为精练的文字。(3)可读性。需要把拗口的词句改为流畅的词句,把平淡的语言改为生动的语言,把晦涩的文字改为明快的文字,需要把搭配不当、结构残缺、结构混乱等有语法错误的病句改为符合语言规范的句子,需要理顺句子与句子之间的内在逻辑关系以实现上下贯通、前后一致、逻辑自洽。

# 第二节　数学教育学位论文的撰写

## 一、学位论文的特点

学位论文是高等院校毕业生在毕业前必须独立完成的一次作业和考核,是高等学校教学过程中的一个环节。它是一项比较复杂的学习、研究和写作相结合的综合训练,是学生在大学阶段全部学习成果的总结。对于高等师范院校数学与应用数学专业学生而言,在教师的指导下通过撰写数学教育类论文,可以受到一次良好的教育科学研究的训练,获得初步的教育研究和论文写作能力,可为今后的研究工作打下良好的基础。

《中华人民共和国学位条例》中规定,本科毕业生要取得学士学位,必须达到以下两点要求:(1)较好地掌握本学科的基础理论、专业知识和基本技能。(2)具有从事本学科科学研究工作或担负专门技术工作的初步能力。

因此,简单地说,所谓学士论文就是优秀本科毕业生的优秀毕业论文。学士论文一般是在有经验的教师(讲师以上职称)的指导下完成的。只有学士论文合格的学生,方可取得学士学位。

## 二、学位论文的开题报告

### (一)开题报告的概念

开题报告是在确定选题方向后,在初步研究的基础上撰写的报请指导教师和指导小组批准的选题,是用文字体现的论文总构想。它主要说明该选题为什么要进行研究、具备的研究条件及如何开展研究等问题,初步规定了选题的具体研究内容、步骤和工作方案,是对选题进行的论证和设计。

### （二）开题报告的作用

在本科教育的整个过程中,学位论文质量的高低是衡量本科生培养质量的重要标志,而论文质量的高低,很大程度上取决于论文开题报告的细致程度。开题报告是提高论文选题质量和水平的重要环节。首先,通过开题报告可以实施对毕业论文工作过程的监控,保证毕业论文质量。论文开题报告做得细致,前期虽然花费的时间较多,但写起论文来很顺手,能够做到胸有成竹,从而保证论文在规定的时间内保质保量地完成。如果学生不重视论文开题报告,视论文开题报告为走过场,写起论文来就会没有目标,没有方向,没有思路,可能要多走弯路,也很难保证毕业论文的质量。其次,提请导师和学校相关老师帮助论证,完善研究计划。写论文开题报告的目的是请老师及专家们帮忙判断这个问题有没有研究价值,这个研究方法有没有效,这个论证逻辑有没有明显缺陷。这对完善论文的内容、思路有较大的帮助。

### （三）开题报告的内容

一般来说,学位论文的开题报告主要包括以下内容:(1)选题名称;(2)选题的目的、意义;(3)本选题国内外研究的历史和现状;(4)主要研究内容和预期目标;(5)主要研究方案;(6)研究步骤;(7)研究工作进度安排;(8)指导教师的意见、指导小组的意见。

### （四）开题报告的案例

**【案例4-6】 《基于 PISA 的中考数学概率与统计试题情境分析》开题报告①**

**1.选题背景与研究意义**

**1.1 理论意义**

**1.1.1 有利于数学情境的研究**

国内对于数学情境创设的研究大多从整体上来研究,范围比较广,不够深入。很多学者都对创设数学问题情境的途径以及创设问题情境的有效性进行了分析,但很少有人对问题情境的分类进行深入的研究。本研究便在这样的基础上,基于 PISA 对问题情境的分类框架,对数学中考中的概率与统计题进行分析,并对各情境分布比重进行了详细的划分和比较。

---

① 本案例选自南昌师范学院 2019 届数学与应用数学(师范)专业毕业生汪子怡的本科毕业论文开题报告,指导老师孙庆括。

1.1.2　有利于探寻合理的中考数学试题编制方式

由于在试题设置中赋予现实情境出现的时间较晚,关于如何合理地设置不同类型情境的相关研究也比较少;而且中考数学试题中,部分情境的设置仍存在着材料脱离学生现有的理解能力,以及仅仅局限于与学生个人、生活情境有关的试题,忽略了社会情境和科学情境等问题,因此,有必要加强对情境化试题的研究,探寻更合理的试题编制方式。

**1.2　实际意义**

1.2.1　对中考数学试题设计有一定的参考价值

近年来,我国的中考命题已经从单纯地注重知识的考查逐渐发展到能力与知识的考查并重,但是如何通过纸笔测试考查学生综合素养,仍是亟待解决的问题。PISA 是国际上比较先进、比较成熟的教育评价项目,目的是了解各国即将完成义务教育的 15 岁中学生,对未来生活的准备情况;中考的评价目的是为了检测中学生在义务教育完成后,对阶段性学习的学业情况的掌握程度。两者都是针对年龄段大致相同的学生的书面测试,都是测试学生的数学能力,且两者都是大型的测试项,具有权威性。PISA 测试关注学生在真实情境中提取有效的数学信息,将所学的数学知识灵活应用的能力,这也是培养学生数学素养的关键。中考是义务教育的指挥棒,将中考数学试题的情境设置与 PISA 对数学试题问题在宏观维度分层上结合起来,多角度、多思维地看待中考,为探索我国中考试题的设计提供有效的帮助。

1.2.2　对中考数学试题的情境设置的比重分布具有一定的借鉴价值

中考是衡量学生九年义务教育所达到的学业水平的重要手段之一,中考成绩也是高中阶段学校招生的重要依据之一,因此中考兼有评价与甄别的双重功能。由于数学试题本身理性重于情感,因此单纯的数学解题会使考生感到枯燥乏味。根据新课标的教学理念和指导思想,近年来,各地的中考数学命题越来越注重试题的情境设置,出现了大量的背景新颖、贴近生活、符合实际的情境题。各地中考数学试题的情境设置比重分布仍存在着一些需要改进的问题,个人情境、职业情境、社会情境、科学情境都应该得到重视。本文以中考数学概率与统计试题为例,分析近五年湖北省八市中考数学试题中不同情境分布的比重,来体现样本中各情境的比重情况,为今后的中考数学试题命题提供参考借鉴。

### 2. 国内外研究现状综述

#### 2.1 国外研究现状

自从 1989 年美国心理学家、教育家布朗(J. S. Brown)、柯林斯(A. Collins)、杜吉德(P. Duguid)等在《教育研究者》上发表了一篇名为《情境认知与学习文化》的论文以后,以建构主义理论为基础的情境教学就越来越受关注。1990 年左右,教育实践研究者开始对基于情境学习的教学设计、教学模式、教学策略进行探讨,并进行了一系列的课程开发尝试。比较典型的有温特贝尔特大学的认知与技术小组在 1990 年启动开发的贾斯珀系列,等等。1993 年美国权威杂志《教育技术》开辟专栏对情境认知和学习进行讨论。1996 年,希拉里·麦克莱伦(Hilary Mclellan)将这些论文以《情境学习的观点》(Situated Learning Perspectives)为题结集出版。这本书可以看作是对情境认知和学习理论与实践研究的阶段总结,研究的突破主要表现在情境学习与计算机教育、情境学习与课堂教学、情境学习的评价以及一些案例研究与开发等方面。之后,情境教学的理论与实践研究渗透到教育研究的各个领域,包括基础教育、高等教育、成人教育、网络教育等。

#### 2.2 国内研究现状

##### 2.2.1 关于数学试题情境的研究

自 1982 年起,国内学者就对情境教学有所研究并且取得了一定的成就,直到今天,情境教学法在教育领域已被广泛使用。由此可见,国内对情境教学的研究较为深入彻底。但是情境教学存在着局限性,它仅限于教师在课堂上对学生进行教育,对于学生课后应如何巩固所学知识,如何来评判学生是否已有能力将所学到的知识迁移应用到实际问题解决中,还需借助情境性试题来完成。鉴于上述情况,以"情境题""数学情境题""中考数学情境题""中考数学情境分析"作为检索词,在中国知网上进行不同检索项的搜索,得到相关的文献数据如下:

| 检索项 | 情境题 | | 数学情境题 | | 中考数学情境题 | | 中考数学情境分析 | |
|--------|--------|--------|--------|--------|--------|--------|--------|--------|
| | 期刊 | 硕博论文 | 期刊 | 硕博论文 | 期刊 | 硕博论文 | 期刊 | 硕博论文 |
| 关键词 | 0 | 0 | 0 | 0 | 0 | 0 | 0 | 0 |
| 篇名 | 15 | 0 | 2 | 0 | 2 | 0 | 2 | 0 |
| 主题词 | 37 | 16 | 9 | 4 | 2 | 0 | 2 | 0 |
| 摘要 | 48 | 11 | 9 | 2 | 5 | 2 | 5 | 2 |

其中,以"中考数学情境分析"为检索词搜索到相关文章有田晨、张维忠的《中考数学解方程应用题中的情境分析》。该文对数学情境性试题的概念进行了解释,并根据 PISA 分析框架,对中考数学中的解方程应用题进行分析,探讨了应用题情境总体分布情况及特点,提出了中考数学试题中情境的设置和编制的注意事项等内容。

另外通过"情境题""数学情境题"等检索词进行检索,与数学情境性试题相关的期刊论文有:汪秉彝、吕传汉、杨孝斌的《中小学数学情境与提出问题教学:开放的数学教学》,该文从基本理念、教学模式、教学方法、学习方法四个方面来看"情境问题"教学的开放性;彭伟坚的《点击 2014 年中考数学生活情境题》,通过研究 2014 年各地区中考数学试题中的生活情境类题目,结合自己的教学实际,提出了关于生活情境试题的几点思考。

通过对文献的梳理分析,可以看出国内对数学情境性试题的研究并不深入,已有论文侧重研究数学情境性试题的概念、类型、特点等,具体到对情境性试题的背景材料进行挖掘的研究可以说是空白。

2.2.2　基于 PISA 的中考数学研究

我国关于 PISA 的研究开始于第一次 PISA 项目实施之后。拉开国内 PISA 研究序幕的是华东师范大学的徐斌艳教授、德国柏林洪堡大学的本纳(Benner)教授,以及图宾根大学的蔡德勒(Zeidler)教授的一次围绕 PISA 的访谈。然而,我国一直到 2009 年才第一次参加 PISA 测试,此时已是 PISA 的第四次测验,并且这次测验只有上海地区的部分初中学生参与其中。而如今,侧重于科学素养的第六次 PISA 测试于 2015 年 3 月开始在世界各地举办,我国的其他省、市中学才参与其中。因此,国内有关 PISA 的研究仍停留在理论层次上。

周雪梅、周丹在 2011 年第 12 期《中学数学杂志》发表的《PISA 和上海中考"几何与图形"试题的比较研究》一文中,对 PISA 与上海市中考中"几何与图形"领域的试题分别从背景维度、认知水平维度、运算维度、推理维度、知识点含量维度五方面进行比较,对我国中考数学命题提出三点希望:试题考查的知识点要贴近生活;中考考题能留给学生更多解决问题的方法,多一些探究开放题;考题能继续保持对运算能力的考查要求。

由此可见,大多数文献都是基于 PISA 的数学素养测试,对数学教材或者中考中的数学试题进行对比研究,很少有基于 PISA 对试题情境分类标准来对试题背景分布情况进行研讨的文章。

### 2.2.3　对现有研究的启示

通过以上综述可以看出,关于 PISA 的研究主要集中在对 PISA 评价理念的介绍、运用和启示,PISA 结果的分析,PISA 与国际上比较流行的评价方式的比较分析这几个方面。至于比较研究方面,通常是将 PISA 与国际上比较流行的评价方式进行比较,或者基于 PISA 的数学素养测试,对数学教材或者中考中的数学试题进行对比研究。关于情境的研究也大多局限于教学情境的设置方面,而关于数学情境性试题背景的命制合理性方面的研究相对空白。

### 3. 研究问题

通过查阅数学情境题、中考数学情境题、PISA 数学素养的研究情况,详细分析中考数学中概率与统计试题的情境背景研究现状,以期获得如下问题的答案:

(1)国内外对数学情境试题的研究有哪些领域?这些领域的研究现状如何?

(2)中考数学中的情境设置背景是否分布均匀?每种类型的情境是否得到了充分的体现?

(3)试题情境背景是否存在反复出现的现象?数学命题者应该更加注重哪些情境背景的设置?

### 4. 研究思路与内容

#### 4.1　概率与统计题情境分布情况研究

基于 PISA 的分析框架,对中考中的概率与统计题进行分析,分类为无情境题、个人情境题、职业情境题、社会情境题和科学情境题。统计近五年湖北省八市的中考数学概率与统计试题,提取试题背景中的关键词,进行合理分类。绘制表格和饼状图,分析样本中各情境的分布情况、所占样本总容量的比例,对所占比例最大的情境进行分析说明。

#### 4.2　概率与统计题情境关键词及特点研究

将概率与统计试题的背景关键词进行统计归纳,将关键词与对应地区、年份的试题绘制成表格,分别对样本情境分类情况进行横向比较,即对相同地区不同年份的概率与统计试题背景关键词之间的关系与联系进行分析比较;同时进行纵向比较,即对同一年份不同地区的概率与统计试题背景关键词之间的关系与联系进行分析比较,总结出试题情境化设置的特点。接着,再运用抽样列举法,对样本中的部分试题进行具体的赏析与点评。

总结试题样本中的中考数学概率与统计试题的情境分布情况,对各情境的中考试题设置的分布提出几点建议,对教师今后教学中的情境创设提出建议。具体研究框架如下:

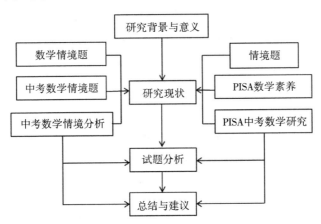

### 5. 研究方法

#### 5.1　文献分析方法

文献分析法是教育、教学研究的基本方法。主要查阅与"PISA 情境设置""试题情境""概率与统计试题"等有关的文献和书籍。利用学校图书馆资源,查阅相关书籍、杂志、相关主题的硕士学位论文及中国期刊网上的相关主题论文,借鉴并沿用了一些专家学者的策略、方法,分析、整理出较为客观公正的结果。

#### 5.2　比较研究方法

比较研究是通过对多个样本材料的对比分析,获取有关技术参数或研究结果的科研方法。本文通过对湖北省八市近五年的四十套中考数学试卷中的概率与统计试题的情境设置进行纵向的和横向的比较研究,探索基于选拔的中考数学概率与统计试题情境设置的特征。

#### 5.3　抽样列举方法

针对研究总样本容量以及不同的情境所占的比重,从湖北省八市近五年的四十套中考数学概率与统计试题中抽取五道试题,进行具体的考点分析和解答点评。

### 6. 完成期限和采取的主要措施

2018.9—2018.10

根据指导老师给的参考选题类型结合自己想要写的方向,初步确定论文的方向,查阅文献资料,确定本课题的研究方向和研究重点,确定论文题目《基于 PISA 的中考数学概率与统计试题情境分析》。

2018.11—2018.12

进一步熟悉在课题研究中用到的理论、方法,查阅相关的文献资料,确定论文所采用的研究方法,结合 PISA 对数学情境的五大分类,对近五年湖北省八市的中考数学概率与统计试题进行分析,对相关试题进行整理,按不同的地区、不同的年份进行归类,对试题情境进行粗略划分,然后编写需求分析,拟定开题报告。

2019.1—2019.3

构建论文整体框架,对研究问题进行具体分析。

(1)确定中考试题五大类型的情境——无情境、个人情境、职业情境、社会情境和科学情境。

(2)将总样本进行情境分类,归纳出各情境所占总样本试题的比例,着重对所占比例最高的个人情境进行深入分析,划分成体育锻炼、知识竞赛、生活出行、娱乐爱好、学习阅读几个背景,分析其比重。

(3)进行总结并给出建议。

2019.4—2019.6

继续修改和完成论文。

**7. 参考文献**(略)

### 三、学位论文的结构及案例

**(一)学位论文的结构与基本要求**

毕业论文的结构比一般学术论文的要求更严格,格式更规范。各个学校根据实际情况,对论文的格式设计要求略有不同。学位论文大体上由以下几个方面的内容组成:

1. 封面与扉页。封面是毕业论文的外表面,能提供有用的信息,同时起保护作用。其主要内容有:(1)分类号,在左上角注明,其作用是便于信息交流和处理,一般应按照《中国图书资料分类法》的类号进行标注;(2)本单位编号;(3)密级;(4)题名和副题名;(5)完成者姓名;(6)指导教师的姓名、职务、职称、学位、单位名称及地址;(7)申请学位级别;(8)专业名称;(9)论文提交日期、答辩日期。

2. 题名页。题名页是论文进行著录的依据。除应有封面和扉页的内容并与其一致外,题名页还应包括单位名称、地址,责任者的职务、职称、学位、单位名称及地址,以及部分工作的合作者信息。

3. 摘要。摘要要求能够反映作者对论文课题的研究方案的充分论证。摘要比较简短,其写法与学术论文摘要相同。

4. 目录。由论文的章、节、条款、附录等的序号、题名或页码组成。

5. 引言。主要内容有:(1)选题理由,阐述论文的选题理由、意义和论文中心。(2)文献综述,其目的是考核学生检索、搜集文献资料后综述文献的能力,了解其研究工作范围和质量。它综合叙述关于本课题的产生、发展,既有历史回顾和关于学科概念、规律的理论分析,也有前景展望和前人工作的介绍,还要说明现在的知识空白。文献综述要能够反映作者具有坚实的理论基础和系统的专门知识,具有开阔的科学视野和对文献进行综合、分析、判断的能力,从而阐明作者在本学科发展上的见解。(3)学术地位,阐述本课题解决的具体问题及其工作界限、规模和工作量,说明本课题工作在本学科领域内的学术地位,反映作者在论文所属领域的学术水平。

6. 正文、结论、致谢、参考文献、附录。这几部分的写作要求与一般学术论文基本一致。

**(二)学位论文案例**

**【案例 4-7】** 《初中数学课程标准与中考数学试卷一致性研究》①

**摘要:**20 世纪末,一场以编制课程标准为起点,依据课程标准开展课程、教学、评价等方面改革的国际运动已然形成,课程标准处于核心位置。课程标准的理念能否落实,与课程系统中的各个要素是否能够协调一致相关。然而直到今日,基于标准的教学虽是课程改革的主流,但在实际教学中屡屡受挫,原因在于对教学起关键性导向作用的学业评价与课程标准的一致性程度存疑。

我国学业评价通常以纸笔测验的形式开展,因而本研究从全国统一命题的23 个省份(或直辖市)中抽取 5 份中考数学试卷,分别探讨其与课程标准之间的一致性程度,借助 SEC 一致性分析模式,根据我国国情构建本土化的一致性

---

① 本学位论文为 2019 年闽南师范大学优秀硕士论文,作者潘腾。

分析框架,从内容主题、认知水平、总体一致性情况等多个方面比较两者的一致性程度。

研究表明:(1)中考试卷与课程标准的 Porter 一致性指数低于统计意义上的临界值,一致性程度并不高;(2)与课程标准相比,中考试卷在内容主题上降低了对"图形与几何"领域的考查,相对加大了对"方程与代数""函数与分析""统计与概率"领域的考查力度;(3)与课程标准相比,中考试卷在认知水平上减少了对"了解""掌握"的考查,增加了对"理解"的考查。

通过对数据结果的分析和反思,建议通过完善课程标准、进行基于标准的试题命制等方式提高中考数学试卷与课程标准的一致性,并通过两道有关试题的教学案例说明在课程运行过程中存在着的预期课程、实施课程和评价课程可以实现一致性,以促使一线教学回归课程标准的理念。

**关键词**:课程标准;中考数学;一致性

## 1 绪论

### 1.1 问题的提出

#### 1.1.1 基于标准的课程改革运动

20 世纪末,在国际竞争加剧和国内各领域改革的背景下,基础教育质量未达到社会期待,备受公众批判。标准常常被用来表达对有关目标的期望,引导事物朝着预期的方向发展,因而各国纷纷开展基于标准的教育改革。如美国通过《2000 年目标:美国教育法》《不让一个孩子掉队》等法案建构起自国家到州的完整课程标准体系,对学生接受完学校教育后,应该掌握哪些知识和技能提出了明确的要求[1]。澳大利亚联邦政府以颁布《国家学习要求》和各学科的《课程标准框架》为标志,建立起基于标准的国家课程体系,并逐步推动各州进行基于标准的评价改革和教师教育改革。此外,英国"国家课程"概念的提出,加拿大的"教育标准化运动",日本对课程目标的明确和由相对评价向基于课程标准评价的转变,以及中国香港的"目标为本"的课程实验,表明一场以编制课程标准为开端,开展课程、教学、评价和教师专业发展等方面改革的国际运动已经形成。

与此同时,中国在第八次基础教育课程改革中引入了课程标准,并将其置于课程体系的核心位置。2001 年,教育部发布的《基础教育课程改革纲要(试行)》中指出:"国家课程标准是教材编写、教学、评估和考试命题的依据,是国家管理和评估课程的基础[2]。"按其指示精神,国家颁布的各学科的课程标准成为指导整个基础教育体系许多要素改革的基础。

### 1.1.2　学业评价与课程标准的一致性关系

基于标准的教育系统的成功取决于两个要素——强有力的标准和能衡量标准所期望的学习结果的评价[3],只有当评价这一最终出口是基于标准的,教师教学、学校管理等实施课程才有可能符合预期课程。因此,准确衡量学业评价与课程标准的一致性程度是进一步实施教育改革的迫切需要。最开始进行基础教育改革的美国在这方面依旧走在前列,在美国各级政府的资助与考试中介机构的技术支持下,美国学者先后研发了 Webb、SEC、Achieve 等 20 余种操作程序、适用群体、应用范围不同的一致性分析模式,这些分析模式为世界多国所借鉴。目前,我国学业评价的主要方式为纸笔测验,虽然教育工作者很关注各类学业水平考试,但是这些研究大多集中在试卷本身的信度、效度、难度和区分度上,又或者从命题趋势、试卷结构、命题特征、命题相关要素分析、具体试题评析等层面进行研究[4]。关于学业评价与课程标准一致性问题的定量研究虽已起步,但研究的数量还是不足,且一般认为评价要与课程标准完全一致,才是符合预期的。但同时需注意到,我国现行的数学课程是面向全体学生提出的共同的、统一的、最基本的学习要求。考虑到不同地区经济发展、教育水平有差异等现实因素,中考试卷既不能完全受限于课程标准的要求,也不能完全脱离课程标准,它必须依照课程标准的弹性框架,保持与课程标准之间的"适度一致性"。目前,中国的数学中考试卷与《义务教育数学课程标准(2011 年版)》(以下简称课程标准)之间是否保持了一致性? 一致性的程度又如何? 基于此开展了本研究。

### 1.2　研究意义

(1)丰富一致性理论研究,建构本土化一致性分析模式,推动国内一致性研究发展。

(2)促使试题编制者审视中考数学试卷与课程标准的一致性问题,并为中考数学试题命制的改进提供建议。

(3)针对课程标准中尚且不完善的地方提出修订建议,增加课程标准的可操作性。

(4)帮助一线教育工作者更好地理解并利用课程标准来指导实际教学

工作。

### 1.3 研究对象

以《义务教育数学课程标准(2011年版)》为研究基础,随机从2018年全国统一命题的23个省份(直辖市)中抽取5份中考数学试卷,包括江西省、福建省、河南省、天津市、安徽省。五地中考试卷均是依据课程标准的理念编制的,具有代表性和典型性。福建省除厦门市使用B卷外,其余8市均使用A卷,因而本研究选取适用范围更大的福建省A卷。

### 1.4 研究方法

#### 1.4.1 文献法

选题确定后,对国内外相关研究进行收集、分析,奠定了论文写作的理论基础。文献法在本论文中主要体现在:综述一致性研究、界定核心概念、搭建本土化一致性分析框架。

#### 1.4.2 内容分析法

在对课程标准和中考试卷准确分析的基础上,对课程标准中的知识点以及中考试题所属的内容主题、认知水平分别进行编码。并在数据处理完成后,按照SEC模式的程序和方法对二者之间的一致性情况进行分析。

#### 1.4.3 统计分析法

利用Excel软件对二维框架下的数据进行统计、处理,得到分析一致性情况的基础数据。

### 1.5 研究内容

论文分为四个部分:(1)绪论。阐述选题来源与研究意义,明确研究对象与方法,界定核心概念,综述一致性理论,并确定研究工具。(2)研究设计与编码。根据我国课程标准中对内容主题和认知水平的划分,搭建SEC二维研究框架。阐明界定课程标准和试卷所属内容主题与认知水平的依据,并将数据结果转化为比率值数据表。(3)结果分析。结合具体试卷的特点从总体一致性情况、内容主题一致性情况、认知水平一致性情况、内容主题与认知水平的交互一致性情况四个方面对中考试卷与课程标准之间的一致性情况进行分析,并挖掘数据背后隐含的原因。(4)思考与建议。对中学评价考试的各相关群体提出建议,并说明本论文的不足之处和研究展望。具体的研究思路与路径如下:

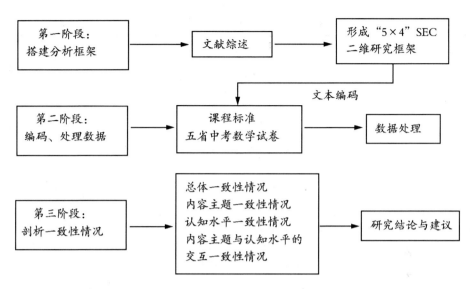

## 1.6　研究工具——SEC 一致性分析模式

SEC(survey of the enacted curriculum)一致性分析模式,又称课程实施调查模式,是在美国国家科学发展基金会和威斯康星州教育研究中心的支持下完成的。

### 1.6.1　SEC 一致性分析模式的理论

安德鲁·帕特(Andrew Porter)和约翰·史密森(John Smithson)认为,在课程运行过程中存在着预期课程、实施课程、达成课程和评价课程四种课程水平,并提出"课程不应该表现为一种课程水平或类型,而应该体现在多层次、多维度上,并能够实现多向的一致性,这样才能保证课程的有效性"[5]。从不同课程水平之间的一致性来理解课程运行的本质是帕特等学者理解课程的重要取向。因此,评价与课程标准之间的一致性也应当成为理解评价与课程标准之间本质关系的重要视角[6]。

帕特等人在研制 SEC 一致性分析模式时吸纳并评判了韦伯一致性分析模式,认为衡量一致性最核心的标准是知识深度一致性,最直接的标准是知识种类一致性,因而仅保留了一致性最核心的内容主题和认知水平两个维度来构建其研究矩阵[7]。

目前国际上使用最广的三种一致性分析模式的情况如下表所示:

表4-1　三种一致性分析模式比较

| 模式 | 维度 | 一致性具体标准 | 特点 |
|------|------|----------------|------|
| 韦伯一致性分析模式 | 知识种类 | 判断评价项目涉及的内容主题与课程内容标准中描述的内容主题是否是一致的。要求60道以上测试题中至少有6道的内容主题与课程内容标准中描述的内容主题一致 | 取样方便,分析质量高 |
| | 知识深度 | 判断所评价的认知要求与内容标准中期望学生"应知"和"应做"的认知目标是否相一致。要求50%的测试题的知识深度要与课程标准深度目标相一致 | |
| | 知识广度 | 判断课程标准中所涉及的知识广度与学生为了正确回答评价项目所需的知识广度是否相一致。要求测验题击中课程标准的总目标要达到50% | |
| | 知识分布平衡性 | 判断知识在评价和内容标准两者之中是否均等地分布,要求分布平衡性指数大于或等于0.7 | |
| SEC一致性分析模式 | 内容主题 | 根据 Porter 指数大小判断一致性程度,值越大,一致性情况越好 | 方法灵活,借助 Porter 指数从整体上判断一致性情况 |
| | 认知水平 | | |
| Achieve（成功）一致性分析模式 | 向心性 | 定性判断评价项目内容和课程标准的一致程度 | 全面性、精确性,深度的质性分析 |
| | 均衡性 | 定性判断评价项目所涉及的认知水平与课程标准的要求的一致性水平 | |
| | 挑战性 | 定性判断一套评价项目或者某道测试试题对学生要掌握的学科的挑战程度 | |

在综合比较以上三种一致性分析模式后,选取 SEC 一致性分析模式作为本文的分析工具。原因如下:

(1)Achieve 模式的编码需要一个包括教师、学科专家、课程专家组成的小组,耗时多年,一般用于州或国家级课程评估。而且 Achieve 模式并没有确定各维度的临界水平,其研究结果主要是细致的定性描述,没有一致性程度的定量数据,因而对不同课程之间的比较结果缺乏可信度。目前,国内的一致性研究少有采用 Achieve 模式的。

（2）韦伯模式没有对匹配质量进行定性分析,如果标准的目标只部分被击中或者目标与试题的对应关系不明晰,则无法分析其匹配程度[8]。

（3）SEC 自主性强,其一致性指数可根据设计的二维矩阵自行计算,精确性较高。对学业成绩有较好的预测性,评价结果对提高教学策略的实施水平具有价值[9]。

### 1.6.2 SEC 一致性分析模式的分析程序

首先,搭建二维内容矩阵,根据两个研究对象的特质划分内容主题和认知水平的层次。其次,审议者系统地将标准、评价编码到"内容主题×认知水平"的二维矩阵中,并标明每一单元格的重要程度。最后,根据矩阵上两个分析要素之间的单元格重叠程度,即 Porter 一致性指数,来判断其一致性程度,并加以分析[10]。

Porter 一致性指数公式为 $P = 1 - \dfrac{\sum\limits_{i,j=1}^{n} |X_{ij} - Y_{ij}|}{2}$。

其中 $n$ 是单元格总数,$X_{ij}$ 表示第 $i$ 行、第 $j$ 列单元格的比率值,$X_{ij} - Y_{ij}$ 表示两个表格中对应单元格比率值的差值,一致性指数的大小表示两者之间的一致性程度,$p = 0$ 表示两者完全不一致,$p = 1$ 表示两者完全一致。

## 2 文献综述

### 2.1 核心概念的界定

#### 2.1.1 课程标准

在不同的国家,课程标准有着不同的名称和定义,目前的广泛共识是将课程标准定义为对课程所期望的学习结果的描述。中国《基础教育课程改革纲要（试行）》规定:"国家课程标准……应体现国家对不同阶段的学生在知识与技能、过程与方法、情感态度与价值观等方面的基本要求,规定各门课程的性质、目标、内容框架,提出教学和评价建议。"[2] 国家课程标准是编制各科目课程标准的纲领性文件,本文所指的课程标准为《义务教育数学课程标准（2011 年版）》。

#### 2.1.2 一致性

在语义上,"一致性"意味着没有分歧、协调、不矛盾。韦伯将一致性定义为:"两个或多个事物之间的一致程度,可以看作事物各个组成部分的协调程度,都指向同一个概念。"[7]

美国的《目标2000：美国教育法》首先以法律形式解释了一致性的概念。教育学上的一致性通常是指课程体系的各个要素之间的有效匹配或契合度。例如，韦伯认为：一致性是课程标准与评估之间的一致程度，并与其他要素一起指出学生学习的目标和内容。此外，刘学智从课程的角度做出了同样的判断，认为"一致性"可以理解为课程要素之间的一致性，包括课程与教学，课程与评价、课程和学习成果的有效匹配程度[1][16]。本研究所关注的一致性是课程评估领域中最普遍的一类，即学业评价与课程标准的一致性。

### 2.1.3 学业评价

学者蔡敏提出，学业评价是通过测试和其他方法，根据某些课程目标和学科课程标准，全面判断学生学习成果的过程[11]。学者沈玉顺认为，学业评价是指对学生个体进步和变化的评价[12]。学业评价还指使用适当有效的工具和手段，根据国家教育和教学目标，在各种学科的影响下系统地收集学生的认知行为数据，并判断学生知识和能力水平的过程[13]。本文的学业评价是指初中数学学业水平测试（数学中考）。

### 2.2 一致性研究文献综述

### 2.2.1 国外关于课程标准与学业评价一致性的研究

20世纪末，为了改变中小学生基础知识薄弱和学业能力水平低下等国民素质难以适应国际社会竞争的现状，美国联邦政府启动了基于课程标准的教育改革。之后，美国各州都纷纷研制或采纳某种形式的课程标准，并开展了评价与课程标准一致性的研究与实践。但是大部分州的一致性分析还只是停留在布卢姆时代的认识水平上，即认为只要在设计或者选择评价工具时在某种程度上考虑到了学习目标，标准和评价就具有较高的一致性。而且，绝大部分州缺少判断评价与课程标准一致性程度的系统程序与方法，这造成无法客观判断两者之间的一致性程度。因此，研制评价与课程标准一致性分析模式成为美国基础教育课程领域中的重要课题。根据布卢姆的教育目标分类法，1996年，诺曼·韦伯(Norman L. Webb)在理念上构建了一个"金字塔"类型的课程内容目标系统，由特定的目标、主题和学习领域组成，在内容上确定知识种类、知识深度、知识广度、知识分布的均衡性四维度一致性判断标准，并量化可接受的水平[1][25]。韦伯模式为一致性分析工具和方法的快速增长奠定了基础，之后的一致性模式多是在它的基础上改造完成的。

此外,还有 SEC 模式、Achieve 模式、Wickson 模式、CRESST 模式、Stanford International Institute 模式等二十余种分别侧重于测试内容、认知要求、范围、难度、题量、教学引导、价值取向等不同维度的一致性分析模式[14],为评估评价和课程标准的一致性提供了技术支持,并不断丰富和深化了一致性的内涵。目前,几种典型的一致性分析模式皆由美国科研团队开发,其他国家主要集中于对美国一致性分析模式进行述评和本土化改造。

### 2.2.2 国内关于课程标准与学业评价一致性的研究

中国对学业评价与课程标准一致性的研究起步较晚,从介绍美国一致性研究的基本概念、模式和论证在我国进行一致性研究的必要性开始,并逐步对国外一致性分析模式进行本土化改造。

2007 年,崔允漷讨论并解决了"基于课程标准的学生学业成就评价的意义,课程标准如何转化为评价标准?如何建立基于标准的评价?"三个问题,并为设计以课程标准为基础的评价提供了一个思考框架[3]。他与王少非、夏雪梅主编完成的《基于标准的学生学业成就评价》是中国第一本涉及"基于标准的学业评价"的著作。书中介绍了一致性的相关理论知识以及我国关于一致性的研究情况,并对国际上基于标准的评估经验做出了详细介绍。另外,崔允漷教授团队的研究范围不局限于理想课程与评价课程的一致性,更多关注实施课程与课程标准的一致性,"中国学校课程与教学调查项目"数据库的建立,为基于大规模实证数据的课堂教学一致性研究提供了可行的途径[15]。

东北师范大学的刘学智也是关于标准研究的代表人物。2006 年,他从理论上介绍了韦伯一致性分析模式的研究背景以及基本框架[16]。2009 年,他从一致性分析的基准是相似的、一致性分析的目的是相似的、一致性分析的内容是相似的三个方面论述了韦伯一致性分析模式在中国具有良好的适用性。他还针对中国和美国在课程标准、评价目标和评价项目的差异,建议对韦伯一致性分析模式进行局部调整[17]。他的博士论文《小学数学学业评价与课程标准一致性的研究》对于推动中国学业评价由经验性向规范化、科学化和技术化转变具有重要意义。2017 年出版的《一致性理论:课程评价的新视野》一书是该团队十多年来一致性研究工作的总结,并提出了新的研究方向和前景展望。

此外,邵朝友在《论学生学业成就评价与课程标准的一致性》一文中也表示"学生学业评价与课程标准的一致性是基于标准评价的核心,它也反映了基于标准的评价的价值追求"[18]。该研究选择了八个具有代表性的美国一致性分析模式来介绍,并提出了三种确保一致性的策略。杨玉琴在《美国课程一致性研究的演进与启示》中评述了 Achieve、SEC、SRI 三种一致性分析模式,指出当前美国一致性研究出现综合化、整体化、精细化的趋势[19]。

李嫩在其硕士论文《化学课程标准与上海中考化学试题的一致性研究》中将 SEC 一致性分析模式用于研究 2004 年至 2009 年上海中考化学试卷与课程标准的一致性[20]。之后,朱婧安对 2004 年至 2017 年上海市中考化学试卷与课程标准的一致性做了补充研究[21]。王焕霞在其博士论文《高中物理内容标准和学业水平考试的一致性研究》中借助 SEC 一致性分析模式对四种高中物理学业水平考试试卷与课程标准的一致性做了调查研究[14]。2017 年,王焕霞又从研究现状、研究反思和研究展望三个方面对国内物理学业评价与课程标准一致性研究进行了综述[22]。

通过以上分析可以发现,我国在借鉴国外模式的基础上取得了很多的研究成果,但这些研究主要集中在小学、高中的理科领域,尤其是对物理、化学的研究较多、较成熟,全国范围的中考数学试卷与课程标准的一致性研究尚不足。基于此,本研究从全国统考的省份中抽取 5 份中考数学试卷,对其与课程标准的一致性情况进行调查分析。

### 3 分析框架及数据编码

#### 3.1 一致性分析框架的搭建

##### 3.1.1 内容主题的确定

第三学段(7—9 年级)包含数与代数、图形与几何、统计与概率、综合与实践 4 个学习模块,以及有理数、实数、图形的性质等 15 个分主题。本文将课程标准的学习模块拆分为 5 个内容主题,而每个内容主题又包含一系列分主题。具体划分依据如下:

表4-2　内容主题分布表

| 内容主题 | 分主题 |
|---|---|
| 数与式 | 有理数;实数;代数式;整式与分式 |
| 方程与不等式 | 方程与方程组;不等式与不等式组 |
| 函数与分析 | 函数;一次函数;反比例函数;二次函数 |
| 图形与几何 | 图形的性质;图形的变化;图形与坐标 |
| 统计与概率 | 抽样与数据分析;事件的概率 |

　　SEC 一致性分析模式是对课程标准中的内容标准进行主题划分,而"综合与实践"模块是基于问题载体和学生自主参与的学习活动,在课堂教学或课外活动过程中形成和发展的。它具体落实在"数与代数""图形与几何""统计与概率"中,主要通过结果报告或小论文的形式进行评价。因此,不将它划分为一个独立的内容主题。

　　纵观国内已有的一致性研究,对同一学科同一学段内容主题的划分依据存在一定的差异。如王焕霞于 2017 年发表在《课程·教材·教法》上的《物理学业评价与课程标准的一致性研究》一文,对物理学业评价与课程标准一致性研究进行了述评,提到对物理内容主题的分类主要包括三大类:第一类是依据我国物理课程内容标准中内容主题的分类,第二类是依据美国州首席教育官员理事会(Council of Chief State School Officers)对物理学内容的分类(包括物质的属性、运动和力、能量、电、波五大部分),第三类是依据特定的标准对物理内容重新分类[22]。

　　而数学学科的内容主题的分类也略有差异,主要包括两大类:第一类是依据我国数学课程内容标准中内容主题的分类,将其划分为"数与代数""图形与几何""统计与概率"三类,或者依据课程标准的二级主题,将其拆分成"数与式""方程与不等式""函数""图形的性质""图形的变化""图形与坐标""抽样与数据分析""事件的概率"8 个内容主题,有部分论文会因"抽样与数据分析""事件的概率"所含有的知识点数量较少,而将其组合成一个内容主题——"统计与概率"。第二类是在课程标准的基础上,借鉴相关标准重新划分的。如缪琳、陈清华、苏圣奎 2017 年发表在《数学教育学报》上的《义务教育课程标准与中考试卷一致性分析:以 2013—2016 年厦门市中考数学试卷为例》一文即参考《上海市中小学数学课程标准(试行稿)》,将数学学科的内容主题划分为"数与运算""方程与代数""图形与几何""函数与分析""数据整理与概率统计"等 5个内容主题[23]。可知,有关数学内容主题的划分少则 3 个,多则 9 个,当内容主题较少时,每一个内容主题包含的知识点数量较多,差异不显著,使得一致性水平偏高。而划分的内容主题较多时,会造成编码过程的主观性过强,影响研究信度。本文借鉴《上海市中小学数学课程标准(试行稿)》[24],将"数与代数"细分为"数与式""方程与不等式""函数与分析"3 个知识模块,从而将"内容主题"划分为"数与式""方程与不等式""函数与分析""图形与几何""统计与概率"5个内容主题。

### 3.1.2 认知水平的划分

布卢姆的教育目标分类法将认知领域分为6个层次——记忆、理解、应用、分析、评价和创造。它在过去40年中被广泛应用于课程、教学、评价和测试编制上,也是当前各种一致性分析模式划分认知水平的理论依据。SEC一致性分析模式基于布卢姆教育目标分类,根据美国课程的特点,将认知水平分为5个层次——识记、运算、阐明、推测、应用。考虑到国内外教育情况的不同,我国不可能直接复制国外的认知水平划分方法。课程标准中的行为动词分为两类:一类是描述结果性目标的行为动词,包括"了解""理解""掌握""运用",另一类是描述过程性目标的行为动词,包括"经历""体验""探索"。由于一致性分析模式仅对认知领域的层次进行界定,中考数学纸笔测验的形式很难通过试题界定这些情感和体验的发生与发展,因此本论文仅对认知领域的结果性学习目标进行界定。

表4-3 义务教育课程标准认知水平划分表

| 认知水平 | | 描述(课程标准) | 同义词 | 举例 |
|---|---|---|---|---|
| 1 | 了解 | 从具体实例中知道或举例说明对象的有关特征;根据对象的特征,从具体情境中辨认出对象或举例说明对象 | 知道、初步认识 | 了解平方根、算术平方根的概念 |
| 2 | 理解 | 描述对象的特征和由来,阐述此对象与有关对象之间的区别和联系 | 认识、会 | 理解有理数的意义 |
| 3 | 掌握 | 在理解的基础上,把对象用于新的情境 | 能 | 掌握三角形中位线的性质 |
| 4 | 运用 | 综合使用已掌握的对象,选择或创造适当的方法解决问题 | 证明 | 能运用勾股定理及其逆定理解决简单的实际问题 |

我国学者多以课程标准中所规定的四个描述结果性目标的行为动词划分认知水平,但不可忽略一个事实,即课程标准仅有对结果性目标的具体要求,而没有对评价性指标做具体的界定和解释说明。虽然所有省份的中考数学试卷均是依据各省制定的考试大纲来命制的,而考试大纲是依据课程标准的理念制

定的,这些考试大纲有详有简,但均没有对不同认知水平所指向的试题给予准确说明。除此之外,采用最多的就是布卢姆目标分类学的六级认知水平。但布卢姆分类理论认知水平划分的连续性和层次性方面存在诸多不足,顾泠沅等先后两次进行大规模的测试调查,从大量的显性行为所代表的教学目标中提取主要的隐含因素,从而确定目标框架的水平和分类。改造后的数学认知水平分析框架由四部分组成:计算——操作性记忆水平,概念——概念性记忆水平,领会——说明性理解水平,分析——探究性理解水平[25]。此认知水平分析框架被国内数学教育界学者广泛借鉴使用,参照鲍建生、张维忠等对其数学认知水平分析框架具体化的划分[26],同时兼顾课程标准对认知水平的要求、中考试题特点,本文将细化认知水平,具体如下:

表4-4　课程标准与中考试卷认知水平划分

| 认知水平 | | 划分依据 | 行为动词 |
|---|---|---|---|
| 1 | 了解 | 能够从具体实例或情境中辨认对象或举例说明对象,主要体现在能按照教科书中的概念、公理或例题的解题步骤与方法进行基础的模仿性操作 | 知道、初步认识 |
| 2 | 理解 | 能够描述对象的特征和由来,阐述此对象与有关对象之间的区别和联系,主要体现在个体首先习得并贮存计算和概念水平的知识,在一定的变式情境中能区分知识的本质属性和非本质属性,并能够将简单变式转化为标准式,解决有关问题 | 认识、会 |
| 3 | 掌握 | 在理解的基础上,把对象用于新的情境,主要体现在个体能够根据题目要求转换、迁移、比较和表征,灵活使用已学的数学方法;能够通过已呈现的关系理解并掌握推理思路 | 掌握、能 |
| 4 | 运用 | 综合使用已掌握的对象,选择或创造适当的方法解决问题,主要体现在个体能多层次、多角度地分析、创造性地解决非常规问题 | 运用、证明 |

由此搭建出 $5 \times 4$ 二维矩阵(如表4-5)。相关研究表明,二者的比率值数据矩阵要在 0.05 水平上达到显著性一致,Porter 一致性指数的临界值为 $0.9142^{[23][27]}$。

表4-5　内容主题×认知水平二维分析矩阵表

| 内容主题 | 认知水平 | | | |
|---|---|---|---|---|
| | 了解 | 理解 | 掌握 | 运用 |
| 数与式 | | | | |
| 方程与不等式 | | | | |
| 函数与分析 | | | | |
| 图形与几何 | | | | |
| 统计与概率 | | | | |

### 3.2　研究对象的整理与编码

### 3.2.1　义务教育课程标准的编码

首先对课程标准中的内容主题进行编码,五个内容主题代码分别用1、2、3、4、5表示,如内容主题"数与式"编码为"1",下一级的分主题分别用1.1、1.2、1.3表示,如"有理数"编码为1.1,第三级即具体的学习目标,用1.1.1、1.1.2、1.1.3等来表示,如"有理数的意义"编码为1.1.1。另外,课程标准中,每一具体学习目标的认知水平均由其行为动词所确定,如"理解有理数的意义"中的行为动词"理解"为水平2,因而"理解有理数的意义"编码为1.1.1-2。

关于课程标准中具体学习目标的拆分,结合人教版和北师大版中学数学教科书中的章节划分以及数学教育专家的意见,给出以下说明:

1. 本研究中具体学习目标依据知识点进行划分。知识点是指最基本又独立的知识单位,是建构知识结构的最小单位,是一个数学事实或概念。例如"掌握有理数的加、减、乘、除、乘方及简单的混合运算"归类为"有理数的运算",不拆分成两个学习目标。再如,"借助数轴理解相反数和绝对值的意义"拆分成"借助数轴理解相反数的意义"和"借助数轴理解绝对值的意义"两个学习目标。

2. 同一知识点如涉及两个或以上的行为动词时,采用"就高原则",即按照其所属的较高层次的认知水平进行编码,这是由于认知过程具有层次累积性,高层次认知水平的学习通常建立在低层次的水平掌握的基础之上,而且这些低层次的水平通常是教学的过程性目标。

以"数与式"内容主题下的"有理数"这一分主题的具体编码为例,示范如下:

表 4-6　课程标准中有理数编码结果表

| 内容主题 | 分主题 | 知识点 | 行为动词 | 认知水平 |
|---|---|---|---|---|
| 1　数与式 | 1.1　有理数 | 1.1.1　有理数的意义 | 理解 | 2 |
| | | 1.1.2　用数轴上的点表示有理数 | 能 | 3 |
| | | 1.1.3　比较有理数的大小 | 能 | 3 |
| | | 1.1.4　相反数的意义 | 理解 | 2 |
| | | 1.1.5　绝对值的意义 | 理解 | 2 |
| | | 1.1.6　求有理数相反数的方法 | 掌握 | 3 |
| | | 1.1.7　求有理数绝对值的方法 | 掌握 | 3 |
| | | 1.1.8　$|a|$的含义(这里 $a$ 表示有理数) | 知道 | 1 |
| | | 1.1.9　乘方的意义 | 理解 | 2 |
| | | 1.1.10　有理数运算 | 掌握 | 3 |
| | | 1.1.11　有理数的运算律简化运算 | 理解,能运用 | 4 |
| | | 1.1.12　有理数的运算律解决简单问题 | 能运用 | 4 |

《义务教育数学课程标准(2011 年版)》初中部分的统计结果如下:

表 4-7　课程标准原始数据表

| 内容主题 | 认知水平 | | | | 小计 |
|---|---|---|---|---|---|
| | 了解 | 理解 | 掌握 | 运用 | |
| 数与式 | 17 | 19 | 19 | 2 | 57 |
| 方程与不等式 | 1 | 1 | 16 | 0 | 18 |
| 函数与分析 | 4 | 6 | 13 | 0 | 23 |
| 图形与几何 | 58 | 37 | 43 | 32 | 170 |
| 统计与概率 | 7 | 3 | 10 | 0 | 20 |
| 小计 | 87 | 66 | 101 | 34 | 288 |

根据 SEC 中一致性指数计算的要求,将课程标准原始数据进行归一化处理,转化成总和为 1 的比率值数据表,得到如下比率值数据表:

表 4 - 8　课程标准比率值数据表

| 内容主题 | 认知水平 | | | | 小计 |
|---|---|---|---|---|---|
| | 了解 | 理解 | 掌握 | 运用 | |
| 数与式 | 0.0592 | 0.0662 | 0.0662 | 0.0070 | 0.1986 |
| 方程与不等式 | 0.0035 | 0.0035 | 0.0557 | 0 | 0.0627 |
| 函数与分析 | 0.0139 | 0.0209 | 0.0453 | 0 | 0.0801 |
| 图形与几何 | 0.2021 | 0.1289 | 0.1498 | 0.1115 | 0.5923 |
| 统计与概率 | 0.0244 | 0.0105 | 0.0348 | 0 | 0.0697 |
| 小计 | 0.3031 | 0.2300 | 0.3518 | 0.1185 | 1 |

### 3.2.2　中考数学试卷的编码

按照 SEC 一致性的赋分原则,对试题中的每一小问、每一空赋分。当一道题目的解答涉及的知识点分属不同的内容主题时,按其对解题的重要程度赋予不同的内容主题不同的分值,并将每一内容主题在不同的认知水平考查到的分值在对应单元格进行累加,编码到"内容主题×认知水平"的二维矩阵表格中(表 4 - 8—表 4 - 13),这种赋分原则既能让试题中每个知识点"均等化",又能体现每个被考查的知识点在试题中的考查水平及重要程度。试卷编码原则如下:

1. 对试题的认知水平进行编码时,采用"就低原则",即在低一级认知水平下就能完成题目解答时,不将其编入更高的认知水平。

2. 当一道题目具有多种解答时,会涉及不同的知识点,但是这些知识点一定都属于同一个内容主题,因而这样的题目并不会改变统计的结果。

以几道试题为例说明如何对数学试卷中的内容主题及认知水平进行划分。

**例1**　(安徽卷第 1 题) -8 的绝对值是(　　)。

A. -8　　　　　B. 8　　　　　C. ±8　　　　　D. $\dfrac{1}{8}$

**分析**:这道题目考查的知识点为"求绝对值的方法",属于"数与式"内容主题,只需按照教科书中的问题解决步骤进行常规计算,认知水平为1。

**例2**　(河南卷第 13 题)求不等式组 $\begin{cases} x+5>2 \\ 4-x \geq 3 \end{cases}$ 的最小整数解。

**分析:**这道题目考查的知识点为"一元一次不等式组的解法",属于"数与式"内容主题,需要对不等式分别求解,并对不等式组求交集,认知水平为2。

**例3** (福建卷第15题)把两个同样大小的45°含角的三角板按如图所示的方式放置,其中一个三角板的锐角顶点与另一个的直角顶点重合在点$A$,而且另三个锐角顶点$B,C,D$在同一直线上。若$AB=\sqrt{2}$,则$CD=$_____。

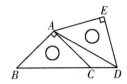

**分析:**这是一道具有较强综合性的函数题目,考查了"等腰三角形的性质"和"勾股定理"等知识点,属于"图形与几何"内容主题,认知水平为3。

**例4** (福建卷第14题)已知矩形$ABCD$,其中$AB=6,BC=8$。点$P$在矩形$ABCD$的内部,点$E$在边$BC$上,满足$\triangle PBE \sim \triangle DBC$,若$\triangle APD$为等腰三角形,求$PE$的长。

**分析:**本题考查了"相似三角形的性质""等腰三角形的性质""勾股定理""矩形的性质"等知识点,属于"图形与几何"内容主题,掌握相似三角形的性质定理、灵活运用分类讨论思想是解题的关键,认知水平为4。

五省市中考数学试卷编码的原始数据结果如下:

表4-9 江西省中考数学试题原始数据表

| 内容主题 | 认知水平 | | | | 小计 |
|---|---|---|---|---|---|
| | 了解 | 理解 | 掌握 | 运用 | |
| 数与式 | 15 | 0 | 1 | 0 | 16 |
| 方程与不等式 | 4 | 0 | 5 | 0 | 9 |
| 函数与分析 | 0 | 6 | 11 | 3 | 20 |
| 图形与几何 | 0 | 27 | 21 | 10 | 58 |
| 统计与概率 | 6 | 11 | 0 | 0 | 17 |
| 小计 | 25 | 44 | 38 | 13 | 120 |

表4－10　福建省中考数学试题原始数据表

| 内容主题 | 认知水平 | | | | 小计 |
|---|---|---|---|---|---|
| | 了解 | 理解 | 掌握 | 运用 | |
| 数与式 | 8 | 8 | 4 | 0 | 20 |
| 方程与不等式 | 8 | 8 | 8 | 2 | 26 |
| 函数与分析 | 0 | 5 | 6 | 6 | 17 |
| 图形与几何 | 12 | 24 | 20 | 13 | 69 |
| 统计与概率 | 11 | 4 | 0 | 3 | 18 |
| 小计 | 39 | 49 | 38 | 24 | 150 |

表4－11　天津市中考数学试题原始数据表

| 内容主题 | 认知水平 | | | | 小计 |
|---|---|---|---|---|---|
| | 了解 | 理解 | 掌握 | 运用 | |
| 数与式 | 15 | 3 | 0 | 0 | 18 |
| 方程与不等式 | 3 | 8 | 1 | 1 | 13 |
| 函数与分析 | 5 | 4 | 8 | 0 | 17 |
| 图形与几何 | 15 | 11 | 21 | 12 | 59 |
| 统计与概率 | 3 | 0 | 10 | 0 | 13 |
| 小计 | 41 | 26 | 40 | 13 | 120 |

表4－12　河南省中考数学试题原始数据表

| 内容主题 | 认知水平 | | | | 小计 |
|---|---|---|---|---|---|
| | 了解 | 理解 | 掌握 | 运用 | |
| 数与式 | 12 | 8 | 0 | 0 | 20 |
| 方程与不等式 | 0 | 12 | 0 | 0 | 12 |
| 函数与分析 | 4 | 12 | 0 | 4 | 20 |
| 图形与几何 | 3 | 20 | 15 | 15 | 53 |
| 统计与概率 | 3 | 3 | 9 | 0 | 15 |
| 小计 | 22 | 55 | 24 | 19 | 120 |

表4-13　安徽省中考数学试题原始数据表

| 内容主题 | 认知水平 | | | | 小计 |
|---|---|---|---|---|---|
| | 了解 | 理解 | 掌握 | 运用 | |
| 数与式 | 12 | 16 | 0 | 8 | 36 |
| 方程与不等式 | 5 | 12 | 0 | 0 | 17 |
| 函数与分析 | 0 | 3 | 12 | 2 | 17 |
| 图形与几何 | 4 | 15 | 21 | 24 | 64 |
| 统计与概率 | 0 | 4 | 12 | 0 | 16 |
| 小计 | 21 | 50 | 45 | 34 | 150 |

对表格中的原始数据做归一化处理,转化成总和为1的比率值数据表,得到如下二维比率值数据表:

表4-14　江西省中考数学试题比率数据表

| 内容主题 | 认知水平 | | | | 小计 |
|---|---|---|---|---|---|
| | 了解 | 理解 | 掌握 | 运用 | |
| 数与式 | 0.1250 | 0 | 0.0083 | 0 | 0.1333 |
| 方程与不等式 | 0.0333 | 0 | 0.0417 | 0 | 0.0750 |
| 函数与分析 | 0 | 0.0500 | 0.0917 | 0.0250 | 0.1667 |
| 图形与几何 | 0 | 0.2250 | 0.1750 | 0.0833 | 0.4833 |
| 统计与概率 | 0.0500 | 0.0917 | 0 | 0 | 0.1417 |
| 小计 | 0.2083 | 0.3667 | 0.3167 | 0.1083 | 1 |

表4-15　福建中考数学试题比率数据表

| 内容主题 | 认知水平 | | | | 小计 |
|---|---|---|---|---|---|
| | 了解 | 理解 | 掌握 | 运用 | |
| 数与式 | 0.0533 | 0.0533 | 0.0267 | 0 | 0.1333 |
| 方程与不等式 | 0.0533 | 0.0533 | 0.0533 | 0.0133 | 0.1732 |
| 函数与分析 | 0 | 0.0333 | 0.0400 | 0.0400 | 0.1133 |
| 图形与几何 | 0.0800 | 0.1600 | 0.1333 | 0.0867 | 0.4600 |
| 统计与概率 | 0.0734 | 0.0268 | 0 | 0.0200 | 0.1202 |
| 小计 | 0.2600 | 0.3267 | 0.2533 | 0.1600 | 1 |

表4-16 天津市中考数学试题比率数据表

| 内容主题 | 认知水平 | | | | 小计 |
|---|---|---|---|---|---|
| | 了解 | 理解 | 掌握 | 运用 | |
| 数与式 | 0.1250 | 0.0250 | 0 | 0 | 0.1500 |
| 方程与不等式 | 0.0250 | 0.0667 | 0.0083 | 0.0083 | 0.1083 |
| 函数与分析 | 0.0417 | 0.0333 | 0.0667 | 0 | 0.1417 |
| 图形与几何 | 0.1250 | 0.0917 | 0.1750 | 0.1000 | 0.4917 |
| 统计与概率 | 0.0250 | 0 | 0.0833 | 0 | 0.1083 |
| 小计 | 0.3417 | 0.2167 | 0.3333 | 0.1083 | 1 |

表4-17 河南省中考数学试题比率数据表

| 内容主题 | 认知水平 | | | | 小计 |
|---|---|---|---|---|---|
| | 了解 | 理解 | 掌握 | 运用 | |
| 数与式 | 0.1000 | 0.0667 | 0 | 0 | 0.1667 |
| 方程与不等式 | 0 | 0.1000 | 0 | 0 | 0.1000 |
| 函数与分析 | 0.0333 | 0.1000 | 0 | 0.0333 | 0.1666 |
| 图形与几何 | 0.0250 | 0.1667 | 0.1250 | 0.1250 | 0.4417 |
| 统计与概率 | 0.0250 | 0.0250 | 0.0750 | 0 | 0.1250 |
| 小计 | 0.1833 | 0.4584 | 0.2000 | 0.1583 | 1 |

表4-18 安徽省中考数学试题比率数据表

| 内容主题 | 认知水平 | | | | 小计 |
|---|---|---|---|---|---|
| | 了解 | 理解 | 掌握 | 运用 | |
| 数与式 | 0.0800 | 0.1067 | 0 | 0.0533 | 0.2400 |
| 方程与不等式 | 0.0333 | 0.0800 | 0 | 0 | 0.1133 |
| 函数与分析 | 0 | 0.0200 | 0.0800 | 0.0133 | 0.1133 |
| 图形与几何 | 0.0267 | 0.1000 | 0.1400 | 0.1600 | 0.4267 |
| 统计与概率 | 0 | 0.0267 | 0.0800 | 0 | 0.1067 |
| 小计 | 0.1400 | 0.3334 | 0.3000 | 0.2266 | 1 |

### 4 研究结果

#### 4.1 总体一致性

分别将课程标准和各省 2018 年中考数学试卷的比率值数据代入 Porter 一致性公式,得出两两之间的一致性指数(如表 4-19)。可知,课程标准和各省 2018 年中考数学试卷一致性指数介于 0.5700—0.7200,均远低于一致性的临界值 0.9142,不具备统计学意义上的一致性。但同时也应注意到,与课程标准一致性程度相对较高的是经济较发达的天津市、福建省的中考数学试卷。而经济相对不发达的江西省、河南省、安徽省的中考数学试卷与课程标准的一致性指数明显相对较低,江西省更是只有 0.5700。

表 4-19 中考试卷与课程标准一致性指数表

|  | 天津 | 福建 | 江西 | 河南 | 安徽 |
|---|---|---|---|---|---|
| 福建 | 0.6600 | | | | |
| 江西 | 0.6300 | 0.6900 | | | |
| 河南 | 0.7000 | 0.6700 | 0.6000 | | |
| 安徽 | 0.7200 | 0.6400 | 0.5800 | 0.8200 | |
| 课标 | 0.7000 | 0.7200 | 0.5700 | 0.6200 | 0.6300 |

另外,各省试卷两两之间的一致性情况也不容乐观,Porter 一致性指数均低于统计学意义上的显著一致性。江西卷与安徽卷的一致性指数最低,为 0.5800。最高的是安徽卷与河南卷的一致性指数,为 0.8200。

Porter 一致性指数只能从整体上说明两个二维矩阵的一致性程度,若要更直观、全面地探讨其具体表现及差异来源,须从内容主题、认知水平以及两者之间的交互一致性等方面进行深入分析。

#### 4.2 内容主题一致性

##### 4.2.1 江西卷与课程标准内容主题分布比较

将江西卷与课程标准在五个内容主题所占的百分比权重制作成条形统计图(如图 4-2)。可知,江西卷与课程标准在内容主题权重分布上存在一定的差异,具体如下:

课程标准中各内容主题所占权重依次为"图形与几何">"数与式">"函数与分析">"统计与概率">"方程与不等式",江西卷各内容主题所占权重依次为"图形与几何">"函数与分析">"统计与概率">"数与式">"方程与不

等式"。"图形与几何"领域虽是考查的重中之重,但江西卷低于课程标准
0.1090,减幅巨大。江西卷在"数与式"领域比课程标准低0.0653,减幅较大。
而相对地,江西卷在"函数与分析""统计与概率"两个内容主题上分别高于课
程标准0.0866、0.0720,考查力度均远大于课程标准要求。在"方程与不等式"
上,江西卷比课程标准略高0.0158,考查力度几乎持平。

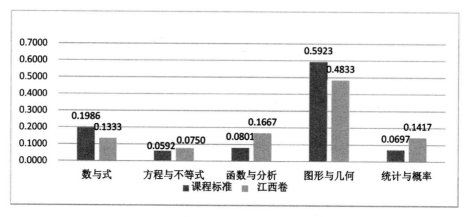

图4-2    江西卷与课程标准内容主题分布统计图

### 4.2.2    福建卷与课程标准内容主题分布比较

将福建卷与课程标准在五个内容主题所占的百分比权重制作成条形统计
图(如图4-3)。可知,福建卷与课程标准在内容主题权重分布上存在一定的
差异,具体如下:

课程标准中各内容主题所占权重依次为"图形与几何">"数与式">"函
数与分析">"统计与概率">"方程与不等式",福建卷中各内容主题所占权重
依次为"图形与几何">"方程与不等式">"数与式">"统计与概率">"函数
与分析"。"图形与几何"领域中,福建卷低于课程标准0.1323,减幅巨大。"数
与式"领域中,福建卷比课程标准低0.0653,减幅较大。而相对地,福建卷对
"方程与不等式""函数与分析""统计与概率"三个内容主题的考查力度均大于
课程标准要求,"方程与不等式"领域高于课程标准要求0.1140,差异巨大。

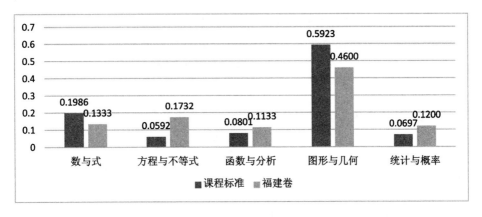

图 4-3　福建卷与课程标准内容主题分布统计图

### 4.2.3　天津卷与课程标准内容主题分布比较

将天津卷与课程标准在五个内容主题所占的百分比权重制作成条形统计图(如图 4-4)。可知,天津卷与课程标准在内容主题权重分布上存在一定的差异,具体如下:

课程标准中各内容主题所占权重依次为"图形与几何">"数与式">"函数与分析">"统计与概率">"方程与不等式",天津卷各内容主题所占权重依次为"图形与几何">"数与式">"函数与分析">"统计与概率"="方程与不等式"。可知,重心均为"图形与几何",但天津卷仍低于课程标准 0.1006,减幅巨大。"数与式"领域中,天津卷比课程标准低 0.0486,减幅较大。而相对地,天津卷在"函数与分析""统计与概率""方程与不等式"三个内容主题上分别高于课程标准 0.0616、0.0386、0.0491,考查力度均大于课程标准要求。

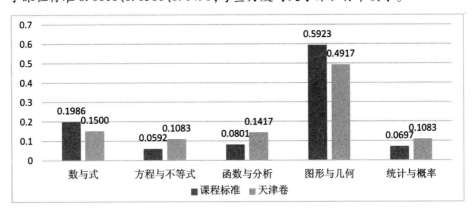

图 4-4　天津卷与课程标准内容主题分布统计图

### 4.2.4 河南卷与课程标准内容主题分布比较

将河南卷与课程标准在五个内容主题所占的百分比权重制作成条形统计图(如图4-5)。可知,河南卷与课程标准在内容主题权重分布上存在一定的差异,具体如下:

课程标准中各内容主题所占权重依次为"图形与几何">"数与式">"函数与分析">"统计与概率">"方程与不等式",河南卷各内容主题所占权重依次为"图形与几何">"数与式">"函数与分析">"统计与概率">"方程与不等式"。"图形与几何"领域中,河南卷低于课程标准0.1506,减幅巨大。"数与式"领域中,河南卷比课程标准低0.0319。而相对地,河南卷在"函数与分析""统计与概率""方程与不等式"三个内容主题上分别高于课程标准0.0865、0.0553、0.0408,考查力度均大于课程标准要求。

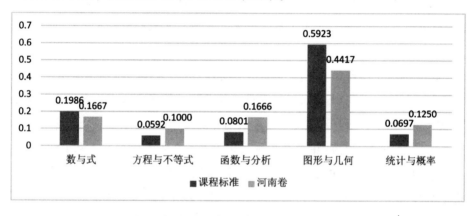

**图4-5 河南卷与课程标准内容主题分布统计图**

### 4.2.5 安徽卷与课程标准内容主题分布比较

将安徽卷与课程标准在五个内容主题所占的百分比权重制作成条形统计图(如图4-6)。可知,安徽卷与课程标准在内容主题权重分布上存在一定的差异,具体如下:

课程标准中各内容主题所占权重依次为"图形与几何">"数与式">"函数与分析">"统计与概率">"方程与不等式",安徽卷各内容主题所占权重依次为"图形与几何">"数与式">"函数与分析"="方程与不等式">"统计与概率"。"图形与几何"领域中,安徽卷低于课程标准0.1656,减幅巨大。而相对地,安徽卷对其余四个内容主题的考查力度均高于课程标准要求。

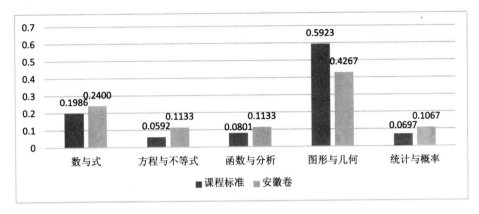

图4-6　安徽卷与课程标准内容主题分布统计图

综上可知,各省中考数学试卷与课程标准在内容主题分布上的一致性程度并不高。试题多局限在一个内容主题内,涉及两个及以上内容主题的题目并不多,且仅为"图形与几何"与"函数与分析"领域的综合考查。"方程与代数""函数与分析""统计与概率"内容主题的考查力度均明显超过课程标准的要求,而"图形与几何"领域在课程标准中占据0.5923的权重,虽然其在各省份的内容主题分布中依旧占据绝对优势,但即使是权重最高的天津卷与课程标准的要求仍相差0.1006,可以视作将"图形与几何"的权重分摊到了"方程与代数""函数与分析""统计与概率"三个内容主题上。究其原因,课程标准在这三部分的权重均较低,若以课程标准为依据,题量必然会控制在一两道试题内,而试卷中对这三个内容主题的考查题量明显超出这个量。在"数与式"领域,除安徽卷略高于课程标准,其余各省试卷均低于课程标准要求。

### 4.3　认知水平一致性情况

#### 4.3.1　江西卷与课程标准认知水平分布比较

将江西卷与课程标准在四个认知水平上所占百分比权重制作成条形统计图(如图4-7),可知江西卷与课程标准在各认知水平的差异,具体如下:

课程标准中各认知水平的权重依次为"掌握">"了解">"理解">"运用",江西卷各认知水平的权重依次为"理解">"掌握">"了解">"运用"。江西卷对"掌握""运用"水平的考查力度分别低于课程标准0.0352、0.0102,相差不大。但在低层次的"了解""理解"水平上差异较大,在"了解"水平上,江西卷低于课程标准0.0948;在"理解"水平上,江西卷高于课程标准0.1367,差异巨大。

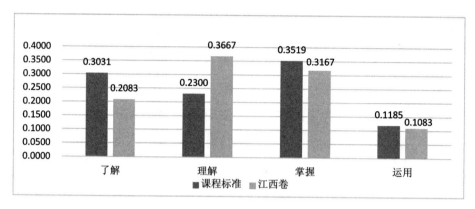

图4-7 江西卷与课程标准认知水平分布统计图

### 4.3.2 福建卷与课程标准认知水平分布比较

将福建卷与课程标准在四个认知水平上所占百分比权重制作成条形统计图(如图4-8),可知福建卷与课程标准在各认知水平的差异,具体如下:

课程标准中各认知水平的权重依次为"掌握">"了解">"理解">"运用",福建卷各认知水平的权重依次为"理解">"了解">"掌握">"运用"。"理解"和"掌握"认知水平的差异最大,在"理解"水平上,福建卷高于课程标准0.0967;在"掌握"水平上,福建卷低于课程标准0.0986。另外,在"了解"水平上,福建卷低于课程标准0.0431。在"运用"水平上,福建卷高于课程标准0.0415。

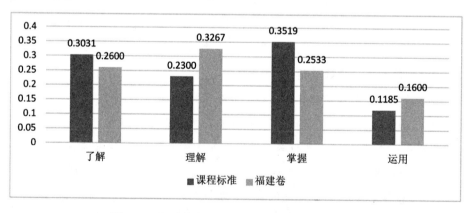

图4-8 福建卷与课程标准认知水平分布统计图

### 4.3.3 天津卷与课程标准认知水平分布比较

将天津卷与课程标准在四个认知水平上所占百分比权重制作成条形统计图(如图4-9),可知天津卷与课程标准在各认知水平的差异,具体如下:

课程标准中各认知水平的权重依次为"掌握">"了解">"理解">"运用",天津卷各认知水平的权重依次为"了解">"掌握">"理解">"运用"。其中,在"了解"水平上,天津卷略高于课程标准0.0386。在"理解""掌握""运用"水平上,天津卷均略低于课程标准要求,依次为0.0133、0.0186、0.0102。

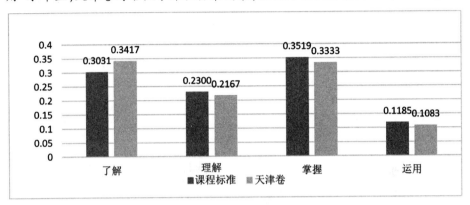

图4-9　天津卷与课程标准认知水平分布统计图

### 4.3.4　河南卷与课程标准认知水平分布比较

将河南卷与课程标准在四个认知水平上所占百分比权重制作成条形统计图(如图4-10),可知河南卷与课程标准在各认知水平的差异,具体如下:

课程标准中各认知水平的权重依次为"掌握">"了解">"理解">"运用",河南卷各认知水平的权重依次为"理解">"掌握">"了解">"运用"。在"理解"水平上,河南卷为0.4584,高于课程标准0.2284,增幅巨大。而在"了解""掌握"水平上,河南卷分别低于课程标准0.1198、0.1519,减幅巨大。在"运用"水平上,河南卷高于课程标准0.0398,略有增长。

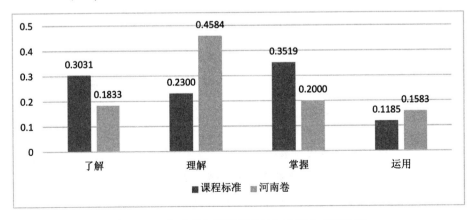

图4-10　河南卷与课程标准认知水平分布统计图

### 4.3.5　安徽卷与课程标准认知水平分布比较

将安徽卷与课程标准在四个认知水平上所占百分比权重制作成条形统计图(如图4-11),可知安徽卷与课程标准在各认知水平的差异,具体如下:

课程标准中各认知水平的权重依次为"掌握">"了解">"理解">"运用",安徽卷各认知水平的权重依次为"理解">"掌握">"运用">"了解"。安徽卷在"了解"水平的考查权重为0.1400,远低于课程标准0.3031的要求,在"掌握"水平上低于课程标准0.0519。而相应地,安徽卷在"理解""运用"水平分别高于课程标准0.1034、0.1081。可见,安徽卷与课程标准在认知水平分布上相差较大。

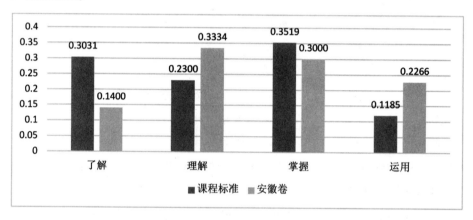

**图4-11　安徽卷与课程标准认知水平分布统计图**

综上可知,各省中考试卷与课程标准在认知水平分布上一致性程度并不高。即使在同一认知水平下,各省中考试卷的知识点权重差异也较大。在"了解"水平上,仅天津卷的考查力度略高于课程标准要求,其余各省份均低于课程标准要求。在"理解"水平上,仅天津卷的考查力度略低于课程标准要求,其余各省份均高于课程标准要求,河南卷考查力度接近课程标准两倍。在"掌握"水平上,各省考查力度均低于课程标准要求。在"运用"水平上,天津卷、江西卷略低于课程标准要求,其余三省均超过课程标准要求。总体上来说,Porter一致性指数相对较高的天津卷与课程标准在认知水平分布上的吻合度相对较高,而其他四省试卷与课程标准在认知水平分布上的吻合度较低。

### 4.4　内容主题与认知水平的交互一致性情况

#### 4.4.1　江西卷与课程标准的交互一致性比较

用曲面图可以详细分析中考数学试卷与课程标准的差异来源,能够直观地看出两者在每个内容主题下不同认知水平上的一致性情况。将江西卷与课程标准的比率值数据表制作成如下曲面图(图 4 - 12、4 - 13)。曲面图中不同色块的深浅表示其权重大小,越位于中间,色块的颜色越深,表示其权重越大。其中,淡蓝色表示权重为 0—0.05,棕红色表示权重为 0.05—0.10,橄榄绿色表示权重为 0.10—0.15,紫色表示权重为 0.15—0.20,正红色表示权重为 0.20—0.25。(以下曲面图颜色占比均依据此标准。)

将江西卷与课程标准的比率值数据表制作成如下曲面图(图 4 - 12、4 - 13),可知江西卷的曲面图与课程标准的曲面图在图形形状和颜色分布上存在一定的差异,表明两者在同一内容主题下认知水平分布的一致性程度不高,具体分析如下:

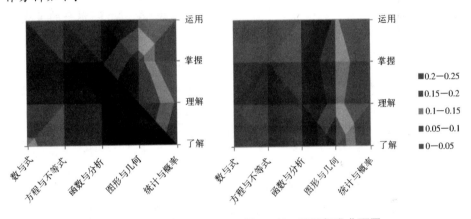

图 4 - 12　江西卷曲面图　　　　图 4 - 13　课程标准曲面图

"数与式"领域中,江西卷在这一内容主题仅考查到 0.1333,低于课程标准 0.0653。从各认知水平的权重来看,江西卷只偏重考查"了解"这个认知水平,所占权重为 0.1250,除在"掌握"这一水平考查了 0.0083 外,对"理解""运用"两个水平的考查力度均为 0,这与课程标准在此内容主题中四个认知水平依次为 0.0592、0.0662、0.0662、0.0070 的权重分布差异巨大。可见,江西卷在"数与式"领域考查的知识点总权重、各认知水平的权重分布均与课程标准差异较大。

"方程与不等式"领域中,江西卷在这一内容主题考查到 0.0750,略高于课程标准 0.0158,相差不大。从各认知水平的权重来看,两者均偏重于"掌握"水平的考查,对"运用"水平无要求。不同点在于,课程标准侧重于对方程和不等式求解的掌握,而江西卷侧重于二元一次方程组应用以及根与系数的关系。另外,课程标准在"了解""理解""运用"水平的权重几乎为0,江西卷未考查"理解""运用"水平,在"了解"水平考查了0.0333。

"函数与分析"领域中,江西卷在这一内容主题考查到0.1667,高于课程标准0.0866。从各认知水平的权重来看,江西卷与课程标准均重视认知水平"掌握"的考查,不同点在于江西卷在"运用"水平考查了0.0250的内容,而课程标准为0。

"图形与几何"领域中,江西卷在这一内容主题考查到0.4833,低于课程标准0.1090。从二维曲面图上可直观地看出,虽然"图形与几何"是课程标准与江西卷考查的重中之重,但课程标准在"了解"水平的权重极高,占据0.2021,剩余三个认知水平依次为0.1289、0.1489、0.1115,均匀分布。而江西卷偏重于对三个较高水平的考查,在"了解"水平未做任何考查,在"理解"水平的考查权重为0.2250,高于课程标准0.0961,差异较大。"掌握"水平高于课程标准0.0252,"运用"水平低于课程标准0.0282,相差不大。

"统计与概率"领域中,江西卷在这一内容主题考查到0.1417,高于课程标准0.0720。从各认知水平的权重来看,江西卷只偏重考查"了解""理解"这两个认知水平,所占权重依次为0.0500、0.0917,而对课程标准要求最高的"掌握"水平的考查力度为0。

### 4.4.2 福建卷与课程标准的交互一致性比较

将福建卷与课程标准的比率值数据表制作成如下曲面图(图4-14、4-15),可知福建卷的曲面图与课程标准的曲面图在图形形状和颜色分布上略有差异,表明两者在同一内容主题下认知水平分布的一致性程度一般,具体分析如下:

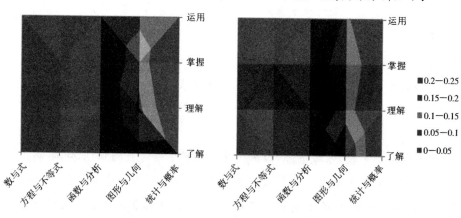

图4-14 福建卷曲面图　　图4-15 课程标准曲面图

　　"数与式"领域中,福建卷在这一内容主题仅考查到 0.1333,低于课程标准 0.0653。从各认知水平的权重来看,福建卷在"了解""理解""运用"水平的考查力度与课程标准持平,但在"掌握"水平仅考查到 0.0267,低于课程标准 0.0395。

　　"方程与不等式"领域中,福建卷在这一内容主题考查到 0.1732,高于课程标准要求 0.1140,差异较大。从各认知水平的权重来看,课程标准仅在"掌握"水平要求 0.0557,余下三个认知水平要求为 0;而福建卷对"了解""理解""掌握"水平的考查力度均在 0.0500 以上,差异较大,在曲面图上呈现较为明显。

　　"函数与分析"领域中,福建卷在这一内容主题考查到 0.1133,高于课程标准 0.0332。从各认知水平的权重来看,福建卷与课程标准的最大差异在于高层次的"运用"水平,课程标准未做要求,而福建卷考查到 0.0400。

　　"图形与几何"领域中,福建卷在这一内容主题考查到 0.4600,低于课程标准 0.1323。从二维曲面图可直观地看出,虽然"图形与几何"是课程标准与福建卷考查的重中之重,但课程标准在"了解"水平的权重极高,占据 0.2021;余下三个认知水平依次为 0.1289、0.1489、0.1115,均匀分布。而福建卷偏重于"理解""掌握"水平的考查,在"了解"水平仅考查到 0.0800,差异较大。

　　"统计与概率"领域中,福建卷在这一内容主题考查到 0.1200,高于课程标准 0.0503。从各认知水平的比重来看,福建卷只偏重"了解"水平的考查,所占权重为 0.0733,而对课程标准要求最高的"掌握"水平的考查力度为 0。

### 4.4.3　天津卷与课程标准的交互一致性比较

　　将天津卷与课程标准的比率值数据表制作成如下曲面图(图 4 - 16、4 - 17),可知天津卷的曲面图与课程标准的曲面图在图形形状和颜色分布上略有差异,表明两者在同一内容主题下认知水平分布的一致性程度一般,具体分析如下:

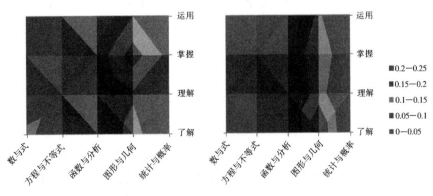

图 4 - 16　天津卷曲面图　　　　图 4 - 17　课程标准曲面图

"数与式"领域中，天津卷在这一内容主题仅考查到 0.1500，低于课程标准 0.0486。从各认知水平的权重来看，天津卷只偏重考查"了解"这一认知水平，所占权重为 0.1250，除在"理解"水平考查了 0.0250 外，对"掌握""运用"两个水平的考查力度均为 0，这与课程标准在此内容主题中四个认知水平依次为 0.0592、0.0662、0.0662、0.0070 的权重分布差异巨大。

"方程与不等式"领域中，天津卷在这一内容主题考查到 0.1083，高于课程标准 0.0491。从各认知水平的权重来看，天津卷侧重于"理解"水平的考查，权重为 0.0667，课程标准侧重于"掌握"水平，权重为 0.0557，差异较大。

"函数与分析"领域中，天津卷在这一内容主题考查到 0.1417，高于课程标准 0.0616。从各认知水平的权重来看，天津卷在这一内容主题的认知水平权重依次为"掌握">"了解">"理解">"运用"。课程标准在这一内容主题的认知水平权重依次为"掌握">"理解">"了解">"运用"，均重视"掌握"水平的考查，对"运用"水平的考查为 0。

"图形与几何"领域中，天津卷在这一内容主题考查到 0.4917，低于课程标准 0.1006。从各认知水平的权重来看，天津卷在这一内容主题的认知水平权重依次为"掌握">"了解">"运用">"理解"。课程标准在这一内容主题的认知水平权重依次为"了解">"掌握">"理解">"运用"。课程标准偏重于"了解"水平的考查，天津卷更侧重于"掌握"水平的考查。天津卷对"运用"水平的考查力度符合课程标准要求。

"统计与概率"领域中，天津卷在这一内容主题考查到 0.1083，高于课程标准 0.0386。从各认知水平的权重来看，天津卷与课程标准对"了解""理解""运用"水平的考查力度持平，但天津卷对"掌握"水平的考查权重高于课程标准 0.0485。

### 4.4.4 河南卷与课程标准的交互一致性比较

将河南卷与课程标准的比率值数据表制作成如下曲面图（图 4 - 18、4 - 19），可知河南卷和课程标准曲面图的图形形状和颜色分布存在一定的差异，表明两者在同一内容主题下认知水平分布的一致性程度不高，具体分析如下：

"数与式"领域中，河南卷在这一内容主题考查到 0.1667，低于课程标准 0.0319。从各认知水平的权重来看，河南卷偏重于考查低层次的"了解""理解"，所占权重依次为 0.1000、0.0667，对"掌握""运用"两个水平的考查力度均为

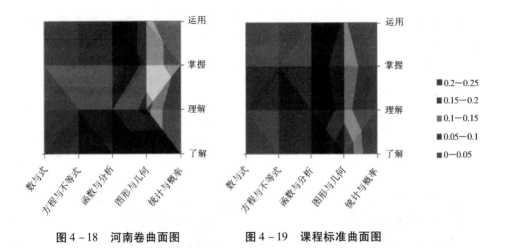

图 4 - 18　河南卷曲面图　　　　图 4 - 19　课程标准曲面图

0,这与课程标准在此内容主题中四个认知水平依次为 0.0592、0.0662、0.0662、0.0070 的权重分布差异巨大。

"方程与不等式"领域中,河南卷在这一内容主题考查到 0.1000,高于课程标准 0.0408。从各认知水平的权重来看,课程标准侧重于"掌握"水平的考查,河南卷侧重于"理解"水平的考查,对其他认知水平的要求几乎为 0。

"函数与分析"领域中,河南卷在这一内容主题考查到 0.1666,是课程标准的 2 倍。由试卷情况可知,河南卷有三道简答题涉及这一内容主题,且多与"图形与几何"领域知识结合考查。从各认知水平的权重来看,课程标准偏重于"掌握"水平的考查,权重为 0.0453,而河南卷更侧重于"理解"水平的考查,权重为 0.1000。另外,课程标准对"运用"水平无要求,而河南卷却将其作为压轴题的考点,要求考生灵活掌握。

"图形与几何"领域中,课程标准要求为 0.5923,河南卷为 0.4417,均是考查的重中之重,但河南卷仍低于课程标准 0.1506,差距较大。课程标准在"了解"水平的权重极高,为 0.2021,而河南卷在"了解"水平的权重仅为 0.0250,与课程标准的要求严重不符。课程标准在余下三个认知水平的权重依次为 0.1289、0.1498、0.1115,均匀分布。河南卷侧重于"理解"水平的考查,略高于课程标准要求 0.0378,对"运用"水平的考查力度与课程标准持平。

"统计与概率"领域中,河南卷对这一内容主题的考查力度是课程标准的 2 倍,涉及两道选择题和一道解答题。河南卷在各认知水平的权重依次为 0.0250、0.0250、0.0750、0,课程标准在各认知水平的权重依次为 0.0244、

0.0105、0.0348、0。可知,河南卷的考查主要集中在"掌握"水平,对"了解""理解""运用"水平的考查力度与课程标准持平。

### 4.4.5 安徽卷与课程标准的交互一致性比较

将安徽卷与课程标准的比率值数据表制作成如下曲面图(图4-20、4-21),可知安徽卷的曲面图与课程标准的曲面图在图形形状和颜色分布上存在一定的差异,表明两者在同一内容主题下认知水平分布的一致性程度不高,具体分析如下:

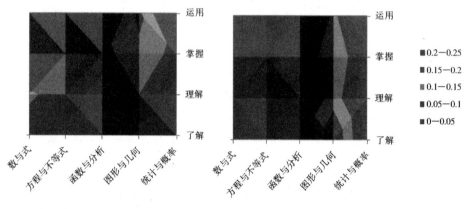

图4-20 安徽卷曲面图          图4-21 课程标准曲面图

"数与式"领域中,安徽卷在这一内容主题考查到0.2400,高于课程标准0.0414。从各认知水平的权重来看,安徽卷与课程标准的差异主要在"掌握""运用"水平上。在"掌握"水平上,课程标准要求为0.0662,但安徽卷未做考查。在"运用"水平上,安徽卷高于课程标准0.0463。

"方程与不等式"领域中,安徽卷在这一内容主题考查到0.1133,高于课程标准0.0541。从各认知水平权重来看,课程标准侧重于"掌握"水平的考查,而安徽卷侧重于"理解"水平的考查。

"函数与分析"领域中,安徽卷在这一内容主题考查到0.1133,高于课程标准0.0332。安徽卷在各认知水平的权重依次为0、0.0200、0.0800、0.0133,课程标准在各认知水平的权重依次为0.0139、0.0209、0.0453、0。可知,安徽卷的考查力度主要集中在"掌握"水平,对"了解""理解""运用"水平的考查力度均与课程标准持平。

"图形与几何"领域中,安徽卷低于课程标准0.1656,差距较大。虽然"图形与几何"是课程标准与安徽卷考查的重中之重,但课程标准在"了解"水平的权重极高,占据 0.2021,余下三个认知水平的权重依次为 0.1289、0.1498、0.1115,均匀分布。而安徽卷偏重于"运用"水平的考查,高于课程标准 0.0485,在"了解"水平仅考查到 0.0267,低于课程标准要求 0.1754,差距较大。对"理解""掌握"水平的考查力度与课程标准持平。

"统计与概率"领域中,安徽卷在这一内容主题考查到 0.1067,高于课程标准 0.0370。安徽卷在各认知水平的权重依次为 0、0.0267、0.0800、0,课程标准在各认知水平的权重依次为 0.0244、0.0105、0.0348、0。可知,安徽卷的考查力度主要集中在"掌握"水平,"了解""理解""运用"水平的考查比重均与课程标准持平。

可以看出,各省份中考试卷的曲面图与课程标准的曲面图在图形形状和颜色分布上存在一定的差异。从图形形状来看,与课程标准最为相似的是天津卷和福建卷,表明其与课程标准的契合度相对较高。从颜色分布来看,虽然考查的重点均是"图形与几何"领域,但课程标准偏重于低层次的"了解",而各省中考试卷在此领域明显偏重于高层次的认知水平,与课程标准的一致性指数差异最大的江西卷,在此领域考查的比重和认知水平要求均远高于课程标准要求。其余各领域的差异性更大,不具备一致性。如"数与式"领域中,课程标准对"掌握"水平有一定的要求,但各省份试题的考查要求明显侧重于前两个认知水平。

## 5　结论与思考

### 5.1　研究结论

#### 5.1.1　整体一致性情况

各省中考试卷与课程标准的一致性指数均低于临界值 0.9142,说明两者不具备统计学意义上的显著一致性。与课程标准一致性程度的高低和各省经济、基础教育发展情况相关,经济较发达的天津市、福建省的中考试卷与课程标准的一致性情况明显优于经济欠发达的江西省、安徽省、河南省的中考试卷与课程标准的一致性情况。究其原因,教育质量的高低与经济发展状况具有直接关联性,经济发达地区更注重对学生数学思维的培养,教育活动与课程标准理念有更好的契合度,因而在考试范围和认知水平上也更贴近课程标准,一致性程度会相对较高。

另外,各省份两两之间的一致性情况也并不理想,Porter 一致性指数在 0.5800 至 0.8200 之间。这一方面与各省命题者主观上对课程标准的解读不同有关,另一方面,评价与教学的影响是相互的,各省的教育情况有所不同。这些差异必然会促使命题者综合考虑本省的教育实情,在考试内容的选取和认知水平的要求上有所不同。

### 5.1.2 内容主题一致性情况

各省中考试卷与课程标准在内容主题分布上一致性程度并不高。相对于课程标准,各省中考试卷均减小了对"图形与几何"领域的考查力度,而相应加大了对"方程与代数""函数与分析""统计与概率"领域的考查力度。在"数与式"领域,除安徽卷略高于课程标准,其余各省均低于课程标准要求。从数据来看,可以视作将"图形与几何"的权重分摊到了"方程与不等式""函数与分析""统计与概率"三个内容主题上。因为课程标准在这三部分的权重均较低,若以课程标准为依据,题量必然会控制在一两道试题内,而试卷中对这三个内容主题的考查题量明显超出这个量。

究其原因,随着大数据时代的到来,"数据分析观念"成为课程标准的十大核心词之一,但课程标准中"统计与概率"这一内容主题的知识点数量仅为20。因而,在学业评价中涉及的相关题目虽然在认知水平上的要求并不高,但通常会有一两道填空题以及一道简答题,试题所占的比重均超过课程标准要求,教师授课时势必会增加"统计与概率"这部分内容的讲授课时。而二次函数与圆、四边形等平面图形结合考查的解答题也不少,因而也增加了"函数与分析"这一内容主题的权重。

### 5.1.3 认知水平一致性情况

各省中考试卷与课程标准在认知水平分布上一致性程度并不高。即使在同一认知水平上,各省中考试卷知识点权重差异也较大。各省中考试卷降低了对"了解""掌握"水平的考查力度,而相应加大了对"理解"水平的考查力度。在"运用"水平上,天津卷、江西卷略低于课程标准要求,其余三省均超过课程标准要求。从总体上来看,天津卷与课程标准在认知水平分布上的一致性程度相对较高,而安徽卷、河南卷和课程标准在认知水平分布上的一致性程度相对较低。

另外,各省份在认知水平上的权重分布也存在差异。其中,经济相对不发达地区如安徽、河南与江西的中考试卷在低水平的"了解"领域所占权重较低,分别是0.1400、0.1833、0.2083,不仅低于课程标准0.3031的要求,而且与经济发达地区的福建卷的 0.2600、天津卷的 0.3417 的权重也有不小的差距。特别需要注意的是,安徽卷在"运用"水平的权重为 0.2266,远高于其他省份。究其原因,河南省和安徽省都是高考大省,在学生基数较大的实际情况下,考试的选拔功能也就更为凸显。

### 5.1.4  内容主题与认知水平交互一致性情况

各省中考试卷与课程标准在内容主题与认知水平上的交互一致性程度并不高。一致性指数相对较高的福建卷、天津卷与课程标准在曲面图的图形形状和颜色分布上虽存在一定的差异,但总体相似度最高。一致性指数相对较低的河南卷、安徽卷、江西卷的曲面图则明显与课程标准的曲面图出入较大。总体上看,课程标准的考查重点在于"图形与几何"领域的"了解"水平,各省中考试卷的考查重点虽然也落在了"图形与几何"领域,但明显更偏重于高认知水平的考查。课程标准中要求较低的"函数与分析"与"统计与概率"领域,在多省中考试卷中的考查力度被加重了,且考查集中在"理解""掌握"水平。

另外,各省试卷两两之间的曲面图在图形形状和颜色分布上也存在一定的差异。其中,一致性指数相对最低的江西卷,在曲面图上的差异性也是最大的,其在"图形与几何"领域"理解"水平的权重远超过其他省的中考试卷。

### 5.2  思考与建议

通过对已有一致性研究论文的分析,以及对数学教育专家的小范围访谈,可知学业评价试卷的编制往往会受到诸多内外部因素的限制,如纸笔测验的形式、有限的考试时间、地区教育发展水平的差异、命题者的专业特质、多元利益主体对考试成绩不同的态度。此外,课程标准自身框架结构的不完善,不达标的学力要求也是造成中考数学试卷与课程标准的一致性程度较低的原因。因此,提高中考试卷与课程标准的一致性程度,更好地服务于地方基础教育的发展,可以从以下三方面着手:

### 5.2.1  课程标准修订兼顾教育实际

作为衡量教育质量的标准,课程标准首先就应该是明确、具体的。然而,与美国、澳大利亚的课程标准相比,我国的课程标准缺乏学习成果评价标准的课程内容框架,没有相应的测试学生是否已经学习或实现了这些标准的评价指标[28]。虽然课程标准在实施建议中涉及了评价建议,但这不能代替评价标准。课程标准要成为教材编写、学科教学、学业质量评价、课程资源开发的基础,就必须对学生应该做什么和需要做到什么程度有清晰而明确的解释,否则学业评价的设计就会高度依赖个体把握,标准也就丧失了作为评价依据的作用。因而,重新修订课程标准时需将理念层面的教学建议和评价建议化为具体可操作的指标,建立一套与课程标准相匹配的学业成就评价标准,作为课程标准中表现标准的补充。

此外,《义务教育课程标准(2011 年版)》也可参照《普通高中数学课程标准(实验)》,对不同层次和不同毕业流向的中学生提出不同的学习要求和评价要求。教育资源较为发达的地区可在国家课程标准的理念与框架下,根据本地区学生发展情况,制定出更有利于本地区基础教育发展的学科课程标准。例如,我国课改的前沿城市上海,以《义务教育课程标准(2011 年版)》为基础,研制了具有地方特色的《上海市中小学数学课程标准(试行)》,对义务教育阶段的学习内容和认知水平均做了一定的调整,并针对学习目标给出了具体要求、活动建议和说明,使得教师教学和学业评价的制定更有利于地方基础教育发展。

### 5.2.2 学业评价设计更为规范

鉴于中考对日常教学的指挥棒作用,建议中考数学试卷命题小组在试卷命制的过程中尽量贴近课程标准,结合一致性研究改进命题方法,使得中考成为基于标准的考试。比如,可以通过增加考试时间或者减少试题数量来保证足够量的可供学生思考的试题,以避免对基础知识的操作性技能训练和题型模板化反应性作答的发生。因为数学解题不是不经过思考的技能训练,一定程度的熟练是必须的,但过分强调就走向了反面。此外,还需完善学业评价制度,使得考试内容、评价程序更为规范、严谨、客观,各级评价都有真凭实据可依。

为减轻学生压力,目前大多数省份已经将初中毕业水平考试和高中入学选拔性考试组合成初中学业水平考试,全省统考已成为国家大规模考试的趋势,这里不乏出于提高试卷质量的现实考虑。但也应注意到,中考学生和高考学生流向的不同,初中生一般升入本市高中或职业院校,跨市就读的学生只占极小的比重,即使是同一省份,不同城市的教育发展水平也是不均衡的,可以由省教育厅集中命制不同梯度的试卷以供不同城市选用。如 2017 年实施全省统考之后,福建省同时命制了区分度不同的 A、B 两套试卷以供不同教育发展水平的城市选用。

### 5.2.3 一线教学回归课程标准

当前,公众是以学业评价成绩这一量化指标为主要依据对学校、教师业绩进行评估的。鉴于学业评价考试的这种高厉害性关系,中考、高考等大型考试成为比课程标准更为直接的一线教学的风向标。这具有一定的合理性,但在现实教学中,存在着根据考试重点调控课时分配,侧重于计算技巧、解题技能等应试策略讲练的情况。教师教学仅仅关注知识与技能的讲授,而对数学能力与数学思维这些数学最本质的东西视而不见,认为两者是相悖的,但实际上学业评价考试试题的命制在深层次上一直向课程标准靠拢。

以具体的知识内容为载体,对认知水平的考查体现着对学生数学素养的期待,而要使学生在学业评价考试中取得理想的成绩,教师就必须在课堂教学中紧扣课程标准理念,培养学生的数学素养。因为数学课程不仅仅包括数学的结果,也包括数学结果的形成过程和蕴含的数学思想方法。

需注意到课程标准是弹性的,其内容标准只提出了教学内容的框架,而不是学习的具体内容,且未划分学段,因而在一线教学中完全抛开课程或直接将课程标准内容作为教学内容的做法都是错误的。课堂教学时需要弹性解读课程标准,适当对课程资源进行"开发",增加或删除一些内容,便于学生更好地理解知识点,促进数学思维能力的提升。另外,教育资源开发得较好的地区,应该针对学情,提出更有利于学生发展的数学课程实施方案。最后,学校系统的录取方式也应更加多元化,改变唯分是论的社会大环境,改革对教师的评定方法,使得教师们也可以融入课程改革的怀抱,而不再将分数看成是最重要的教学目标。

### 5.3 不足与展望

本人研究水平有限,可能在对课程标准、试题进行认知水平划分时存在一定的主观性,使其结果存在一定的偏差。基于课程标准的初中数学试卷的一致性研究尚处于起步阶段,有必要加大对该领域的研究力度,开展多区域一致性水平的比较研究。在借鉴国外的一致性分析模式时,需注意到国内外教育情况的不同,开发出适合我国的一致性研究工具。最后,应拓宽一致性研究领域,重点关注课程运行系统中不同级别的课程之间的一致性情况,包括预期课程、实施课程和评价课程。

### 参考文献

[1]刘学智.小学数学学业评价与课程标准一致性的研究[D].长春:东北师范大学,2008.

[2]中华人民共和国教育部.基础教育课程改革纲要(试行)[S].北京:人民教育出版社,2001:2.

[3]崔允漷,夏雪梅.试论基于课程标准的学生学业成就评价[J].课程·教材·教法,2007(1):13-18.

[4]缪琳.基于"SEC"一致性分析的初中数学考查研究:以上海、厦门两地中考数学试卷为例[D].福州:福建师范大学,2016.

[5]Porter A C. How SEC measures alignment[J]. Educational researcher,1997(5):2.

[6]刘学智,马云鹏.美国"SEC"一致性分析范式的诠释与启示:基础教育中评价与课程标准一致性的视角[J].比较教育研究,2007(5):64-68.

[7]Porter A C,Smithson J,Blank R,etal. Alignment as a teacher variable[J]. Applied measurement in education,2007,20:27-51.

[8]Webb N L. Criteria for alignment of expectations and assessments in mathematics and science education[J]. National Institute for Science Education Research monograph No. 6. Madison:University of Wisconsin,Wisconsin center for education research,1997:1-38.

[9]Porter A C. Measuring the content of instruction:uses in research and practice[J]. Educational researcher,2002,31(7):3-14.

[10]Webb N L. Alignment of science and mathematics standards and assessments in four states[M]. Council of chief states school officers Washington,D. C.:national institute for science education(NISE) publications,1999.

[11]蔡敏.当代学生课业评价[M].上海:上海教育出版社,2006:3-4.

[12]沈玉顺.现代教育评价[M].上海:华东师范大学出版社,2002:65-66.

[13]张晓蕾.日本高中理科学业评价:政策、实践与启示[D].重庆:西南大学,2018.

[14]王焕霞.高中物理内容标准和学业水平考试的一致性研究[D].重庆:

西南大学,2012.

[15]崔允漷,王少非,夏雪梅.基于标准的学生学业成就评价[M].上海:华东师范大学,2008.

[16]刘学智.论评价与课程标准一致性的建构:美国的经验[J].全球教育展望,2006(9):35-39.

[17]刘学智,张雷.学业评价与课程标准的一致性:韦伯模式本土化探究[J].外国教育研究,2009(12):13-17.

[18]邵朝友,张斌,王少非.论学生学业成就评价与课程标准的一致性[J].教育研究与实验,2011(6):50-55.

[19]杨玉琴,王祖浩,张新宇.美国课程一致性研究的演进与启示[J].外国教育研究,2012(1):113-121.

[20]李嫩.化学课程标准与上海中考化学试题的一致性研究[D].上海:上海师范大学,2010.

[21]朱婧安.上海市初中化学学业评价试题与课程标准一致性研究[D].上海:华东师范大学,2018.

[22]王焕霞.物理学业评价与课程标准的一致性研究[J].课程·教材·教法,2017(2):94-100.

[23]缪琳,陈清华,苏圣奎.义务教育课程标准与中考试卷一致性分析:以2013—2016年厦门市中考数学试卷为例[J].数学教育学报,2017(5):44-48.

[24]中华人民共和国教育部.义务教育数学课程标准(2011年版)[S].北京:北京师范大学出版社,2012.

[25]高文君,鲍建生.中美教材习题的数学认知水平比较:以二次方程及函数为例[J].数学教育学报,2009(4):57-60.

[26]张维忠,程孝丽.中国和澳大利亚教科书习题的数学认知水平比较:基于"高中函数"的分析[J].数学教育学报,2016(2):15-19.

[27]Fulmer G W. Estimating critical values for strength of alignment among curriculum assessments and instruction[J]. Journal of educational and behavioral statistics,2011,36(6):381-402.

[28]胡军.学生学习成果评价标准不能在课程标准中缺失:澳大利亚科学课程内容与标准给我们的启示[J].课程·教材·教法,2005(9):12-17.

# 第五章　数学教育研究专题

本章主要从数学教材、教学等数学教育研究对象入手,结合作者前期已发表的研究成果,以专题论文案例的形式对有关数学教材构成要素(如插图、数学史)、文化构成、价值取向、编制理论、数学教学素材开发、教学方法应用、课堂教学录像分析、数学教学行为调查、中高考数学试题背景、情境及知识点专题等多个研究主题的研究方法进行呈现,以便给数学教育研究初学者提供论文选题及研究方法和写作格式上的参考。

## 第一节　数学教材研究

### 一、数学教材插图研究

**【案例5–1】　我国高中数学教科书插图的分类、功能与运用策略①**

**摘要**:教科书插图是传递教育信息的重要媒介,其蕴含的大量隐性知识不仅具有重要的教育价值,也影响着教师的教学质量和效果。文中采用内容分析法,对北师大版高中数学实验教科书插图的总体数量、类型和分布特征进行分析,并指出不同类型插图的教育功能和运用策略,为教科书插图的修订与使用提供了参考。

**关键词**:高中数学;教科书插图;策略

《普通高中数学课程标准(实验)》颁布后,高中数学教科书出现了"一标多本"的局面,但都无一例外地体现出图文并茂的特点,各个版本插图的种类与数量较之以往都有所增多[1]。面对五花八门、形态各异的插图,如何在教学中合理地运用是广大高中数学教师面临的一大难题。事实上,不同类型的插图应当

---

① 本文发表于《课程教学研究》2018年第7期,被中国人民大学《复印报刊资料·高中数学教与学》2018年第10期全文转载,作者孙庆括。

采用不同的教学策略,才能充分发挥其功能。同时,《普通高中数学课程标准(2017 年版)》已经出台,高中数学实验教科书即将面临修订。因此,对教科书插图类型的系统分析及使用研究就显得极为迫切。然而,截至目前在"中国知网"上输入关键词"数学""教科书(或教材)""插图"进行搜索仅有 34 篇论文,其中大多针对义务教育数学教科书的研究,特别是针对小学教科书的研究居多,而针对高中数学教科书插图进行系统研究的文章仅有一篇,研究对象还是人教版高中数学教科书。本文采用内容分析法,拟对北师大版高中数学必修实验教科书中的插图类型进行研究,并针对不同类型插图的教学提出使用策略,以期为高中数学教师合理地使用教科书插图和即将修订的高中数学教科书提供参考。

**1. 高中数学教科书插图的分布特征**

关于插图的分类,目前并没有统一的标准,有的按照组织形式分为独立图、发散图、序列图和多层图;有的按照插图在教科书中所处的位置分为章首图、栏目图和练习题图等;有的按照用途的不同,分为装饰性、表征类、组织类和解释性插图等[2]。结合数学教科书的特点,本文把插图分为生活类插图(既包括现代生活中的常见建筑、绘画、艺术等内容的插图,如大桥、水立方、图书馆、油画、飞机、植物园,又包括飞船、卫星、机器人等高科技产品实物图片)、纯数学类插图(包括对文本表示的数学知识点进行补充说明的概念示意图和结构图等图示、以表格统计量形式展现的数据表格等图表)、肖像图和实验图等。

研究发现,教科书插图类型的分布有如下特点(见表 5 – 1):一是各类插图在教科书中分布不均衡。其中纯数学类的插图占到整个插图数量的 83.7%,数量最多。图表类的插图数量很少,只占 12.2%,而图示类的插图占 71.6%,说明图示比图表更具有可释性与简便性。值得注意的是,生活类插图有 121 处,凸显了"数学与生活相联系"的课程理念。而数学家肖像图仅有 7 处,有点偏少。可喜的是,教科书中出现了 64 处运用计算机研究数学问题的插图,凸显了课程标准提出的"数学与其他学科相联系"和"数学应用"的课程理念。二是每册教科书的插图数量不均衡。必修 2 的插图数量是最多的,而最少的是必修 3。可能因为必修 2 涉及立体几何知识,内容过于抽象,为其配上插图,可使其简单明了,方便学生思考。必修 3 涉及统计、算法和概率知识,其中统计和概率是需要一部分插图的,但是它们最主要的作用还是给出数据,而算法涉及的内容主要是框图,所以不需要插图。

总的看来,教科书编者为难理解或者是抽象性比较高的知识点配上的插图数量多,反之为内容简单或比较容易接受的知识点配上的插图数量就少。可见,教科书如此分布插图还是很合理的,既发挥了插图本身的功能作用,也发挥了插图的灵活性和生动有趣性,增加了数学教科书的美感性、科学性和可读性。

表5-1　北师大版高中数学必修教科书中的插图分类统计

| 类型 | 生活类插图 | 数学概念图示 | 数据表格图表 | 计算机实验图 | 数学家肖像 |
|---|---|---|---|---|---|
| 必修1 | 13 | 114 | 34 | 22 | 1 |
| 必修2 | 42 | 311 | 0 | 14 | 2 |
| 必修3 | 14 | 82 | 62 | 11 | 2 |
| 必修4 | 18 | 158 | 21 | 8 | 0 |
| 必修5 | 25 | 141 | 20 | 9 | 2 |
| 总计 | 112 | 806 | 137 | 64 | 7 |

**2. 高中数学教科书插图的教育功能**

**2.1　能有效激发学生学习数学的兴趣和动机**

学习动机是直接推动个体进行学习活动的心理动因。如果学生对即将要学习的知识充满学习的积极性,学生就有很强的求知欲去探索新知识[3]。教科书中呈现的大量生活类插图,由于从直观的图像入手,往往比一般的导入更亲切、更自然,更能为学生所接受,也因此更容易激发学生的求知欲,学生对新的知识充满好奇而不是恐惧。另外,神舟五号飞船、东方红一号卫星、机器人和太空望远镜等高科技实物插图还可以开阔学生的视野。因此,教师如果能利用好这些生活类插图来激发学生的学习动机和兴趣,那么学生的学习效率自然事半功倍。

**2.2　能帮助学生更好地理解数学概念**

数学概念是对事物本质特征的高度抽象和概括。通过提供插图作为具体的、直观的感知对象,就为学生提供了思维加工的素材,有利于在思维过程中建立正确的数学表象,从而使数学概念化难为易、化抽象为具体,有助于抽象概念的理解[4]。如"映射"就是一个非常抽象的概念。单凭语言讲解难以表达清楚,教科书中配有两幅插图加以解释,一幅是含有四个国家中文名字构成的两个对应集合,另一幅是含有数字构成的两个对应集合,这使学生对"映射"这个抽象、晦涩的概念的理解变得形象直观。

### 2.3　有利于培养学生的数学探究精神

新课程倡导探究学习,而实施探究学习需要有探究的前提条件——探究欲望和探究问题的空间。教科书插图所呈现的问题情境就符合这两个前提,其隐含着丰富的数学信息,为学生提供了数学探究的空间,学生可以从不同的角度对问题情境的意义做出解释。如教科书中的章头图就是可以利用的创设情境的条件,不仅为学生参与数学活动提供探究线索,而且有助于学生在具体情境中初步认识对象的特征,体会数学的意义,感受数学的力量,获得积极的情感体验。

### 3.合理使用不同类型插图的教学策略

### 3.1　合理运用生活类插图,渗透数学有用的情感教育

高中数学新课标强调让学生在熟悉的生活情境中感受数学的重要性,了解数学与日常生活的密切关系,能从数学的视角去认识科学、技术、社会和生活方面的有关问题,逐步学会分析和解决与数学有关的一些简单的实际问题[5]。因此,教学中要结合有关的生活类插图,通过挖掘这些插图蕴藏的教育功能,对学生进行深层次的情感教育。如必修2教科书中第1页与倒数第2页是彩色的空间几何图形,这些插图都是非常美丽和具有艺术性的,能够使学生在使用教科书产生疲劳感时缓解疲劳,也可以培养他们的艺术欣赏水平,更可以增加他们对数学,特别是对数学中的几何的兴趣,也体现了数学与生活密不可分的关系。教科书中每一章都配有一幅大气十足的章首图,并且这幅实物插图与整章内容是紧密联系的。如必修1第二章函数的开头就有一张现代化的索拉桥,其中的钢索与函数图像在直观上有很大的相似性,凸显了数学在建筑上的应用。因此,教师若能对这些插图进行正确适当的讲解,就能消除部分学生对数学原有的恐惧感与厌恶感,拉近学生与数学的距离,培养他们爱数学的情感。

### 3.2　合理运用概念示意图和结构图,帮助学生理解数学知识本质

数学概念是数学知识板块中的重要组成部分,往往也是学生觉得难度最大的部分,利用好教科书中的806幅概念示意图和结构图有利于学生对抽象的数学知识的理解与掌握。同时,若能让学生一想到某个数学知识点就能联想到相应的插图,从而清晰地回忆起相关的数学知识,就能增强对较难的数学概念或

定义的理解,还可以纠正其可能存在的模糊的概念和相异的构想,有效地降低教学的难度。如教科书在讲到"指数函数"时,为了说明指数函数的定义,用到了人口爆炸增长曲线图、细胞分裂图;讲到"古典概型"时,引入了转盘示意图和健身模拟示意图;讲到"角的概念"时,用到了拧螺丝和体操运动员转体的插图;讲到"直线倾斜角"时,引入了一张轿车停在坡度上的插图。对于这些形象生动的概念示意图,教师在教学中可以先让学生仔细观察,鼓励他们用自己的语言来描述插图内容,最后通过讨论,引导学生得出对这些基本概念的正确理解。这不仅使学生结合生活经验轻松掌握了数学知识,同时还调动了学生学习的积极性,培养了发散思维,锻炼了语言表达能力。

### 3.3 合理运用数据类图表,培养学生的观察和探究能力

高中数学新课程三维目标之一的"过程与方法"目标,要求学生经过数学探究过程,了解数学的研究方法,并具有一定的信息收集和处理能力、分析解决问题能力及交流合作能力。因此,对于知识介绍类图表,教师在指导学生了解表中内容的同时,更要注重让学生掌握对知识进行分类归纳的学习方法。学生在阅读图表时观察数据的变化特征,利于学生掌握数学知识和规律,发展学生观察和分析处理数据的能力。而对于数据类表格,有些可以培养学生制作图表和分析图表数据的能力。教师应引导学生通过对图表数据的观察、分析认识到这一点,从而达到解决问题的目的。事实上,教科书设置了大量的"实例分析"环节,如必修1的"1988—2001年我国高速公路总里程变化的数据表格"、必修2的"2000年我国第五次人口普查数据表""选举的预测表格"和必修4的"潮汐现象变化表格"等蕴含的信息就具有较高的探究性和趣味性。教师可以利用学生的好奇心和求知欲,激发学生的探究欲望,对表中数据加以讨论与交流,找出规律性知识,并尝试做出推论和预测,经过多次研究后,即可将其中的正确部分上升为理论,培养其探究能力。

### 3.4 合理运用数学史插图,渗透数学人文精神

《普通高中数学课程标准(2017年版)》指出:"数学课程应适当介绍数学的历史、应用和发展趋势,数学对推动社会发展的作用,数学的社会需求,数学科学的思想体系,数学的美学价值,数学家的创新精神。"事实上,教科书中还插入了一些著名数学家的肖像图(如康托尔、秦九韶、"数学王子"高斯等)和数学史插图(如赵爽勾股圆方图等),均体现了丰富的数学文化。因此,教师可以让学

生利用图书资料或网络查阅数学家的主要贡献,以及数学史的相关知识,这在培养学生收集、处理资料能力的同时,也加强了对学生学习兴趣、探索能力、创新意识以及科学态度等人文精神的培养。

总之,教师只要合理运用各种类型的插图,充分挖掘教科书插图潜在的教育价值,不仅能促进学生理解数学概念,发展数学思维,提升数学素养,培养学生的自主学习和探究知识的能力,更能有效地完成新课程标准要求的三维目标,使学生更能适应现代生活和未来发展的需要。

**参考文献**

[1]陈翠花,周志鹏.初中数学教材插图的教育价值和课程意义[J].教学与管理,2008(12):84-85.

[2]张文宇,任乙佳.中美小学数学教科书插图比较研究[J].教学与管理(理论版),2017(12):121-124.

[3]宋振韶.教科书插图的认知心理学研究[J].北京师范大学学报(社会科学版),2005(6):22-26.

[4]杜爱慧,卢美枝.中学物理教材插图中的隐性知识及其运用策略探讨[J].教育理论与实践,2014,32(29):56-57.

[5]徐美荣.高中数学教科书插图研究:以人教A版必修模块为例[D].桂林:广西师范大学,2017.

## 二、数学教材数学史研究

**【案例5-2】 浙教版初中数学教科书中数学史料的分析与建议①**

**摘要**:通过对浙教版初中数学教科书中数学史料的统计分析发现,史料内容的深度设计、选材的学科整合及选材视角的文化多元性体现不够,如男性中心文化明显,少数民族文化缺失。因此,史料选取应加强与其他学科的整合,考虑"螺旋上升"式的深度史料设计,全面考虑数学史料呈现的文化多元性。

**关键词**:初中数学;教科书;数学史;文化多元性

数学是一种文化,数学文化要想发挥其成效,就必须进入数学课程。而数

---

① 本文发表于《中学数学月刊》2011年第10期,作者孙庆括。

学史则是数学文化融入数学课程的一种较好的载体,比如2001年颁布的《全日制义务教育数学课程标准(实验稿)》就明确指出:作为学生数学学习的重要资源,教材应当承担向学生传递数学文化的重要职责。因此,教科书中理应包含一些介绍数学思想背景知识的辅助材料,如数学史料、一些数学概念产生的背景、数学在现代生活中的广泛应用等[1],同时在数学课程中引入数学史,一方面,应当向学生展现中国古代数学及其观念、思想、方法在人类文化发展中的重要作用与地位,以及在今天数学发展中具有的重大现实意义;另一方面,应当引入多元文化数学(multicultural mathematics),帮助学生消除民族中心主义的偏见,以更宽阔的视野去认识整个人类文明对数学发展所做的伟大贡献,并学会欣赏丰富多彩的数学文化[2]。因此,数学史融入数学课程,更多的不是展现历史,而是建构历史,将史学形态转化为教育形态,关注数学思想方法,加强史料与其他学科的整合,全面呈现数学史料的文化多元性。

本文将以"数学史是数学文化融入数学课程的一种载体"为认识前提,从数学的文化多元性角度来分析现行浙教版初中数学教科书中,数学史料内容的分布与选择、编排方式、设计模式及呈现方式等问题,以期获得初中数学教科书中,数学史料对学生的文化涵养及其局限,从而为我国现行其他版本的数学教科书编写者和实施者提供可参考的建议。

### 1. 统计的简单说明

本次统计选用的教科书是浙江教育出版社出版的《义务教育课程标准实验教科书·数学》(下简称《数学》)7—9年级共6册教材[3]。文中主要考查的是6册教科书中数学史料的内容选择、分布及其选材的视角。首先,在数学史料的内容选择这一维度上,我们又着重考虑数学史料所要选择的方面、史料的国度、主人公的性别、职业等方面。其中选择的方面又可细分为数学家生平、数学专题发展史、数学名题、数学思想方法、古文化中的数学(主要是中外古代建筑、绘画等艺术领域);国度又可细分为中国、除中国外的东方国家、西方国家、多个国家(指数学史料中提到多个国家的数学发展史)、不显现国家。其次,在内容分布这一维度上着重考虑章头图、正文、数学题(不含例题)和阅读材料等方面。其中正文可细分为引言、例题、正文的其他部分;数学题可细分为作业题、设计题、做一做、合作学习、课内学习、课题学习、探究活动、目标与评定等。统计时以出处为单位,如一个章头图和一个阅读材料算一个出处,而数学题则以一道题为一个出处。

**2. 结果与分析**

**2.1 数学史料的内容分布情况**

经统计发现,6册教科书共出现数学史料53处(见表5-2),其呈现形式有两种,即显性的专题呈现形式(如"阅读材料""课题学习""探究活动""设计题""引言")和隐性的呈现形式(如练习题、例题中蕴含的背景材料)。数学史料仍主要分布于引言(占34%)和阅读材料(占22.6%)中。出现最多的是古文化中的数学(共29处),占了一半之多,但一些近代、现代数学成果介绍较少;其次是某一专题发展史的简单索引(共16处),占了75%,主要存在于阅读材料中,但缺乏一些重大结论的发现过程的介绍,对一些重要数学概念的发展交代得比较少。值得注意的是,数学题中也开始出现比较多的数学史料(20处),但例题和正文的其他部分竟然没有数学史,有的习题背景素材重复出现,如在九年级下册的第二章"简单事件的概率"中,涉及转盘游戏的题目有10处,可以考虑删减题量,更换背景;而且素材背景过难,或许与学生生活经验脱离。比如九年级上册第85页"弧长及扇形的面积(2)"中的例4,以"引滦工程"为背景要求学生计算水的流速,而学生对流速、流量、水管截面面积之间的关系一无所知,计算公式成为学生应用知识的障碍,使内容偏离学习重点;另外,正文中的数学史主要出现在引言中,但有的引言低效或无效,大多以简单、新颖的图文并茂的设问形式,安排一些与生活密切相关的内容。虽然绝大多数能起到对新内容学习的引导、激趣作用,但也有不够如意的地方,比如七年级上册第112页中的引言和章首图是关于釜山亚运会会徽的介绍,与所学内容"一元一次方程的应用"可谓是风马牛不相及,以此引出引例中的求亚运会金牌数,更给人以牵强附会的感觉,不如直接切题更合适。最应该注重的数学思想方法却仅有一处。

表5-2　数学史的内容选择及分布

| 名称 | 数量 | 类型 | 生平 | 专题发展史 | 名题 | 思想方法 | 古文化中的数学 |
|------|------|------|------|-----------|------|---------|--------------|
| | 3 | | 0 | 1 | 1 | 0 | 1 |
| 章头图 | 18 | 引言 | 0 | 0 | 1 | 0 | 17 |
| | 0 | 例题 | 0 | 0 | 0 | 0 | 0 |

续表 5 - 2

| 名称 | 数量 | 类型 | 生平 | 专题发展史 | 名题 | 思想方法 | 古文化中的数学 |
|------|------|------|------|-----------|------|---------|---------------|
| 正文 | 0 | 其他 | 0 | 0 | 0 | 0 | 0 |
| | 5 | 作业题 | 0 | 1 | 1 | 0 | 3 |
| | 4 | 设计题 | 0 | 4 | 0 | 0 | 0 |
| | 1 | 做一做 | 0 | 0 | 0 | 0 | 1 |
| 数学题 | 2 | 合作学习 | 0 | 0 | 0 | 0 | 2 |
| | 2 | 课内练习 | 0 | 0 | 0 | 0 | 2 |
| | 1 | 课题学习 | 0 | 1 | 0 | 0 | 0 |
| | 2 | 探究活动 | 0 | 0 | 1 | 0 | 1 |
| | 3 | 目标与评定 | 0 | 0 | 2 | 0 | 1 |
| 阅读材料 | 12 | 阅读材料 | 0 | 9 | 1 | 1 | 1 |
| 总计 | 53 | | 0 | 16 | 7 | 1 | 29 |

### 2.2 数学史料的选择方面

统计中又发现,除了 3 项不显现国度外,其余均体现了一定的地域性(表 5-3)。其中,以中国为代表的东方古代数学受到了教科书编写者的重视。在 53 处史料中,我国古代数学占到 27 处,西方国家占 8 项,基本与多个国家数学史料(10 项)持平。另外,中国以外的国家的数学史料加起来有 26 处,说明数学史料的文化多元性观念开始在教科书中得以体现。阅读材料中,涉及女性数学家的没有一处。所有男性主人公出现 79 次,女性只出现 22 次。插图的核心人物中,男性占 58 幅,女性仅占 15 幅,在男女一块儿出现的图中几乎都表现出男主女从的性别传统定型,如七年级上册第 101 页男女一块儿植树的图片,男孩图像做放大处理,女孩图像很小,同时,男孩植树时女孩配合;178 页的挂条幅图也表现出男主外女主内的类似形象;七年级下册第 166 页插图中男人一副傲慢的表情;八年级上册第 21 页,下册第 112、145 页和九年级上册第 118 页中的插图,男性站立,而女性都是以跪着的形象出现的。从职业上看,男性主人公的职业比较广泛,譬如数学家、军人、厨师、相声演员、宇航员、运动员、老板等;而女性的职业则包括运动员、打字员、体操演员等。可见,教科书中依然蕴含了男主内女主外的传统思想。

表 5-3 数学史料的国度分布情况

| 国家 | 中国 | 其他东方国家 | 西方国家 | 多个国家 | 不显现国家 |
|------|------|------------|---------|---------|----------|
| 数量 | 27 | 5 | 8 | 10 | 3 |

### 3.思考与建议

实验教科书中,数学史占到了一定的比例,说明在新一轮数学课程改革中得到了广泛的重视,同时也尽量展现了数学史料的文化多元性。然而,在数学史料选取与其他学科的联系上,数学史料的深度加工及数学史料的文化多元性依然存在一些问题。因此,在对这些问题进一步思考的基础上提出了几点建议。

#### 3.1 数学史料的选取应加强与其他学科的整合

数学与自然、科学、人文等许多学科有关,是学习这些学科的重要基础。《义务教育数学课程标准(2011年版)》也在总目标中指出:"通过义务教育阶段的数学学习,学生能体会数学知识之间、数学与其他学科之间、数学与生活之间的联系,运用数学的思维方式进行思考,增强发现和提出问题的能力、分析和解决问题的能力。"这就势必要求初中数学教科书数学史料所选择的素材尽量来源于自然、社会与科学中的现象和问题,反映一定的数学价值。教科书中设置的内容涉及人文、社会、科学、艺术等方方面面,极好地体现了数学作为基础学科的地位价值,但也出现选取的数学史料与其他学科相结合的材料与本学科学习或本单元学习联系不够紧密的现象。比如七年级下册"阅读材料"中的"王冠疑案与浮力定律"更适宜作为科学学科的补充材料,建议更换为与分式性质及运算相关的内容,如"糖水的浓度问题"等[4];又如八年级下册"课题学习"中的"简单平面图形的重心"虽然与本章的学习内容"四边形"有关联,但是在材料中着重介绍的是科学概念中的"重心",建议介绍或探索的重点放在重心的几条数学性质上。另外,建议增加数学与文学相似意境的内容。教科书中仅仅出现了两个民间故事,来说明反证法在生活中的应用。其实,数学与文学在某种意境上是相通的,比如在七年级下册的"图形与变换"习题中就可以增加对称和对联的关联性。"清风"对"明月",上联变下联,正如对称图形,变过去相互重合一样,变换后,性质不变。类似的还有回文数与回文诗。比如七年级上册的"一元一次方程"的引言中就可以使用我国明代数学家吴敬所著《九章算法比类大全》中的一首算诗(巍巍宝塔高七层,点点红灯倍加增。灯共三百八十一,请问顶层几盏灯?)代替原来使用的一道单调的数学题。此外,还可以增加数学在音乐中的应用,如在教科书中介绍中国古代的"三分损益法"和"十二平均律"。这些都是采用数学运算研究乐律的方法,还有毕达哥拉斯的琴弦律等知识[5]。

### 3.2 数学史料的深度设计应考虑"螺旋上升"式

"螺旋上升"式的史料深度设计,就是选择学生"必须"了解的主题,并以此统领相关史料,在各个学段以适合学生的不同方式系统连贯地呈现,且每阶段呈现的史料内容的难度在加大。这样,不仅可以促进学生逻辑思维能力的发展,而且还可以发展学生的数学"时间—历史"发展观[6]。

统计表明,在全部数学史料中,引言和阅读材料共占 55.6%,数学题占 38.9%。可以看出教科书中数学史内容设计主要采用"阅读材料式数学史"和"习题内容引出数学史"两种设计模式。还可以增加另外两种设计模式,即"学习内容引出数学史"和"数学史引出学习内容"设计模式[7]。"学习内容引出数学史"模式以学习内容为主线,数学史作为学习内容的注解和阐释,能够丰富学习内容的内涵,为数学知识的学习增添绚丽的色彩,使学生在学习数学知识的同时体验数学的历史厚重感和美感。"数学史引出学习内容"模式是用数学史引领数学知识的学习,使学生置身于历史情境中,感受知识发生和发展的过程,形成对数学知识的历史性理解。后两种模式与前两种模式的本质不同在于,数学史内容被请进了初中数学知识体系的核心殿堂,而不是边缘化学习内容。其中"阅读材料式数学史"设计难度最低,其他三种模式的设计难度相对较高。

因此,不同的年级阶段可以采用不同的设计模式。七年级学生逻辑思维能力较弱,数学史的学习更多采用"阅读材料式数学史"。所以此阶段应选取一些数学家的成长历程、某个专题的发展史等通俗易懂、容易引起学生数学学习兴趣的内容,但要注意数学史料的真实性,也必须对所选史料做进一步的加工,以适应学生的心理年龄特点、知识接受水平和数学生活经验,便于学生接受。八年级学生思维能力进一步增强,单纯的数学史的趣闻逸事已不能满足他们的学习需求。应用四种交叉的设计模式,将数学游戏、数学历史趣题等编进数学史料,让他们去探索和思考,如八年级上册第38页"探索勾股定理"一节的"合作学习"就可以从数学史中古代希腊、中国、印度、日本、欧洲国家的数学家各有的证明方法中选取一种让学生亲自动手去操作演示。九年级教材应该结合课本内容,多编一些结合数学史的探索性题目,应更多地制造机会让学生认识和建构数学知识发展的过程,关键是注重渗透思想方法。出人意料的是,九年级的教材中几乎没有数学史的内容,仅设计题中涉及一些,例如在九年级下册"简单事件的概率"一章中增加"课题学习"栏目,设置具有探究性质的数学游戏,如蒲丰投针实验。

### 3.3 数学史料的呈现应全面考虑文化多元性

不同的文化传统对数学有不同的表现形式,只有将数学课程与各民族不同的文化传统联系起来考虑,数学课程改革才可能是成功的。因此,数学课程中的数学史料呈现应全面考虑文化多元性。

首先,注重数学史料选取的文化平等性。教科书中也开始关注这一点,出现了许多多元文化数学的题材,然而在具体的处理上却还存在着一些问题。据统计,教材中体现中华民族数学文化的共有45处,体现少数民族数学文化的仅有1处,且只是以蒙古包作为插图材料而已。如探索伊斯兰教的艺术和设计世界这部分材料中就有对称、变化和等价的空间观念,其中对外国数学文化史的内容选取上以时间为顺序介绍了多个国家在某一数学成果的进展,彰显出一定的思维开放性。但是对同一数学成就在不同文化中的发现过程介绍得不够详细,只是简单的罗列,如对神奇的 π 的介绍。同时,对我国数学史的介绍比较详细,且倾向使用"最早""早多少年"等字眼。相对地,介绍外国的过于简略,如关于数的发展的介绍,仅以中国的数的发展作为一个阅读材料,其实印度在"公元 7 世纪"出现负数概念,但只被理解为"负债";欧洲数学家"迟迟不承认负数",认为它"不可思议";欧洲最早承认负数的是 17 世纪的笛卡尔,不过他称之为"假根";"直到 19 世纪,负数在欧洲才获得普遍承认"[8]。同时,过多地介绍少数数学文明古国及数学强国的数学文化,对当代的拉丁美洲、非洲等其他地区的数学文化的介绍几乎是一片空白。殊不知,非洲文化中也有勾股定理的存在。

其次,要注重数学史料选取的平民性。统计中发现,在突显主人公职业的数学史料中,数学家占了一大半之多,同时有一部分数学家拥有显赫的家庭背景。数学史料的这种职业背景是否会给学生这样的暗示,即做出数学发现贡献的主要是数学家或社会上层人士?尽管数学发展的现实可能确实如此,但我们是否需要让学生知道这一点?数学史在数学教育中的一个重要价值就在于让学生明白数学是人类活动的结果,即使平凡的劳动人民也在他们的生产、生活中创造和应用着数学。因此,数学教科书中的数学史料应体现更多的平民色彩,教科书编写者应更多地考虑数学大众文化的一面。事实上,教材也是完全可以做到这一点的,如八年级上册"一次函数"章节就可以向学生展示中国古代的老百姓是如何用水壶中水的变化来记录时刻的(中国古代漏刻),其中就有函数思想的萌芽。在介绍艺术作品中的中心对称(八年级下册第 108 页)时可以介绍中西方古代妇女织布中的对称图案,也可以向学生介绍我国苗族服饰和侗族鼓楼中的对称知识。

总之,本套实验教科书在数学史料的选取的视角、分布的范围以及文化多元性等方面有其特色,但在数学史料的学科联系上、深度设置的层次性上和文化多元性的数学素材选取的全面性上应做进一步的思考。

### 参考文献

[1]中华人民共和国教育部.全日制义务教育数学课程标准(实验稿)[S].北京:北京师范大学出版社,2001.

[2]朱哲,张维忠.中小学数学课程中数学史的呈现方式[J].浙江师范大学学报(自然科学版),2004(4):422 – 425.

[3]编者不详.义务教育课程标准实验教科书・数学:7—9 年级[M].杭州:浙江教育出版社,2004.

[4]刘芳.浙教版教材中数学文化渗透情况的分析[J].教学月刊(中学版),2010(2):24 – 27.

[5]张维忠.文化视野中的数学与数学教育[M].北京:人民教育出版社,2005.

[6]刘令,徐文彬.我国小学数学教科书中数学史料的分析与批判[J].全球教育展望,2008(7):87 – 91.

[7]杨豫晖,魏佳,宋乃庆.小学数学教材中数学史的内容及呈现方式的探析[J].数学教育学报,2007(4):80 – 83.

[8]陈碧芬,唐恒钧.北京师范大学版初中数学教材中数学史的研究[J].数学教育学报,2007(2):95 – 97.

### 三、数学教材文化研究

**【案例5-3】　初中数学教科书的文化构成与价值取向分析①**

**摘要：**教科书是承载知识与传承文化的重要载体。通过对我国现行"人教版""北师大版"和"浙教版"初中数学教科书的文化构成分析发现，我国初中数学教科书比较关注世界各国的数学文化，但更重视弘扬中华传统数学文化，对我国少数民族的数学文化介绍呈现边缘化；与城市背景有关的文化多于乡村文化，忽略了农村学生的数学文化背景；介绍精英人物数量和职业类型多于大众人物，呈现出精英文化价值取向；男女比例失衡严重，性别刻板印象明显。文中进一步分析了教科书文化构成失衡的原因并提出了应对策略。

**关键词：**教科书；文化构成；价值取向

教科书不仅是承载知识的载体，更是传播文化的重要媒介，其蕴含的文化构成和价值取向对学生文化观念的塑造有重要影响[1]。因此，教科书中的文化构成研究历来备受研究者的重视。比如倪文锦的《考察母语教科书文化构成的四个视角》[2]、朱家珑的《小学语文教科书文化价值的取向与构成：以江苏教育出版社版本为例》[3]、刘学利的《初中语文教科书的文化构成分析》[4]、李菁的《选择抑或超越：初中思想品德教科书的文化选择探讨》[5]、吴晓威和陈旭远的《高中英语教科书中文化内容研究》[6]、钱初熹的《中国中小学美术教科书中的传统文化》[7]、王世光和邱德芹的《社会科教科书中的异域文化：以国际理解教育为视角的考察》[8]、于冰和于海波的《教科书的文化再生产：物理教科书插图的性别文化分析及反思》[9]、陈翠花和周志鹏的《品味初中数学教材的插图文化》[10]。分析发现，国内从文化构成的视角研究教科书的样本基本上都是文科教科书，而对理科教科书研究较少，且以单一文化为主，没有全面系统地考察教科书中的各种不同文化构成。因此，本文选取人民教育出版社、浙江教育出版社、北京师范大学出版社的18册初中数学教科书作为研究对象，借鉴文化构成分析研究的方法与成果，对教科书中各种不同文化的构成和价值取向进行定量和定性分析，以期得出有价值的研究结论，对我国基础教育教科书建设有所贡献。

#### 1. 教科书文化构成的含义

"文化"的概念极其众多，西方学者克罗伯和克拉克洪就曾经搜集过160多

---

① 本文发表于《课程教学研究》2018年第10期，作者孙庆括。

种定义。最为经典的是人类学之父泰勒 1871 年下的定义,他认为文化就是包括全部的知识、信仰、艺术、道德、法律、风俗以及作为社会成员的人所掌握和接受的任何其他的才能和习惯的复合体。可见,在文化概念产生之初,文化按不同的维度就可以进行分类。比如最常见的文化构成划分方式,是从内容维度分为物质文化和精神文化,或物质文化、制度文化与精神文化等。二十世纪五六十年代,西方出现了"多元文化"的概念,如英国著名的多元文化教育专家詹姆斯·林奇把多元文化定义为特定地域如行政区、村庄、市镇、国家、同宗教区或全球范围内多种文化共同存在并相互作用的现象。教科书的文化构成指的是一种文化的构成要素,是文化的特征和单位。本文主要对国家文化、区域文化、阶层文化、性别文化四种文化进行考察。

**2. 教科书的文化构成与价值取向分析**

**2.1 国家文化在教科书中的构成分析**

《全日制义务教育数学课程标准(2011 年版)》中明确提出:"数学是人类文化的重要组成部分。"数学文化应渗透在教材中。因此,教材中应当包含一些辅助材料,如数学史料、数学家介绍等。初中数学教科书中设置了大量的"阅读材料"栏目来展现不同国家的数学文化。从国别的角度,把国家文化分为中国古代数学文化、西方数学文化、其他东方国家数学文化、多个国家数学文化、不突显国家的数学文化五个维度。中国古代数学文化主要是指以算法思想为中心而创造的一系列数学成果以及具有中国特色的数学文化;西方数学文化主要是指以演绎体系为核心进行创造的数学成果。

研究发现,教科书力求呈现不同国家的数学文化,体现数学文化多元的理念,呈现中国数学文化的比例总体略高于西方。三个版本的教科书"阅读材料"中共呈现不同国家的数学文化 139 处(见表 5 - 4),其中中国数学文化有 50 处(约占 36%);西方国家的数学文化共 32 处(约占 23%)。在对各国数学文化题材的选取上,人教版相对来说相对比较均衡,而浙教版和北师大版分别偏重介绍中国数学文化和西方数学文化。从总体上看,教科书还是倾向于对中国传统数学文化的介绍,已经开始关注世界各国的数学文化,但对世界各国数学文化的关注主要集中于欧美等发达国家,对其他不发达国家或发展中国家的数学文化涉及较少,对拉丁美洲、非洲等其他文化中的数学成就的介绍几乎空白。

表5-4　"阅读材料"中不同国家文化构成统计表

|  | 中国数学<br>文化 | 西方国家<br>数学文化 | 其他东方国<br>家数学文化 | 多个国家<br>数学文化 | 不突显国家<br>的数学文化 |
|---|---|---|---|---|---|
| 人教版 | 11 | 9 | 6 | 8 | 4 |
| 浙教版 | 27 | 8 | 5 | 10 | 3 |
| 北师大版 | 12 | 15 | 8 | 7 | 6 |

### 2.2 城乡文化在教科书中之构成分析

众所周知,不同的区域有着不同的文化,城乡之间也会表现出明显的文化差异。教科书中城乡文化主要以插图的形式呈现,城镇文化主要是展现一些与城市有关的生活场景和一些现代的建筑,然后配上一定的数学文字,以便增强数学知识学习的文化背景感,主要从现代建筑、游乐场景、舒适生活和其他等四个维度去体现。乡村文化主要展现的是一些自然风光和田园场景以及劳作生活的内容,主要从自然风景、荒凉场景、劳作生活和其他等四个维度去考察。

研究发现,与城市特征内容有关的插图数量略高于乡村,有关城市背景的插图多为正面描写,而乡村背景的插图多是负面描写。在数量上,三个版本教科书反映城市特征的插图为105个,反映乡村特征的插图为76个,前者是后者的1.4倍之多(见表5-5)。在价值取向上,插图中所反映城市背景的内容大多突出数学对现代城市文明和现代生活的正面影响。比如三个版本中描写与城市内容有关的现代建筑插图数分别平均占城市特征插图总数的40%、36%、32%。而与乡村有关的插图内容生活上以劳作为主,景物以荒凉的自然风光为主,所选插图多为数学知识点做个衬托而已,几乎没有多大实际作用,展现乡村给人以生活单调、封闭的印象。比如描写乡村荒凉场景及劳作生活的插图,分别约占乡村背景插图总数的26.3%和19.7%。明显发现,城市的正面描写和乡村的负面描写所占比例偏高。同时,描写农村生活文化背景的内容大部分局限在种树、种田等简单的劳作生活以及荒凉的自然场景。

表5-5　插图中的城乡文化构成统计表

|  | 城市特征 | | | | 农村特征 | | | |
|---|---|---|---|---|---|---|---|---|
|  | 现代<br>建筑 | 游乐<br>场景 | 休闲<br>生活 | 其他 | 自然<br>风景 | 荒凉<br>场景 | 劳作<br>生活 | 其他 |
| 人教版 | 10 | 8 | 2 | 5 | 7 | 5 | 6 | 4 |

续表 5 – 5

|  | 城市特征 |  |  |  | 农村特征 |  |  |  |
|---|---|---|---|---|---|---|---|---|
| 浙教版 | 14 | 10 | 6 | 9 | 9 | 8 | 5 | 7 |
| 北师大版 | 13 | 9 | 12 | 7 | 8 | 7 | 4 | 6 |

### 2.3 阶层文化在教科书中的构成分析

教科书中的阶层文化主要分为精英文化和大众文化。精英文化是以数学家为代表的知识分子阶层中的自然科学及人文科学知识分子创造和传播的数学文化。大众文化是普通人物在日常生活和生产中创造和使用的数学文化,具有平民性和通俗性。

研究发现,教科书中精英人物的数量远多于大众人物,同时,精英人物所从事职业的类型多于大众人物。从数量上看,三个版本中,精英人物出现 123 次,大众人物出现 68 次,精英人物将近是大众人物的 2 倍(见表 5 – 6)。分析发现,人教版排名前 5 位的是数学家(42.19%)、运动员(6.25%)、白领(4.69%)、物理家(3.13%)、哲学家(1.56%);浙教版排名前 5 位的是数学家(41.67%)、运动员(18.75%)、艺术家(6.25%)、哲学家(4.17%)、建筑师(2.08%);北师大版排名前 5 位的是数学家(57.69%)、白领(10.26%)、运动员(8.97%)、官员(6.41%)、教师(5.13%)。可以说,每个版本教科书的精英人物出现的次数都高于大众人物,表现出强烈的主流阶层控制社会的价值观的倾向。

表 5 – 6 插图和文本中的阶层人物统计表

|  | 精英人物 | 大众人物 |
|---|---|---|
| 人教版 | 40(62.5%) | 24(37.5%) |
| 浙教版 | 31(64.6%) | 17(35.4%) |
| 北师大版 | 52(65.8%) | 27(34.2%) |

从职业上看,精英人物所从事职业类型多,范围广,包括数学家、哲学家、建筑师、物理学家、天文学家、艺术家、白领和官员等;而大众人物从事的职业主要是运动员、工人、农民、售货员等,范围较窄。另外,从价值取向上看,城市背景的精英人物多于乡村背景的精英人物。比如数学家在各版本教科书中的比例占近一半,介绍他们的出生背景时大多说其身处知识分子家庭或贵族之家,暗示具有城市生活背景的人更容易成长为优秀人物。

### 2.4　性别文化在教科书中的构成分析

教科书中的性别文化历来是专家和学者研究的重要对象。已有研究表明[11]：教科书中男性角色多于女性角色；教科书内容几乎不涉及性别平等问题，且表现出男主女从的传统定型；男性往往处于主导地位，女性基本处于辅助的次要地位。本研究从性别角度分为男性文化和女性文化，又按年龄把男性分为成年男性和同辈男性，把女性分为成年女性和同辈女性，全方位、多视角地分析教科书插图中男女出现的次数、比例、角色及职业种类。

研究发现，教科书插图存在明显的性别不平等或刻板印象。首先，插图中男性数量总体多于女性。人物共出现 384 次，其中男性出现 296 次，而女性仅出现 88 次，男性出现的频次是女性的 3 倍之多（见表 5-7）。从单个版本看，人教版、浙教版和北师大版教科书中男性出现的次数分别为 59、60、177（人次），分别约占相应版本男女总人次数的 79%、77%、77%；女性出现的次数分别为 16、18、54（人次），分别占相应版本男女总人次数的 21%、23%、23%。整体上看，"男多女少"的现象在各版本教科书中表现出了一致性。其次，成年男性出现的次数多于女性。三个版本的插图中，成年男性出现的总人次数为 120，成年女性出现的总人次数为 22，成年男性出现的频次是成年女性的近 5 倍；另外，成年男性出现的次数分别为 38、44、38（人次），成年女性出现的次数分别为 7、9、6（人次），每个版本的教科书中成年男性出现的频次远多于女性。同辈男性出现次数也多于同辈女性。同辈男性出现的总人次数为 176 次，约占同辈男性和女性总人次数的 73%；同辈女性出现的总次数为 66 次，约占同辈男性和女性总人次数的 27%。成年男性出现的频次是成年女性出现频次的约 2.6 倍。可见，插图中成年男性与女性、同辈男性与女性所占比重悬殊。

表 5-7　插图中的性别文化统计表

| | 男性 | | 女性 | |
| --- | --- | --- | --- | --- |
| | 成年男性 | 同辈男性 | 成年女性 | 同辈女性 |
| 人教版 | 38(84.4%) | 21(70.0%) | 7(15.6%) | 9(30.0%) |
| 浙教版 | 44(83.0%) | 16(64.0%) | 9(17.0%) | 9(36.0%) |
| 北师大版 | 38(86.4%) | 139(74.3%) | 6(23.6%) | 48(25.7%) |

最后，成年男性从事的职业种类与角色类型明显多于女性（见表 5-8）。三个版本的教科书插图中，成年男性的职业种类约占 71.4%，成年女性的职业

种类约占 28.6%。男性职业种类比女性的职业种类多 2 倍多。另外,男女职业种类悬殊。男性出现的人物次数与职业种类平均之比为 2.4∶1,女性职业种类中,平均比例仅为 1.3∶1。这说明在男性的每种职业中男性平均出现 2.4 次,女性的每种职业中平均出现 1.3 次,与插图中男性出现的人次数高于女性的结果相吻合。

表 5-8　插图中成年两性角色及职业统计表

| | | 社会角色及职业 | 种类 | 次数 |
|---|---|---|---|---|
| 男 | 人教版 | 数学家、工程师、运动员、教师、白领、技术员、裁判员、警察、建筑工人、收割员、木匠、油漆工 | 12 | 31 |
| | 浙教版 | 数学家、宇航员、官员、运动员、医生、厨师、警察、服务员、工人、跳伞运动员、探险队员 | 11 | 25 |
| | 北师大版 | 数学家、拉面师傅、装修师傅、运动员、公司职员、摄影师、皮影师、经理、主持人、白领、军人、农民 | 12 | 27 |
| 女 | 人教版 | 白领、教师、医生、演员、工人 | 5 | 7 |
| | 浙教版 | 体操演员、打字员、运动员、教师 | 4 | 6 |
| | 北师大版 | 运动员、售货员、教师、公司职员、售票员 | 5 | 5 |

**3. 教科书中文化构成失衡的原因分析**

**3.1　课程标准表述的模糊化**

课程标准的表述对教科书编制的影响是必然的。虽然《义务教育数学课程标准(2011 年版)》在前言中明确强调了"数学是人类文化的重要组成部分",强调了数学文化多样性的观点,但是,这样一笔带过的描述具有很大的模糊性。教科书编写的建议中强调关注学生的文化背景和思维方式差异,介绍相关的数学文化知识。这里只是明确提到编写教科书时应注重文化背景,没有提到如何兼顾各种文化,这可能也是导致数学教科书文化构成失衡的间接原因。因此,很有必要在数学课程标准中明确提出多元文化的观点,以免出现课程标准实际上注重多元文化,而教科书中缺乏多元文化的现象。

**3.2　教科书编者的课程文化观狭隘**

编者的主观因素包括其课程文化观、文化选择的价值取向等。教科书编者可能具有较强的个体文化思维定式,偏向于选择主流的文化。按照社会学的观点,课程是社会控制的一种中介。作为课程重要载体的教科书,所选择的课程文化内容是通过社会主控阶层精心挑选的产物。因此,编写者个人的主观因素是教科书中不同文化构成比例失衡的重要方面。

### 3.3　编制人员的构成单一化

考察三套教科书编者的男女数量后发现,人教版编者的男女性别之比大约为6∶1;浙教版编者的男女性别之比大约为5∶1,北师大版编者的男女比例大约为2∶1。可见,三个版本的教科书在编写人员男女构成上表现出男多女少的一致性,这种差异可能也是导致教科书性别比例失衡的重要原因。另外,三套教科书的编者没有一位少数民族的数学教师,这种情况在一定程度上可能会影响少数民族数学文化的选择。同时,这些教科书的编写者几乎都是具有城市背景的数学教师,这可能也是城乡文化构成失衡的原因所在。

### 4. 教科书中文化构成失衡的应对策略

研究表明,教科书的文化构成和价值取向呈现如下特点:第一,比较关注世界各国的数学文化,体现了一定程度的多元文化取向,但更重视弘扬中华传统数学文化,对我国少数民族数学文化的介绍呈现边缘化趋势;第二,城乡文化比例失衡,与城市背景有关的文化多于乡村,忽略了农村学生的数学文化背景;第三,精英人物数量和职业类型多于大众人物,呈现出明显的精英文化价值取向;第四,男女比例失衡严重,性别刻板印象依然存在,呈现出男性主导的文化价值取向。可以从以下几个方面对教科书加以改进和完善:

### 4.1　树立教科书编者的多元文化课程观

英国著名社会学家麦克·F. D. 扬认为,教科书传递的往往不是价值中立的知识,主控阶层往往利用手中所掌握的资源或权利,选择符合他们意识形态或所需的课程文化内容[12]。因此,教科书编写者要避开狭隘和带有偏见的课程观,树立多元文化课程观,以多元开放的心态和观念处理素材,倡导不同文化背景的读者从各自的视角阐释和理解教科书内容。一方面,要加强对教科书中不同文化的研究。这就要求研究人员科学研究各种文化应当在教科书中占有多大的比例。比如关于数学教科书中阅读材料中的数学文化的设置,总共设置多少专题,有多少专题内容可以选取不同国家的数学文化,这些具有多元文化的数学专题在整个专题中的比例是多少;另外,插图中的城乡文化背景、古现代文化及性别文化所占的比例有多大都值得进行量化研究。另一方面,要加强多元文化课程的理论研究。当前对多元文化课程的设计模式和组织方式等的研究都比较成熟。同时,数学课程中多元文化数学素材的开发也取得了丰硕的成果。数学教科书编写者能否借鉴多元文化课程的相关理论研究成果,合理地运用多元文化数学素材编写教科书也是值得研究的。

### 4.2 加强国家的多元文化审查职能

首先,国家要对教科书编者开展多元文化的专门培训,就教科书编写队伍的不同文化背景人员的构成比例制定标准,比如城乡教师、男女教师及外国数学教育专家的比例。其次,国家要制定相关的教科书多元文化检视标准,成立专门机构,加强对教科书多元文化的审查。比如,美国国务院等部门于20世纪80年代中期就出版专门指南手册督促出版部门在出版物中使用不含性别歧视的中性语言,注意不同种族的文化[13]。因此,我国也要建立自己的教科书多元文化审查机构和标准,有意识地审查各种文化的比例问题,特别要注意审查整套教科书的编纂者未曾意料到的、客观上具有"叠加效应"的不同文化比例失衡问题。

### 4.3 开展教师的文化平等意识培训

教师是教科书最终的实施者。由于教科书中不平等的文化信息很大程度上源于编写者的无意识和定势观念等,因此对教师进行多元文化认识和平等意识的培训是确保教科书无文化偏见的最后保障。此外,还可以编写一些覆盖内容较广,有较大弹性和灵活性,补充教科书不足的辅助性读物[14],比如针对数学教科书可以编写多元文化数学读本、少数民族数学文化读本、女性数学家读本等培训教材,引导教师在教学中有意识地开展多元文化教育,努力削弱和避免教科书内容可能产生的负面作用。

**参考文献**

[1]石鸥,廖巍.教科书内容的确立与有效教学的风险[J].湖南师范大学教育科学学报,2015(2):36 - 42.

[2]倪文锦.考察母语教科书文化构成的四个视角[J].全球教育展望,2007(8):64 - 66.

[3]朱家珑.小学语文教科书文化价值的取向与构成:以江苏教育出版社版本为例[J].教育导刊(上半月),2008(7)34 - 36.

[4]刘学利.初中语文教科书的文化构成分析[J].教育探索,2015(12):34 - 36.

[5]李菁.选择抑或超越:初中思想品德教科书的文化选择探讨[J].内蒙古师范大学(教育科学版),2008(12):110-113.

[6]吴晓威,陈旭远.高中英语教科书中文化内容研究[J].社会科学战线,2014(12):263-266.

[7]钱初熹.中国中小学美术教科书中的传统文化[J].全球教育展望,2015(3):117-128.

[8]王世光,邱德芹.社会科教科书中的异域文化:以国际理解教育为视角的考察[J].教育学报,2010(5):27-32.

[9]于冰,于海波.教科书的文化再生产:物理教科书插图的性别文化分析及反思[J].当代教育与文化,2015(5):79-83.

[10]陈翠花,周志鹏.品味初中数学教材的插图文化[J].数学教育学报,2008(3):98-99.

[11]曾天山.论教材文化中的性别偏见[J].西北师范大学学报(社会科学版),1995(4):34-39.

[12][英]麦克·F. D. 扬.知识与控制:教育社会学新探[M].谢维和,朱旭东,译.上海:华东师范大学出版社,2002.

[13]张勋,周鸿敏.小学数学教材中性别刻板印象分析[J].教育学术月刊,2008(7):23-25.

[14]孙庆括,胡启宙.数学教科书中人物性别角色的社会学研究[J].南昌师范学院学报,2014(3):9-13.

## 四、数学教材编制理论研究

### 【案例5-4】 多元文化视野下的数学教科书编制问题刍议①

摘要:从多元文化的视角研究数学的教与学已逐渐成为国际数学教育研究的新趋势。多元文化进入数学教科书有理论意义与现实价值;典型性、情境性、接受性与激趣性是多元文化视野下数学教科书内容选取的基本原则;而"要素—附加式""系统—整合式"与"专题—拓展式"则是多元文化视野下数学教

---

① 本文发表于《全球教育展望》2012年第7期,作者张维忠、孙庆括。

科书内容组织的主要方式。

**关键词**:多元文化;数学教科书;教科书编制

进入 21 世纪,国际上数学课程的改革纷纷趋向多元文化的视角。美国《学校数学课程标准(2000)》中的"数学联结",就明确指出必须让学生明白数学在多元文化社会中所起的作用及深刻认识到各种不同文化对数学发展的贡献[1]。与美国《学校数学课程标准(2000)》同一年颁布的《英国国家数学课程》也有类似的表述。无论是法国、德国及澳大利亚新版的数学教学大纲,还是俄罗斯的《教学计划与课程标准(2007 年版)》、葡萄牙的《基础教育数学课程标准(2007 年版)》,都指出数学是全人类共同的文化成就。另外,一些西方主要发达国家的数学教材,如英国的初中数学教材 Practice Book(Y7A – Y9B,2001)[2]、法国的初中数学教材 Math(2007)[3]、丹麦和波兰的中学数学课本[4]、美国的高中文科数学教材《直观信息》[5]、美国和荷兰联合开发的初中数学教材《情境数学》[6],展现了大量的多元文化的数学素材。我国 2001 年以后颁布的数学新课程标准中也明确提出了数学是一种文化,要充分考虑不同文化背景下学生的数学学习。可见,当前西方发达国家的数学课程已着重强调融入多元文化,并在数学教科书中进行实践探索,而我国的数学课程标准中仅有所体现,数学教科书中具体落实情况如何是个未知数。同时,回顾国内数学教科书的研究现状,很少有系统的针对多元文化取向的数学教科书研究。在"中国期刊全文数据库"中以"多元文化"和"教科书"或"教材"为关键词,搜索到 1979 年到 2012 年的相关文献仅有 30 篇。其中,数学教科书或教材相关文献有 7 篇,直接相关的仅 1 篇,数量明显偏少。而开展多元文化视野下数学教科书的编写研究,不仅丰富了数学课程或数学教科书的编制理论,也为我国数学教科书的改进与发展方向提供借鉴与启示。

**1. 多元文化进入数学教科书的价值问题**

"多元文化主义"的概念首次出现于美国犹太裔哲学家喀兰在 1915 年发表的《民族主义与熔炉》一文中。当时"多元文化"仅指两种文化:一种是两种差异悬殊的并存文化,即存在于殖民地或后殖民地国家中的以欧洲文化为主的统治文化及原居民的种族文化;另一种是各民族之间以及各民族群体之间,其文化特性有着较大的差异且并存的民族文化[7]。自二十世纪五六十年代以来,多元文化作为一种社会思潮,被广泛应用于教育领域,随即出现了多元文化教育的理念。到二十世纪七八十年代,数学教育领域也兴起了数学的多元文化研究。这里的多元文化更多指的是某些特定的文化群落或人群(如少数民族或原住民)所使用的和其中产生的数学思想(简称多元文化数学)。就像 Howson 所认为的那样,在所有社会文化群落里存在大量的用于分类、排序、测量、比较、数量化、处理空间的定向等各种不同的数学工具,但这些工具不是通常严格意义上的标准的数学工具[8]。此后,数学教育中引入多元文化,多元文化逐渐被重视起来。有"多元文化数学之母"之称的美国学者 Claudia Zaslavsky 认为,多元文化进入数学课程有如下优点[9]:(1)能使学生了解数学在各种社会中的角色,进而了解数学出自人们的实际需求;(2)学会欣赏异文化;(3)凭借数学与历史、语言、艺术等主题的连接,让学习更有意义;(4)在课程中融入少数民族的文化遗产,可以建立少数民族学生的自信,促使他们对数学更有兴趣。事实上,我国目前的基础教育数学课程的改革已经遇到了多元文化的困境。比如,目前我国少数民族地区的数学教科书的使用就出现了不少问题:少数民族地区普遍使用汉语编写的全国通用的中学数学新课程实验教科书,没有考虑我国少数民族学生的数学文化背景。殊不知,我国少数民族的建筑、服饰、绘画、计量单位、天文历法、宗教以及民族数学史中蕴藏着丰富的数学文化。所以,我国数学课程改革要充分考虑数学的文化多元性,特别是少数民族地区的数学课程迫切需要这种多元文化。

另外,我国数学新课程改革已进入深化阶段。特别是 2011 年重新修订了2001 年颁布的《全日制义务教育数学课程标准(实验稿)》,其中在前言中对"数学观"的表述为:数学是人类文化的重要组成部分,数学素养是现代社会每一个公民应该具备的基本素养[10]。在其课程基本理念中的义务教育的总目标中强调使人人都能获得良好的数学教育,不同的人在数学上得到不同的发展。在新旧数学课程标准中都强调把知识与技能、过程与方法、情感与价值观作为数学课程的教学目标。这三个教学目标中,前两个目标具有可操作性,而最后一个目标——情感与价值观,在新修订的课标中表述为:培养学生的好奇心和求知欲,建立学习数学的自信心,让学生了解数学的价值等,因而不具有实际的可操作性,实施起来非常困难。然而,多元文化强调学生对世界上不同文化的理解、尊重和认同,所以把多元文化的数学素材融入数学教科书是落实以上这些数学新课程改革理念的良好途径,特别有可能为三维目标中的情感态度与价值观这一目标的落实提供通道。

**2. 多元文化视野下数学教科书内容选取的原则**

多元文化的数学内容进入数学教科书面临的首要问题是对多元文化的数学素材的挖掘。目前,多元文化的数学素材的挖掘方式主要有两种:一是从数学史中进行挖掘,比如对我国水族数学史中数的概念进行研究,对藏族传统文化中蕴含的数学思想进行探究;二是从日常生活中进行挖掘,比如蒙古包结构中蕴含的黄金分割比例、苗族服饰蕴含的数学因素。然而,并非所有与数学课程内容相对应的多元文化的数学素材都有必要进入数学教科书。把多元文化的数学素材融入数学教科书,既要考虑数学教科书中的数学内容本身的难易程度及知识体系的特点,又要依据教育学和心理学的有关原理,综合考虑学生的接受能力。所以,把多元文化的数学素材融入数学教科书必须遵循以下几个原则:

**2.1 典型性**

所谓典型性原则是指所选取的多元文化的数学内容应紧扣中学数学教科书中的相关数学知识,并充分反映与代表数学的文化多元性。也就是说所选内容不仅在数学教科书的知识体系中占有重要的地位,也能重点突出不同文化为数学所做的贡献。事实上,目前中学数学教科书中适合开发的主题单元有一元二次方程的解法、勾股定理的证明、球体积的证明、对称、圆周率、相似三角形、三角函数、数列、函数的概念、排列与组合等。就数学内容而言,可以是不同文化中的数学概念、数学符号、数学定理和公式证明等的介绍,比如三角形面积公式的不同求法。无论是古希腊数学家海伦利用三边长求三角形面积的方法,还是我国南宋数学家秦九韶、日本数学家村濑义益的算法,都表现出了数学思想表达的文化多元性[11]。还有排列与组合的知识,古代印度人、阿拉伯人、犹太人和欧洲人都做了大量的工作。此外类似的还有一元二次方程的解法,古巴比伦人、我国古代数学家赵爽、印度人、阿拉伯人也各有自己的求解方法[12]。就取材形式而言,要突出广泛性。所选内容还可以是不同文化中的生活和艺术中的数学等,譬如非洲编织品中体现的勾股定理,我国剪纸、侗族鼓楼及非洲地区的艺术品和伊斯兰图案等呈现的数学对称。因此,典型性是多元文化的数学素材融入数学教科书所考虑的首要原则。

## 2.2　情境性

所谓情境性原则就是数学素材的选取既要考虑多元文化的视角,又要考虑情境的设置问题。一方面,选取的多元文化的数学素材要进行情境创设。根据弗莱登塔尔的现实数学教育理论,数学课程内容应该从学生熟悉的现实生活出发。具体到数学教科书中,应当从与现实生活密切相关的情境问题出发,因为情境问题是直观的和容易引起想象的数学问题,学生通过这些情境问题更能发现数学概念和解决实际问题。所以,融入数学教科书中的多元文化的数学素材要进行情境的设置。事实上,几何中的多元文化数学素材一般是直观的,大多具有情境性的特点,不需要进行大力度的加工,而代数中的素材需要重新加工和创设情境。特别是统计课程是自然学科和人文学科的交叉课程,所选取的数据不是一个孤零零的数,而是具有联系上下文的真实背景的数。这些数据具有很强的现实性,又表现出极大的社会相关性。另一方面,要选取多元文化视角下具有原始情境性的数学素材。比如初中数学教科书中"镶嵌"一节中的素材选取,从自然界中的蜂房到古希腊的拼砖、罗马的马赛克,从中国的窗棂到 14世纪西班牙摩尔族王室宫殿中的阿尔罕布拉宫的奇妙设计,从 M. C. 埃舍尔出色的绘画作品到简洁的彭罗斯(Penrose)的拼砖,都能寻找到不同的美妙而神奇的镶嵌图案,这些多元文化的数学素材自身就具有十足的情境性[13]。

## 2.3　接受性

这里的接受性原则有两层含义:一方面,要充分考虑多元文化的数学素材融入数学教科书中的"信息负荷"问题;另一方面,要从学生心理方面考虑学生的"认知负荷"问题。这主要是因为从数学史角度挖掘得到的多元文化数学素材往往过于强调学术抽象,不能很好地适应现有的数学教科书内容的教学。另外,从日常生活中挖掘得到的多元文化数学素材因过于强调数学的文化背景,而缺乏突出的数学元素和深刻的数学思想。接受性原则就是要求将过于学术化的数学史上的多元文化素材转化为教育形态的数学,以便更好地将其运用到数学教科书的实践教学中。此外,还要提炼日常生活中的多元文化数学内容,在挖掘数学思想的同时兼顾数学方法的渗透。目前,关于从日常生活中开发多元文化数学素材的研究有两个成功的案例:一个是我国凯里学院的张和平等人以黔东南苗族服饰及侗族鼓楼中的原生态数学文化为背景,开发其中的初等数学和高等数学知识,并结合研究性学习的理论,成功地开展了实践教学活动[14];另一个是美国阿拉斯加的文化数学项目(math in a cultural context,简称MCC),该项目主要是发掘当地居民的数学文化传统,并将这种数学文化传统运用到数学课程的开发和教学中去,该项目已经在美国阿拉斯加偏远地区实施了二十年[15]。因此,从已有研究的实践成果来看,从学生的可接受性心理和能力水平出发,多元文化数学进入数学教科书应该会取得不错的效果。

### 2.4 激趣性

激趣性原则是指所选取的多元文化的数学素材在处理方式上既要让学生理解数学知识,又能激发学生的学习兴趣。这就要求选取的素材的表达形式灵活多样,在文字表述的过程中,配上相应的数学图片。对插图等形式,要从多学科的视角进行处理。这些都能激发学生对多元文化数学的热爱,促进学生对不同文化的理解。

### 3. 多元文化视野下数学教科书内容组织的方式

数学的多元文化内容融入数学教科书的组织方式有三种:第一种是在现行数学教科书的各部分中适当地增加多元文化的数学内容,即要素—附加式,目的是促进学生对世界多元文化的理解与认同,培养文化多元的数学观;第二种是像新课程改革中提倡的开设数学史选讲、数学文化等课程一样,开设多元文化数学选修专题或课程,可以采用系统—整合式的开设方式;第三种是基于目前我国数学教育现实的考虑,走多元文化数学和数学课程整合之路,采用"专题研究—问题拓展"(简称专题—拓展)的方式。

### 3.1 要素—附加式

这种组织方式的理论基础来源于美国著名的多元文化教育专家班克斯所提出的多元文化课程设计的四种模式,即贡献模式、附加模式、转换模式和社会行动模式中的前两种模式。其中,贡献模式是指着重介绍其他个别文化元素。附加模式强调保留原课程结构,在原课程中加入不同的文化内容、概念、主题和观念[16]。以此为借鉴,所谓要素—附加式,是把多元文化的数学素材作为要素渗透或附加到数学教科书的各个环节的组成部分中。比如可以在数学教科书的引言、章头图、例题、练习题、插图以及阅读材料中,引入不同文化中的数学内容,这种素材只是一种辅助学习数学知识的手段。

首先,章头图是引入多元文化数学的良好载体。2001 年新课程改革后所出版的数学教科书,几乎都不约而同地在每一章的开头使用了"大器十足"的章头图,这为多元文化数学的引入创造了良好的条件。有两种呈现方式:全图式背景和方格图式背景。全图式背景是指以一张完整的大图呈现不同国家、民族、阶层、时代和性别中的数学,并在全书中保持合理的比例,这种形式目前是各版本教科书采用最多的形式。方格图式背景是指把一张大图分为若干个小格,在每个小格中放入具有多元文化背景的数学图片,这种呈现形式目前是少数版本数学教科书采用的辅助形式。比如现行青岛出版社(简称"青岛版")出版的八年级上册数学教科书中第一章"轴对称与轴对称图形"的章头图就采用这种形式,它的背景图是一张大图,内容是广西的桂林山水,下方是张小图,内容是我国 6 个民族的图案。

其次,现行各版本的数学教科书的引言都采用了言语叙述和问题提出这两种形式引入数学史。比如,有研究表明,浙江教育出版社(简称"浙教版")出版的 6 册初中数学教科书中出现的 53 处数学史料,引言中就出现了 18 处(占34% )[17]。所以,引言也是引入多元文化数学内容的重要部分。言语叙述是直接以文字语言叙述的方式介绍有关的多元文化数学,通常可以介绍不同国家和文化中的数学家的生平、成就、趣闻逸事、重大的数学成果和事件、重要的数学思想和方法的起源等。问题提出这种呈现形式可以采用"情境 + 问题"的方式引入多元文化数学。

再次,现今的各个版本的数学教科书中都有大量的插图,都极力通过插图来展现数学文化。主要有数学人物类插图、生活类插图、数学类插图以及导读类插图。因此,在各类插图中可以引入多元文化数学。比如数学人物类插图就可以选择不同国家和性别的数学名人头像插图,如人民教育出版社(简称"人教版")出版的初中数学教科书中就出现了 18 幅数学家的头像,这些头像涉及多个国家[18]。生活类插图可以选择不同时代和不同国家文化中与数学有关的创造物插图。如人教版初中数学教科书中就展现了 30 多幅与数学有关的建筑插图,其中不仅有埃及的金字塔,也有我国香港的中银大厦、法国的埃菲尔铁塔以及我国古代的赵州桥。还可以选择不同国家和文化中的艺术插图,比如人教版数学教科书的许多插图中,不仅出现了中国的窗花,也出现了古希腊的维纳斯雕像及荷兰的镶嵌绘画大师 M. C. 埃舍尔的镶嵌作品,这些艺术插图从侧面展现了数学的文化多元性。

最后,例题和练习题中展现的多元文化数学,不仅可以直接引出不同文化中的数学经典史料中的数学名题,还可以对其进行加工或重新编排。此外,"读一读""阅读与思考""阅读材料"等栏目也是呈现多元文化数学的重要载体。

### 3.2 系统—整合式

无论是国外的数学课程改革还是我国的数学新课程改革,都强调数学与其他学科的联系与整合。美国的一套数学教材《探索数学》就非常注重通过数学与其他学科的联系的形式展现数学的文化多元性,比如第六册第七章中对位值的介绍,教材通过引用古巴比伦人所使用的楔形文字,对数系的起源做了简单的描述。同时,在整个章节中,教材都把数学内容与艺术、消费、科学和健康等多种学科联系起来。荷兰的 Freudenthal 研究所于 20 世纪 80 年代中期到 90 年代初期成功开发的一套名为 Profi 的高中数学教材所选取的数学情境中的素材,多取自物理、化学和生物科学及数学史等[19]。这种设计形式既考虑了数学的文化多元性,又考虑了其他学科中的数学。另外,我国 2001 年颁布的初中数学课程标准中的课程资源开发的建议中也强调关注数学与其他学科之间的综合与联系,要求从自然现象、社会现象、人文遗产和其他学科中挖掘可以利用的资源来创设数学情境。

基于国内外注重在数学课程改革中通过数学与其他学科整合的形式展现数学的文化多元性的理念,提出了多元文化数学融入数学教科书的系统—整合式。它主要有两种组织方式:一种是全书的每一章都选择一个多元文化主题,这些主题则构成一个系统。比如 1998 年美国 Wing for learning 出版社出版的一种高中文科用的数学教材《直观信息》(Date Visualization),全书共分八章,每章都有一个多元文化的相关主题。如第一章"世界统计"用的都是不同文化中的例子,这些主题在全书中构成一个多元文化的系统。另一种强调以各科知识内容为主线,串联与其他学科相联系的多元文化的数学内容,并以主题单元的形式进行设计。比如"对称"这个数学主题单元,就可以用数学中的对称、科学中的对称、建筑中的对称、生活中的对称等做小节标题来展现数学的多元文化。

显然,其他学科中的对称知识就以数学对称知识为单元组成了一个系统(图5-1)。后一种形式适用于开设多元文化视野下的数学选修课程。

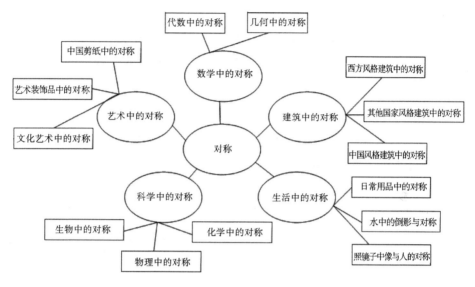

图5-1 "对称"单元系统——整合式

### 3.3 专题—拓展式

专题—拓展式,即"专题研究—问题拓展"的简称,是指数学教科书中在介绍相关的多元文化的数学专题知识后,提出一定的问题加以拓展。比如"勾股定理"的证明方法有很多种,现行各版本初中数学教科书都注意了这一点,将勾股定理的不同证明方法放到了教科书的各个部分,向学生充分展示了勾股定理证明的文化多元性。事实上,可以提出这样的问题:请你通过各种途径查阅资料,对不同地区和时期的证明方法加以比较分析,你能写一篇介绍勾股定理的文章吗?你能发现类似的其他数学知识的证明方法吗?三角形的面积公式的求法、一元二次方程的求根公式都适合此种方法。

首先,完善"数学史话"专题。地域、时代和思维方式等的不同,使得世界上许多国家和民族产生了自己的数学传统,比如以理性为主的古希腊产生了演绎体系的数学,以实用为目的的古代中国等东方国家产生了以算法为体系的数学。从数学的发展史来看,对于同一数学概念和定理,不同文化有不同的表现形式,这就表现出了数学的文化多元性,一元二次求根公式及杨辉三角的表示方法就是最好的例证。考察现行数学教科书中的"阅读与思考""数学史话""阅读材料"等重点呈现的数学史专题,发现相关介绍都在一定程度上体现了数学文化多元性的理念。然而,所呈现的多元文化数学专题偏少,介绍形式过于机械化——罗列史料。此外,还可以通过下列两种形式进行完善:第一种在设置方式上——连续性和综合性相结合。连续性指以数学课程中的一个领域为单位,整体考虑多元文化数学的史料设置。比如"数"这个领域就可以从初中的"负数""无理数"开始,一直到高中的"复数"的介绍都应从整体上遵循数的文化多元性的规律,这样就能更好地培养学生的多元文化数学意识。综合性是指打破时空的限制,对同一数学内容,展现不同时空下数学家对同一成果的研究,突出数学思想和方法。比如三角形公式的求法与证明,既可以选择我国的出入相补原理,也可以选择西方的演绎几何的证法,以便更好地实现多元文化的数学教育目的。第二种在处理形式上,要突破原有的文字叙述的形式,可以增加数学史的图片,比如邮票上的数学、泥板上的数学等。总之,在原有的体现多元文化数学的史料中,在设置方式和处理形式上增强灵活性,以便发挥多元文化的数学史料应有的教育功能。

其次,优化"数学活动"栏目。这里的数学活动分为两种——静态的数学活动课程与动态的数学活动课程。前者是指在数学教科书中开设"数学活动"专栏,主要展现多元文化数学的算法,让学生动脑和动手,高效地重演历史的过程。后者是指把选取的多元文化数学素材设计成一些有意义的课堂教学活动,比如角色扮演、演讲与讨论等,使学生理解和体会不同文化中的数学对人类的贡献。国外的多元文化数学教育专家 Claudia Zaslavsky 已在此方面做了大量的研究,澳大利亚学者 Dickenson-Jones[20] 探讨了将原住民的相关数学活动植入西方课堂的教学方式,这些研究都取得了良好的效果。比较而言,我国现行数学教科书中设置的"数学活动"专栏,基本上还是强调数学知识运用的数学活动,很少注意数学活动素材选取的文化多元性背景。比如考察我国现行的人民教育出版社和上海科学技术出版社出版的两套初中数学教科书中的"数学活动"栏目后发现,仅有人教版七年级下册116页的数学活动2中的素材有点多元文化的背景,其他均很少体现。

最后,开发"数学游戏"单元。2011年教育部颁布的《全日制义务教育数学课程标准(修改稿)》明确指出,教师应充分利用学生的生活经验,设计生动有趣、直观形象的数学教学活动,如运用讲故事、做游戏、直观演示、模拟表演等,激发学生的学习兴趣。因此,数学教科书中增加了许多数学游戏的知识。比如人教版数学教科书中设置了"填幻方"等 5 个游戏;青岛版义务教育实验数学教科书中也增加了"翻硬币的游戏"等 6 个游戏;北师大版初中数学教科书中也介绍了 10 多个数学游戏素材。分析发现,这些数学游戏的编排大多以文字叙述式的阅读材料为主,设计形式单一,侧重数学知识的运用。同时,数学游戏题材显得十分单调,很少有体现多元文化的数学游戏题材。因此,突显数学游戏题材的文化多元性是未来数学教科书中设置"数学游戏"单元必须考虑的方向。

**参考文献**

[1]张维忠,方玫.多元文化观下的中学统计课程[J].外国中小学教育,2007(5):51-54.

[2]傅赢芳,张维忠.中英初中数学教材中应用题的情境文化性[J].外国中小学教育,2007(2):29-32.

[3]徐斌,汪晓勤.法国数学教材中的"平方根":文化视角[J].数学教学,2011(6):5-7,18.

[4]王振辉,汪晓勤.数学史如何融入中学数学教材[J].数学通报,2003(9):18-21.

[5][6][19]孙晓天.数学课程发展的国际视野[M].北京:高等教育出版社,2003.

[7]郑金洲.多元文化教育[M].天津:天津教育出版社,2004.

[8]G.豪森,C.凯特尔,J.基尔帕特里克.数学课程发展[M].周克希,赵斌,译.上海:上海教育出版社,1992.

[9]Zaslavsky C. The multicultural math classroom:bring in the world[M].Portsmouth,NH:Heinemann,1995.

[10]中华人民共和国教育部.全日制义务教育数学课程标准[S].北京:北京师范大学出版社,2011.

[11]沈康身.历史数学名题欣赏[M].上海:上海教育出版社,2002.

[12]章勤琼,张维忠.多元文化下的方程求解[J].数学教育学报,2007(4):72-74.

[13]张维忠.多元文化下的方程求解[M].上海:上海教育出版社,2011.

[14]张和平,罗永超,肖绍菊.研究性学习与原生态民族文化资源开发实践研究:以黔东南苗族服饰和侗族鼓楼蕴涵数学文化为例[J].数学教育学报,

2009(6):70 – 73.

[15]常永才,秦楚虞.兼顾教育质量与文化适切性的边远民族地区课程开发机制:基于美国阿拉斯加土著学区文化数学项目的案例分析[J].当代教育与文化,2011,3(1):7 – 12.

[16]靳玉乐.多元文化课程的理论与实践[M].重庆:重庆出版社,2006.

[17]孙庆括.浙教版数学教科书中数学史料的分析与建议[J].中学数学月刊,2011(10):14 – 17.

[18]陈翠花,周志鹏.品位初中数学教材的插图文化[J].数学教育学报,2008(3):98 – 99.

[20] Dickenson-Jones A. Transforming ethnomathematical ideas in western mathematics curriculum texts[J]. Mathematics education research journal,2008(3):20,32 – 53.

# 第二节　数学教学研究

## 一、数学教学素材开发

### 【案例5 – 5】　巧合的割圆曲线与阿基米德螺线①

公元前5世纪,古希腊哲学家安纳萨哥拉斯提出了"化圆为方"的问题,即作一正方形,使它的面积等于已知圆的面积。另一难题——三等分角问题可能比它出现得更早,就是把一任意角三等分,它们的共同要求是用圆规和没有刻度的直尺,这个要求也是2000多年来问题没有解决的原因。它曾吸引无数学者的关注和探索,后已证明在尺规作图的限制之下,它是一个不可能解决的问题,但诞生了一些特殊的曲线,如割圆曲线与阿基米德螺线。巧合的是,它们都能解决以上两个难题,当然也是用非尺规作的。显然,这两个问题的解决过程是艰辛和曲折的,也是数学吸引人的魅力所在。本文对割圆曲线与阿基米德螺线进行介绍,并分析巧合之处,目的是提供一个新颖的培养学生化归思想的素材,通过在教学中介绍数学的曲折发展历程,培养学生的数学探索精神,这也符

---

① 本文发表于《中学数学杂志》2011年第1期,作者孙庆括。

合目前新课改中提倡数学文化的理念。

### 1. 割圆曲线

据说"割圆曲线"最早由古希腊巧辩学派的领袖人物希庇亚斯(Hippiasus, 生于公元前 5 世纪)创制,也有人认为是希腊数学家狄诺斯特拉托斯(Dinostra- tus,生于公元前 4 世纪)所作,其目的是解决化圆为方的问题。它虽然解决了这一问题,但它本身并不能用尺规作出,即不能仅由有限次使用无刻度的直尺和圆规作图,所以只能把它列为非尺规作图方法。那么,割圆曲线是如何形成的呢? 先作正方形 $ABCD$(如图 5 – 2)。

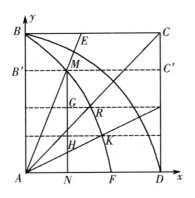

**图 5 – 2　割圆曲线**

已知动径 $AB \perp AD$,$AB$ 绕 $A$ 顺时针匀速转动到 $AE$,另一方面直线 $BC /\!/ AD$, $BC$ 以同样的时间均匀平移到 $B'C'$。在 $AB$,$BC$ 运动时,瞬间交点[例如 $B'C'$ 和 $AE$ 的交点 $M(x,y)$]的轨迹为割圆曲线。设 $\angle DAE = \theta$,$AB = a$,转 $\dfrac{\pi}{2}$ 到 $AD$ 需要时间 $T$,又设 $AE$ 转角 $\theta$ 到 $AD$ 需要时间 $\dfrac{t}{T}$。从形成条件知 $\dfrac{\theta}{\frac{\pi}{2}} = \dfrac{y}{a}$,$\theta = \operatorname{arcot} \dfrac{y}{x}$,

于是 $y = x\tan \dfrac{\pi y}{2a}$,即图中的 $BMF$ 为割圆曲线。

### 2. 阿基米德螺线

据传阿基米德(约公元前 287 至前 212 年)为了解决尼罗河水灌溉土地的难题,发明了圆筒状的螺旋扬水器,后人称它为"阿基米德螺旋"。阿基米德首次在其著作《论螺线》中给出了定义:当一点 $P$ 沿动射线 $OP$ 以等速率运动时, 这条射线又以等角速度绕点 $O$ 旋转,点 $P$ 的轨迹称为"阿基米德螺线",亦称 "等速螺线"。

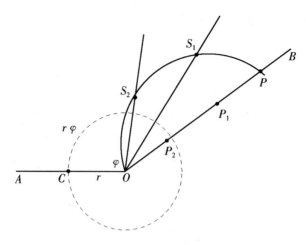

**图 5-3　阿基米德螺线**

在图 5-3 中,首先把 $OP$ 三等分为 $OP_2 = P_2P_1 = P_1P = \dfrac{1}{3}OP$,然后以 $O$ 为圆心,$OP_1,OP_2$ 为半径等速度运动作弧交螺线于 $S_1,S_2$。设 $\angle AOS_2 = \varphi,OC = r$,动径 $OP,P(\rho,\varphi),\varphi$ 的长度与动角 $\varphi$ 成正比,两者间的比值为 $r$,则曲线方程是 $\rho = r\varphi$,即图中 $OS_2S_1P$ 为阿基米德螺线。

从几何变换的角度看,割圆曲线本质是通过正方形的一边的平移和另一边作为半径旋转得到的交点形成的轨迹,阿基米德螺线是以圆心为定点,以任意半径旋转得到与角一边的交点形成的轨迹。不过,在使用变换这一原理时,割圆曲线使用了平移加旋转变换,且同时等速运动,而阿基米德螺线仅使用了旋转变换,但两者都采用运动变化的观点探求问题的解决途径,从而超越了古希腊作图问题对尺规的限制,使问题得以解决。它更接近于近代数学中笛卡儿和费尔马创立的解析几何方法,这从另一个侧面展现了古希腊演绎法这一数学思想和方法的魅力。

### 3. 巧合之处

#### 3.1　都能解决化圆为方问题

设正方形边长为 $x$,已推导割圆曲线的方程 $x = y\cot\dfrac{\pi y}{2a}$。当向量半径 $AE$ 和平行线 $B'C'$ 都逐渐趋近 $x$ 轴($AD$)时,我们借助穷竭法求出 $AF = \lim\limits_{y \to 0} y\cot\dfrac{\pi y}{2a} = \dfrac{2R}{\pi}$(这里 $R = AB$),可得到 $\pi = \dfrac{2R}{AF}$。另一方面,已知 $C = 2\pi R$,说明借助割圆曲线求

出的 $AF$ 可以用尺规作出圆周长 $C$，即 $AF:2R=2R:C$，取 $\frac{1}{2}C,R$ 作为两项，求

其比例中项（尺规可作），得所求 $x=\sqrt{\frac{1}{2}C\cdot R}$。此时，阿基米德螺线中，$\varphi=\frac{\pi}{2}$，

那么 $OP=\frac{1}{2}R\pi=\frac{1}{4}C$，而圆面积为 $\pi R^2=2R\cdot OP$，我们取 $2R,OP$ 为两项，作出

比例中项，所求正方形边长为 $x=\sqrt{2R\cdot OP}$。

### 3.2　都能解决三等分一角问题

设 $\angle DAE=\theta$ 是待三等分的角，先作割圆曲线 $BMF$（如图 5－2），令 $AE$ 与 $BMF$ 相交于点 $M$，过 $M$ 作 $MN\perp AD$ 交 $AD$ 于 $N$ 点，点 $G,H$ 是 $MN$ 的三等分点，分别过 $G,H$ 作 $AD$ 的平行线，交割圆曲线于 $R,K$，则射线 $AK,AR$ 将 $\angle DAE$ 三等分。如何验证这一结论呢？由于 $K,R,M$ 都是割圆曲线上的点，且 $NH=HG=GM$，由割圆曲线定义可知，$AD$ 匀速平移到 $HK$，再依次平移到 $GR$ 与 $B'C'$，所用的三段时间必相同。在同一时间段内，$AD$ 绕 $A$ 点匀速旋转到 $AK$，再到 $AR$ 与 $AM$，转出的三个角应相等，即 $\angle DAK=\angle KAR=\angle RAM=\frac{1}{3}\theta$，故 $AK,AR$ 将 $\angle DAM$ 等分为三份。同时，我们也可借助割圆曲线的方程证明：设点 $M$ 的坐标为 $(x,y)$，由于 $NH=\frac{1}{3}NM$，故点 $H$ 的坐标为 $\left(x,\frac{y}{3}\right)$，再设 $\angle DAK=\alpha$。由于 $M$，

$R,K$ 均在割圆曲线上，故它们满足上面割圆曲线方程，即 $\dfrac{\angle DAK}{\dfrac{\pi}{2}}=\dfrac{\dfrac{y}{3}}{a}$，$\dfrac{\angle DAE}{\dfrac{\pi}{2}}$

$=\dfrac{y}{a}$，$NH=\dfrac{1}{3}NM$，所以 $\alpha=\dfrac{1}{3}\theta$。同理可证 $\angle DAK=\angle KAR=\angle RAM=\dfrac{1}{3}\theta$。

值得提出的是，使用阿基米德等速螺线不仅能解决化圆为方问题，也可以用来三等分任意角。设 $\angle AOB$ 为已知角，$AO$ 与极轴重合，另一边交螺线于 $P$（如图 5－3），$P$ 的轨迹就是阿基米德螺线。根据螺线性质，射线 $OP_1,OP_2$ 等速度运动时，又以等角速度绕点 $O$ 旋转，即知 $\angle AOS_2=\angle S_1OS_2=\angle S_1OP=$

$\dfrac{1}{3}\angle AOB$。

### 3.3　都能推广三等分一角方法

通过类比不难发现，割圆曲线和阿基米德螺线还可以将任意角 $n$ 等分，这

里 $n \geq 2$。事实上,在图 5-2 中,将线段 $MN$ 三等分时,则可相应地将角 $\theta$ 三等分,其原理正是利用割圆曲线的特性,将角的等分问题转化成线段 $MN$ 的等分问题。在尺规作图的限制下,将任一已知线段 $n$ 等分是可以解决的。若需将 $\angle DAE = \theta$ 进行四等分,则可将图 5-3 中的线段 $MN$ 四等分,过四等分点作 $AD$ 的平行线,交割圆曲线的四个点与角 $\theta$ 顶点 $A$ 的连线,可将 $\angle DAE = \theta$ 进行四等分。一般地,要将 $\angle DAE = \theta$ 进行 $n$ 等分,只需将 $MN$ 的长度 $n$ 等分,即可通过上述方法利用割圆曲线将 $\theta$ 角 $n$ 等分。同理,把图 5-3 中的 $OP$ 进行 $n$ 等分,且 $OP_{n-1} = P_{n-1}P_{n-2} = \cdots = P_1P = \frac{1}{n}OP$。根据螺线性质可知,射线 $OP_1, OP_2, \cdots$ $OP_{n-1}$ 等速率运动时,又以等角速度绕点 $O$ 旋转,则有 $\angle AOS_{n-1} = \angle S_{n-1}OS_{n-2}$ $= \cdots = \angle S_1 OP = \frac{1}{n}\angle AOB$ 成立。

总之,利用割圆曲线和阿基米德螺线探求化圆为方问题正是化归思想中"化曲为直"的体现,化归不仅是一种重要的解题思想,也是一种最基本的思维策略。所谓的化归思想方法,就是在研究和解决有关数学问题时采用某种手段将问题通过变换使之转化,进而达到解决问题的目的的一种方法。一般总是通过变换将复杂的问题转化为简单的问题,将难解的问题转化为容易求解的问题,将未解决的问题转化为已解决的问题。说到底,化归的实质就是以运动变化发展的观点,以及事物之间相互联系、相互制约的观点看待问题,善于对所要解决的问题进行变换转化,使问题得以解决。由图 5-2 知,根据 $AF, AB$ 求作第三比例项,即 $AB^2 = BD \cdot AF$,然后求出 $AF$,它将求曲线弧长($\frac{1}{4}$ 圆周)问题转化为求两条线段的第三比例项问题。可见,利用割圆曲线和阿基米德螺线求化圆为方问题就是将未解决的曲线长度问题转化为求已知线段的比例问题,可惜当时人们还没有发现 $\sqrt{\pi}$ 并非代数数,故它是无法由尺规准确作出的。另外,古希腊数学家在考虑角割圆曲线上 $\theta$ 越来越小和动点 $M$ 的极限位置时,虽然没有提出极限概念和计算理论,但是自觉或不自觉地采用了朴素的运动变化观点和方法。在进行极限内容教学时,引入这一数学背景知识,不仅体现了数学的文化价值,也对调动学生的兴趣大有益处。况且人为地构造出割圆曲线解决任意三等分一角问题,进而用它来探求圆周长的计算,以解决不同的实际问题,这种解法本身就具有创造性,可以启发学生的创造性思维。

**参考文献**

[1] 沈康身. 历史数学名题赏析[M]. 上海:上海教育出版社,2002.

[2] 项昭. 奇妙的割圆曲线[J]. 数学通报,2009(2):55 – 57.

## 二、数学教学方法探讨

### 【案例 5 – 6】 高中数学中反例的教学作用与构造方法①

《全日制普通高中数学课程标准(实验)》明确指出"教学中应通过实例引导学生运用合情推理去探索、猜测一些数学结论,并用演绎推理确认所得结论的正确性,或者用反例推翻错误的猜想"[1]。所谓反例,简单地说,就是用来证明某个判断或说法不正确、不成立的例子[2]。教师恰当地运用反例,一方面会把数学中某些概念的本质特征以及定理的相关条件突出地衬托出来,使学生对比相关概念、定理结论反思自己的误解,加深对概念本质和定理的理解。另一方面,反例的举出实现了学生对数学知识内容的逆向思维,在打开学生反向思考路径的同时,实现了数学思维模式的创新。因此,了解反例的教学功能和研究构造反例的方法是有必要的,而掌握构造反例的方法,能很好地培养高中生分析和解决问题的能力。

**1. 反例的教学作用**

**1.1 加深对数学概念的理解**

在数学概念教学中,若长时间采用正例帮助学生理解数学概念,则很难留下深刻的印象。因此,不仅要运用正面的例子深刻阐明概念的特征,而且要运用恰当的反例从另一个侧面抓住概念的本质[3]。只有这样才能充分揭示概念的内涵和外延,帮助学生牢固掌握概念,达到"去伪存真"的效果。比如对"集合"这一概念,教材上给出了很多正面的例子来阐明集合元素的三个特征——确定性、互异性、无序性。为加深对这三个特征的理解,可用如下一组反例,让学生讨论辨析。问:(1)很小的分数;(2)$0,2,\sqrt{4},\lg 1$,它们否能组成集合? 经学生讨论,明确各组对象不能组成集合,因为不满足确定性和互异性。此外,为了克服学生对无序性产生负迁移,还可设置如下反例,判断正误:(1)$\{(1,2)\} =$

---

① 本文发表于《高中数学教与学(教研版)》2017 年第 6 期,作者孙庆括。

$\{(2,1)\}$；(2) $\{(1,2,3)\}=\{(3,2,1)\}$。通过这些反例,使学生对集合元素的三个特征有了深刻的理解,同时激发了学生的学习兴趣。

### 1.2 澄清对数学定理、公式及法则的错误认识

在数学定理和公式的学习过程中,由于定势思维的影响,学生会想当然地得出一些经不起推敲的结论。这时要适当地举出反例,激发学生的认知冲突,让学生深刻的领悟其本质。比如在韦达定理的应用中,就常常出现这样的错误:学生只知死记这样的结论——两根之和是一次项系数的相反数,两根之和是常数项,而不顾定理中的题设条件——平方项系数为1,为了防止发生这类错误,可以向学生提问:"$ax^2+bx+c=0$ 的两根之和为 $-b$,两根之和为 $c$"对吗?如果学生回答"对",则举反例 $3x^2-x-4=0$ 的两根为 $-\dfrac{1}{3}$ 和 $4$,它们的和不是 $1$ 和 $-4$;如果学生回答"不对",则追问为什么不对,这样就可以澄清学生对韦达定理前提条件的错误理解,加深对韦达定理的印象。

### 1.3 预防错误解题

在教学过程中,学生在教师习惯性程序的影响下容易形成固定的思维模式即定势。由于定势会产生"墨守成规""机械记忆"等效应,会把类似的公式进行负迁移,导致解题错误。因而构造直观、特殊、具有说服力的反例,会引起学生对问题的错误解法的警觉,大大提高学生正确解决问题的能力。比如"梯形的中位线等于上底与下底和的一半",学生容易把它类比到空间的台体中,误认为"台体的中截面面积等于上底面与下底面面积和的一半"。假若圆台的上底面半径、中截面半径、下底面半径分别为 1cm、2cm、3cm,圆台的上底面、中截面、下底面的面积分别为 $S_1=\pi,S_2=4\pi,S_3=9\pi$,显然,$4\pi$ 和 $\dfrac{\pi+9\pi}{2}$ 不相等,故结论不对。这种反例有时比正面讲述中截面面积 $S_2=\dfrac{1}{4}(S_1+2\sqrt{S_1S_3}+S_3)$ 更让学生印象深刻。

### 1.4 培养数学思维的缜密性

数学本身是一门严谨的学科,数学教学的目的之一在于培养学生的思维能力。通过反例教学,可使学生发现问题,培养思维的缜密性。比如有些需要分类讨论的问题,教师可以把学生以前易犯的错误设置成反例,有针对性地培养学生思维的缜密性。

比如 $\sin\alpha + \sin^2\alpha + \sin^3\alpha + \cdots + \sin^n\alpha$ 的求和问题,大多数学生都能熟练地套用等比数列公式,但大多数学生忽略了 $\sin\alpha = 0$ 和 $\sin\alpha = 1$ 这两种情况应当另外考虑。经教师提醒后,学生终于认识到:当 $\sin\alpha = 0$ 时,$\{\sin^n\alpha\}$ 不是等比数列;当 $\sin\alpha = 1$ 时,$\{\sin^n\alpha\}$ 虽是等比数列,但 $q = 1$ 时,不能套用等比数列求和公式。这一反例可以促进学生对等比数列分类条件的重视,使学生认识到对每一道数学问题都必须仔细观察,培养自己敏锐的观察力和丰富的想象力,提高数学思维的缜密性。

### 2. 常用的反例构造方法

#### 2.1 巧妙"叠加"构造反例

许多公式、法则叠加的和是真的,但也有通过叠加不成立的。此时可以用一些简单的事实,通过巧妙的叠加来获取反例,让学生加深对公式和法则的印象。比如:"两个无理数之和必为无理数吗?"此命题显然不成立,若 $m = 2+\sqrt{3}$,$n = 2-\sqrt{3}$ 均为无理数,可得 $m+n = 4$ 不是无理数。又比如:"两个非周期函数之和必为非周期函数吗?"若 $y_1 = \cos x + x$,$y_2 = \cos x - x$,$y_1 + y_2 = 2\cos x$ 是周期函数,此命题也不成立。

#### 2.2 通过分类讨论发现反例

所谓分类讨论,就是当问题所给的对象不能进行统一研究时,就需要对研究对象按某个标准分类,然后分别研究得出每一类的结论,最后综合各类结果得到整个问题的解答[4]。然而一个似真实假的命题,往往是分类不全或错误的潜在假设所致。对条件恰当地分类,就可以发现不真条件,反例随手可得。比如,"若 $x \neq 0$,求证:$x + \dfrac{1}{x} \geq 2$",根据题设条件可以得出:当 $x > 0$ 时,命题为真;当 $x < 0$,$x_1 = -2$,$x_2 = -\dfrac{1}{2}$ 时,命题不成立。又比如"过圆锥的顶点所作的一切截面中,轴截面的面积最大"这一命题,当轴截面的顶角小于或等于90°时,命题为真;当轴截面的顶角大于90°时,命题不成立。

#### 2.3 寻觅"特殊"构造反例

所谓特殊化方法,即从问题的特殊情形或个别情况入手,观察性质或方法的变化规律,得出正确的解题途径[5]。特殊与一般属于对偶范畴,它们一方面相互对立,另一方面又相互联系和相互依赖。因此,可以利用它们之间的联系,由"特殊"发现"一般";利用它们之间的对应关系,又可以由"特殊"否定"一般"。寻觅"特殊形式"或"特殊关系"，是构造反例的主要途径之一。比如对于"偶函数一定不存在反函数"这个命题，我们可以根据"在定义域为单元素集合的特殊偶函数"这一特殊形式寻觅反例：函数 $f(x)=1(x=0)$ 是偶函数，但它的反函数存在且其反函数为 $f^{-1}(x)=0(x=1)$，故此命题不成立，正确的命题应表述为"只要偶函数的定义域不是单元素集合，则这个偶函数一定不存在反函数"。又比如，"若原函数 $f(x)$ 与其反函数 $f^{-1}(x)$ 的图像有交点，则交点必在直线 $y=x$ 上"，对于这个命题，老师可以举一个极其简单的反例"交点还可以在函数 $y=-x$ 上"来否定原命题，但好多学生没有想到。因此只要适当地加以引导，通过特殊化方法构造反例对培养学生的逆向思维是大有益处的。

### 2.4 故意"极端化"构造反例

所谓极端化方法，即使问题退到极端情形，考察极端元素或临界位置，往往能找到对解决问题有用的奠基因素以实现解题方法的过渡。故意"极端化"就是在课堂解题"操作"时故意使问题呈现"极端"形态；这样原问题就"退"到另一种情景，从而"改善"了问题的背景，便于认识和解决问题；最后使问题的"极端情形"在想象的"微小变动"中"极限化"地回到原来的情形。比如对"底面是正方形，侧腰都是等腰三角形的四棱锥是正四棱锥吗？[6]"这一问题我们用极端化方法寻求反例，假设四棱锥的顶点无限靠近底面，"极端"地看正四棱锥的顶点为对角线的交点（图 5-5），以此为参照，过 $O$ 做 $EF \perp AD$ 于 $E$，则 $EF \perp BC$ 于 $F$，且 $E,F$ 分别为 $AD,BC$ 的中点，在 $EF$ 上取点 $O_1$ 使 $O_1C=BC$，显然 $\triangle BO_1C$ 为等边三角形，$\triangle AO_1D$、$\triangle DCO_1$、$\triangle AO_1B$ 均为等腰三角形。接下来，我们让 $O_1$ 离开底面——使 $\triangle BO_1C$ 绕 $BC$ 旋转（$AO_1$、$DO_1$ 伸长），这样可以定出 $O_1$ 的"空中"的位置，得到反例（图 5-6）。

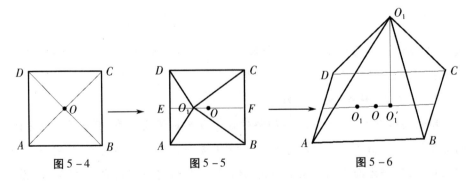

图 5-4　　　　　图 5-5　　　　　图 5-6

### 2.5　利用动态思维构造反例

所谓动态思维就是利用新课程强调的探究式学习方式,通过自己的独立思考和"做"去发现命题或定理的真假[7]。对一些立体几何问题,学生很难去想象,利用动态思维去构造图形反例,就能让学生豁然开朗。比如"有三个角是直角的空间四边形必为矩形"这个命题虽简单但不易想清楚。我们可以利用动态思维构造图形反例来进行分析(不画出图形,而根据下面的语言叙述来操作模型)。先拿一个矩形,去其一边,将其中相邻的一边绕直角顶点适当旋转。此时,另三边构成的图形显然已经不共面。再过一个端点作平面与该端点所在的边垂直,所作平面与相对的边(或延长线)有一交点。可知所得四边形并非矩形,故此命题不成立。

总之,反例在数学教学中具有很重要的价值。教师恰当地运用反例,能促进学生正确地理解数学概念,提高识别能力,巩固掌握定理公式,提高逻辑思维能力和思维的缜密性,增强思维的批判性及创造性,乃至大大提高教学质量都有重要的作用。

### 参考文献

[1]曾春燕,姚静.反例作用的实验研究:以高一数学教学为例[J].数学教育学报,2015(1):77-81.

[2]丁瑞芳.反向思考,创新思维:试论列举反例对高中数学教学的推进作用[J].中学数学(高中版),2016(4):37-39.

[3]童其林.反例在数学学习中的作用[J].中学数学杂志,2012(9):6-9.

[4]王守民.数学思想方法在生物教学中的应用[J].教学与管理(中学版),2017(2):73-74.

[5]叶立军.数学方法论[M].杭州:浙江大学出版社,2008.

[6]任樟辉.数学思维理论:新版[M].南宁:广西教育出版社,2003.

[7]王志山.对解题过程中的思维定势和思维创新的认识[J].中小学数学(高中版),2016(6):59-60.

### 三、数学教学实证研究

#### 【案例 5-7】 初中数学教师课堂提问的方式和反馈水平
#### 实证研究:基于三位老师课堂录像的编码分析①

**摘要**:课堂提问是教学过程中师生之间进行思想交流的重要方式,直接影响着课堂教学的效果。目前初中数学教师课堂提问主要存在提问的数量和频次偏多,提问的类型不均衡,提问留给学生的思考时间过短及提问反馈形式的有效性不足等问题。可以采取合理控制课堂提问的频次,有效控制课堂提问的难度,适时调控提问的等候时间及综合运用反馈的应答方式等策略解决上述问题。

**关键词**:初中数学;课堂;提问水平

#### 1.研究背景

课堂提问贯穿教学的始终,是教师与学生互动交流的重要途径。提问方式是否合理,直接影响着教学质量和教学目标的实现程度。20 世纪 90 年代中后期,课堂提问作为一个研究方向开始进入我国研究者的视野。研究成果多集中在提问的概念、类型、设计、策略、语言、反馈、评价标准等方面,研究方法也多以囿于书斋的定性研究和学理探讨为主,定量研究相对偏少,特别是结合具体学科的实证研究更是少见[1]。随着后课程改革时代的到来,具体学科课堂提问的研究越来越受到研究者的关注。在"中国期刊全文数据库"中以"数学课堂提问"和"数学提问"为题名,搜索到 2001 年到 2014 年的相关文献有 900 篇之多,其中硕博论文 52 篇,核心论文 28 篇,多以思辨性研究为主,涉及数学课堂提问的内涵、特征、结构、原则、误区、技巧、方法、策略,等等[2-5]。然而实证研究还未见到理想的课堂提问观察分析工具,大都采用问卷调查和现场观察为主,得到的结论往往主观性较强,不利于进一步的分析和应用。正是基于这样的研究背景,采用国际教育成就评价协会 1999 年发起的 TIMSS(the third international mathematics and science study)录像研究和澳大利亚 David Clarke 于 2006 年发起的 LPS(the learner's perspective study)录像研究中使用的录像分析法,重点从教

---

① 本文发表于《数学教育学报》2015 年第 4 期,被中国人民大学《复印报刊资料·初中数学教与学》2015 年第 12 期全文转载,作者胡启宙、孙庆括。

师提问的问题数量、频次、类型、候答时间、反馈方式五方面开展研究,为研究者从不同的角度观察课堂提问中发生的隐性状况提供观察空间,也为广大初中数学教师正确认识自己教学的本来面貌,反思、改进自己的教学行为提供依据。

### 2. 研究目的

通过对三节初中数学课堂录像的分析、归纳和总结,并对数学课堂教学提问行为进行分类和编码,试图掌握教师在数学课中提问的问题数量、频次、类型、候答时间及反馈水平状况,得出当前数学教师对课堂提问行为的态度和提问中存在的问题及原因,试图探索出数学课堂中的有效提问策略。

### 3. 研究过程

#### 3.1　研究对象的选择

选取南昌市一县二区两所中学的三位农村数学教师的新授课内容进行录像编码和分析。其中,教师 A 和教师 B 均来自一个学校,教龄在 3 年左右,授课内容为人教版七年级下册第八章第一节"二元一次方程组"。教师 C 来自另一个学校,教龄在 8 年左右,授课内容为八年级上册第十五章第二节"分式的基本性质"。选取两位年轻教师及一位经验丰富的教师,是为了比较新老教师提问行为的异同之处,增强研究结果的对照性。

#### 3.2　研究思路和方法

首先,通过问卷调查和访谈与三位教师进行交流,了解其教学风格与特点,再进行随堂听课、录像和制作课堂视频,然后把课堂录音转录成文字,再从个案比较的视角找出三堂课的相同点和不同点,重点关注课堂提问环节。其次,整理和分析国内外的提问研究的文献,合理划分教师提问的类型,并以一个问题的完整解决过程为分析单位,对原始资料进行编码,归纳提问的结构类型,然后以次数和秒为单位进行 Excel 统计和录像分析。

#### 3.3　数据编码和分析

#### 3.3.1　教师提问的类型编码

国际上对课堂提问的分类各不相同,较为有名的分类法代表人物是美国教育家布卢姆和心理学家吉尔福特。前者从认知领域把其分为知识、理解、应用、分析、综合、评价六类[6]。后者从三元智能结构的角度把其分为认知、记忆、扩散性思考、聚敛性思考、评价五类。结合已有的研究,针对初中数学教师课堂提问的特点和我国的实际情况,借鉴华东师范大学的李士锜、杨玉东[7]及杭州师范大学的叶立军、胡竹琴等人[8]的研究成果,将课堂提问分为记忆、重复、提示、综合、元认知和评价六种共两大类,其中前三种称为"简单性提问",后三种称为"复杂性提问"。具体定义如下(见表5-9):

表5-9 教师课堂提问类型编码

| 层次 | 类型 | 水平描述 |
|---|---|---|
| 简单性提问 | 记忆型 | 唤起对所学数学知识的识记,不需要理解知识,不需要思考时间 |
| | 重复型 | 重复学生的回答进行提问,强调或怀疑学生回答的答案 |
| | 提示型 | 用相关知识点启发学生进行正确思考,对问题进行适当提示 |
| 复杂性提问 | 综合型 | 运用知识对问题做出阐述、说明、归纳和总结,需要一定的思考时间 |
| | 元认知 | 对学习方法和经验提问,对认知活动的认识提问,需要较长思考时间 |
| | 评价型 | 进行判断和变换角度反思问题,做深层次思考,需要1min左右时间 |

### 3.3.2 教师提问的反馈方式编码

美国心理学家斯腾伯格把教师提问时回应学生的方式划分为回绝问题、重复问题、承认自己也不知道答案、鼓励寻找解决问题的相关材料、提供问题可能的解、鼓励学生对答案进行评估、鼓励学生验证答案七个等级[9]。基于此,并结合课堂观察和录像分析的实际情况,将教师提问反馈的应答方式分为赞赏、鼓励、追问、忽略、打断和暗示六种。其中,前三种称为"高水平反馈",后三种称为"低水平反馈"。具体定义如下(见表5-10):

表5-10 教师提问反馈方式类型编码

| 层次 | 类型 | 水平描述 |
|---|---|---|
| 高水平反馈 | 赞赏 | 接受或利用学生的想法,适当扩大或发展学生所提出的意见或想法 |
| | 鼓励 | 表扬或鼓励,对学生的语言、动作或行为进行表扬或鼓励 |
| | 追问 | 以教师意见或想法为基础,追问有关内容,期待学生回答并反思 |
| 低水平提问 | 忽略 | 当学生不回答或回答不正确时,教师直接问下一个学生或下一个问题 |
| | 打断 | 学生就内容或步骤提供事实或见解时,打断学生直接解释自己的观点 |
| | 暗示 | 对学生的行为通过点头、手势、体态语、着重号等形式进行暗示 |

### 4. 研究结果

#### 4.1 教师提问的数量和频次总体偏多

教师A、B、C在45min(即2700s)、42min(即2520s)、44min(即2640s)的课堂上,提问的总次数分别为70、115、128,花费的总时间分别为678.3s(占

25.1%）、725s（占 28.8%）、537.4s（占 20.4%）。其中，教师 A、B、C 分别平均每 39s、22s、20s 就提出一个问题（见表 5 - 11）。可见，三位教师在一节课上提问题的数量和频次偏多，平均达 104 次之多。这说明教师课堂提问重数量轻质量，把提问的数量作为衡量一堂课学生活动是否丰富的标准。而过于频繁的提问导致学生无法获得完整的知识，这种盲目提问的做法，让学生无从下手，教学表面热闹却无实效。可喜的是，三位教师都在讲解新知识的环节提问次数最多，总次数为 166，占全部提问总次数的 53%，说明教师有意识地注重在数学概念形成过程的教学中提出问题，这样处理对学生有效学习的帮助比较大。

表 5 - 11　教师教学环节提问的数量和频次

|  | 教师 A | | 教师 B | | 教师 C | |
|---|---|---|---|---|---|---|
|  | 次数 | 所占时间(s) | 次数 | 所占时间(s) | 次数 | 所占时间(s) |
| 新课导入 | 6 | 30.2 | 10 | 42.3 | 8 | 36.2 |
| 讲解新知 | 32 | 216.4 | 62 | 320 | 72 | 285.2 |
| 巩固练习 | 22 | 406.7 | 35 | 352.1 | 48 | 216 |
| 课堂小结 | 10 | 25.0 | 8 | 10.6 | 0 | 0 |
| 共计 | 70 | 678.3 | 115 | 725 | 128 | 537.4 |

### 4.2　教师提问的类型不均衡

三位教师在教学过程中各类提问运用的比例各不相同。从平均使用情况来看（见表 5 - 12），三位教师"记忆型提问"出现的平均总次数为 32，约占其平均总比例的 30.7%；"提示型提问"平均出现 23 次（约占 22%）；"综合型提问"平均出现 19 次（约占 18.2%）；"重复型提问"平均出现 13 次（约占 12.5%）；"元认知型提问"和"评价型提问"出现的平均总次数最少。总体上看，A、B、C 教师的简单性提问和复杂性提问的总次数比值分别为 2.7∶1,1.7∶1,1.7∶1。可见，简单性提问的次数明显高于复杂性提问。除"记忆型提问"外，"提示型提问"是最多的，说明数学教师善于根据学生回答问题的情况，进一步提出相应的问题，启发学生进一步思考。相较于"综合型提问"，教师多选择"提示型提问"，有利于降低问题难度，增加条件，提醒学生完善答案或帮助学生思考。"重复型提问"是重复学生的回答后再进行提问，会起到一定的强调作用，可以帮助学生加强对知识点的理解。而"元认知型提问"和"评价型提问"属于复杂提问的较高层次，所占总提问数的比例较小，说明数学教师在不同层次提问策略的使用上都比较保守,整个课堂的气氛相对而言比较融洽,不会使学生思路过于发散。

表 5 - 12　教师提问的问题类型

| | 教师 A | | 教师 B | | 教师 C | |
|---|---|---|---|---|---|---|
| | 次数 | 所占百分比 | 次数 | 所占百分比 | 次数 | 所占百分比 |
| 记忆型 | 22 | 31.4% | 30 | 26.1% | 43 | 33.6% |
| 重复型 | 8 | 11.4% | 15 | 13.0% | 16 | 12.5% |
| 提示型 | 21 | 30.0% | 27 | 23.5% | 21 | 16.4% |
| 综合型 | 10 | 14.3% | 22 | 19.1% | 24 | 18.8% |
| 元认知 | 4 | 5.7% | 13 | 11.3% | 10 | 7.8% |
| 评价型 | 5 | 7.1% | 8 | 7.0% | 14 | 10.9% |

### 4.3　教师提问留给学生的思考时间过短

三位教师提出问题后留给学生思考的平均时间为 2.3s,等待时间过短。从提问类型的等待时间长短看(见表 5 - 13),三位教师在"评价型提问"上的平均总时间为 8.8s;其次是"元认知型提问"(平均 3.3s);然后是"综合型提问"(平均 2.9)和"提示型提问"(平均 1.4s);最后是"重复型提问"(平均 1.4s)和"记忆型提问"(1.1s)。可见,"评价型提问"留给学生的平均思考时间最长,"记忆型提问"留给学生的平均思考时间最短。这说明教师注意到了有效的提问需要留给学生较多的思考复杂性提问的时间。同时教师也要关注对同一数学知识提问的不同表述,不同的表述有可能对学生的数学学习活动产生不同的影响,当然也可能折射数学教师不同的教学功底、理念与价值追求。

表 5 - 13　教师提问类型的等待时间

| | 教师 A | | | 教师 B | | | 教师 C | | |
|---|---|---|---|---|---|---|---|---|---|
| | 次数 | 时间 (s) | 平均时间 (s) | 次数 | 时间 (s) | 平均时间 (s) | 次数 | 时间 (s) | 平均时间 (s) |
| 记忆型 | 22 | 15 | 0.7 | 30 | 44 | 1.5 | 43 | 51 | 1.2 |
| 重复型 | 8 | 7 | 0.9 | 15 | 24 | 1.6 | 16 | 25 | 1.6 |
| 提示型 | 21 | 31 | 1.5 | 27 | 32 | 1.2 | 21 | 32 | 1.5 |
| 综合型 | 10 | 22 | 2.2 | 22 | 63 | 2.9 | 24 | 84 | 3.5 |
| 元认知 | 4 | 10 | 2.5 | 13 | 25 | 1.9 | 10 | 56 | 5.6 |
| 评价型 | 5 | 54 | 10.8 | 8 | 72 | 9 | 14 | 93 | 6.6 |
| 共计 | 70 | 139 | 2.0 | 115 | 260 | 2.3 | 128 | 341 | 2.7 |

另外,教师 A、B、C 各类提问的总等待时间分别为 139s、260s、341s,复杂性提问投入的总等待时间为 86s（占 61.9%）、160s（占 61.5%）、233s（占68.3%）。复杂性提问与简单性提问投入的等待时间的比值分别为 1.62∶1、1.6∶1、2.16∶1（见图 5-7）。可见,三位教师都不约而同地将更多的等待时间用于复杂性提问。说明教师在一定程度上关注了提问难度与学生认知水平的适切性以及提问时间的分配问题,注重让学生进行高层次的思考。

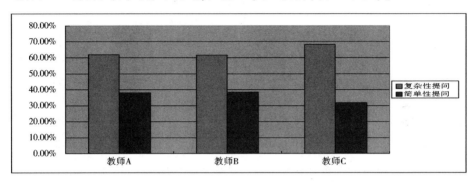

图 5-7　教师简单性提问与复杂性提问的百分比

### 4.4　教师提问反馈形式的有效性不足

三位教师的六种反馈行为中（见表 5-14）,"打断"所出现的平均总次数为15 次,约占其平均总比例的 26.1%;"追问"平均出现 10.7 次（约占 18.4%）;"暗示"平均出现 9.3 次（约占 16.5%）;"赞赏"平均出现 9 次（约占 15.6%）;"忽略"平均出现 8.7 次（约占 15%）;"鼓励"平均出现 5 次（约占 8.4%）。可见,目前教师对学生回答的反应,停留在重复、打断、更正层次,缺乏延伸以及层次的扩展,启发性提问太少。相对于问题数量,教师对学生的回答,不论是语言上还是表情上,给予学生的评价反应都显得太少[10]。仅有的一些反应主要是鼓励和暗示,语言也相当简单。在学生不会回答问题的情况下,不同的教师对学生的鼓励程度有着很大的差异,对其失望的程度也不尽相同。这说明当前教师过于重视问题的提出,缺少对学生的引导、点拨和启发,往往出现教师包办回答的现象,忽视了问题反馈的有效性。

表5-14　教师各类反馈行为应答方式次数

| | 教师A | | 教师B | | 教师C | |
|---|---|---|---|---|---|---|
| | 次数 | 所占百分比 | 次数 | 所占百分比 | 次数 | 所占百分比 |
| 赞赏 | 9 | 13.4% | 12 | 21.1% | 6 | 12.2% |
| 鼓励 | 7 | 10.4% | 5 | 8.8% | 3 | 6.1% |
| 追问 | 15 | 22.4% | 7 | 12.3% | 10 | 20.4% |
| 忽略 | 10 | 14.9% | 9 | 15.8% | 7 | 14.3% |
| 打断 | 18 | 26.9% | 13 | 22.8% | 14 | 28.6% |
| 暗示 | 8 | 11.9% | 11 | 19.3% | 9 | 18.4% |

　　另外,教师A、B、C低水平反馈行为出现的总次数的百分比分别为53.7%、57.9%、61.3%,其平均数为57.6%(见图5-8);高水平反馈行为出现的总次数的百分比为46.2%、42.2%、39.7%,其平均数为42.7%,低水平反馈行为出现的平均次数与高水平反馈行为出现的平均次数之比为1.3∶1。可见,三位教师低水平反馈行为出现的次数明显高于高水平反馈行为出现的次数。

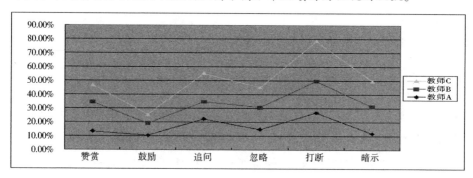

图5-8　教师各类评价行为应答方式的百分比

### 5.分析与讨论

　　总的看来,初中数学教师课堂提问存在的问题有:第一,过多注重提问的总量,误认为提出的问题越多,教学效果就越好,轻视提问的质量;第二,忽视了不同提问类型比例的平衡,留给学生思考的时间过短,导致学生过于紧张,没有足够的时间进行思考就回答问题,没有激发学生的有效思维,降低了整个课堂的教学效率;第三,教师的提问反馈形式中,鼓励和表扬的成分较少,忽略和暗示学生回答的现象较多。针对上述问题,可以从以下几个方面加以改进。

### 5.1 合理控制课堂提问的频次

有效提问可以加强师生之间的对话和交流。相反,频繁的课堂提问不仅烦琐、费时,而且会导致学生随大流和随意应答,使课堂教学重点不突出,难点得不到化解,制约了教学目标的实现。因此,要合理控制课堂提问的频次。首先,要根据教学目标和内容,抓住知识的重点、难点,设计思考量大的问题,问题的设计要做到"少而精",注重提问的质量和效率。其次,要注意问题设置的深层次性和思维含量,所提问题要具有高思维度,避免问题过于烦琐、直白。只有学生积极参与并进行积极思考的高质量课堂提问,才能够培养学生独立解决问题和探索新知的能力,才能培养学生的问题意识。

### 5.2 有效控制课堂提问的难度

大量研究表明,教师提问的难度大,学生回答时认知度就高;教师提问的难度低,相应地,学生回答时认知水平就低[11]。根据俄罗斯心理学家维果茨基把认知水平分为"已知区""最近发展区"和"未知区"三个层次的观点,人的认知水平就是在这三个层次之间循环往复、不断转化、螺旋上升的。课堂提问不宜停留在"已知区"与"未知区",即不能太容易或太难,而应在学生的"已知区"与"最近发展区"的结合点,即在知识的"增长点"上布设悬念,在学生可能形成价值观念、良好的生活方式等原始生长点处设置问题,从而使认知水平的"最近发展区"转化为"已知区"。具体来说,一个问题的难度可以通过难度系数,即一个班级正确回答相关问题的人数与班级学生总人数的比值大小来判断。这个适宜的比值应在0.2到0.7之间,这样大多数学生经过思考能对相关问题做出正确的回答。

### 5.3 适时调控提问的等待时间

课堂提问给学生思考的时间过短是当前初中数学教师课堂提问存在的普遍问题。从实际情况来看,教师提出问题后2s左右就开始点名让学生回答。由于思考时间不充足,加上精神紧张等原因,学生通常无法回答或者因回答仓促而导致回答错误,教师需要花费很多的时间给学生提示或者纠正学生的错误,导致重复提问的现象比较严重,学生回答问题的兴趣降低,结果往往是低效或无效的。因此,有效的课堂提问,要根据问题的难度适当控制提问的等候时间。首先,根据不同的提问类型设置不同的等待时间。记忆型提问属于低层次认知提问,主要是对已学过的基础知识进行回忆和再认,留给学生的思考时间应相对较少,不宜超过 2s;元认知型、综合型及评价型提问属于高层次认知提问,需要学生对已学过的知识进行综合的信息再加工及思维的高度参与,留给学生的思考时间应相对较长,以 10s 左右为宜。其次,根据不同的教学环节预留出恰当的等待时间。在新课导入上,由于提问的问题是已学过的旧知识,只需让学生从记忆中检索有关的信息,来检验学生的理解是否达到预期的水平。所设计的都是有关知识记忆的问题,教师可以适当地加快教学进度,等待时间也可相对短些。在新课讲解和巩固练习环节,重点是学生对新知识的理解和接受,此时问题设计的目的是刺激学生积极思考并能创造性地回答问题,那么等待时间就应该留得充足一些,以获得理想的效果。课堂小结环节,只需对课堂所学知识进行梳理,可以找部分学生在短时间内进行快速梳理。

### 5.4 综合运用反馈的应答方式

研究表明,表扬和鼓励往往比批评更能激发学生学习的动机。相反,缺乏表扬和鼓励,一个人的潜力只能发挥20%—30%,而正确与充分的表扬和鼓励,则能使人发挥其潜力的80%—90%[12]。因此,学生回答问题时,只要不是惩罚式的提问,就要多用赞赏和鼓励等高水平反馈应答方式,同时,教师要灵活地综合运用全部的反馈应答方式。对于完美的回答,教师要毫不吝啬地及时给予表扬和鼓励,让学生体验成功的喜悦,从成功走向成功;对于不是很完美的回答,教师首先要肯定其正确的一面,然后再指出回答中的不足,分析造成不足的原因;对于错误的回答,教师要引导学生分析错误产生的原因,帮助学生改正错误;对于那些对问题不做出任何反应的学生,教师也不要不管不问地把他们晾在一边,马上叫其他学生回答,而要弄清楚学生不回答的原因;对那些确实不知道怎样回答的学生,教师要想办法提出一些辅助性问题,帮助他们突破思维障碍,逐步向思维目标靠拢。

**参考文献**

[1]洪松舟,卢正芝.我国有效课堂提问研究十余年回顾与反思[J].河北师范大学学报(教育科学版),2008(12):34−37.

[2]温建红.数学课堂有效提问的内涵及特征[J].数学教育学报,2011(6):11−15.

[3]李鹏,傅赢芳.论数学课堂提问的误区与对策[J].数学教育学报,2013(4):97−100.

［4］杨向东,豆雨松.两位不同专长的数学教师课堂提问结构的对比研究［J］.上海教育科研,2013(3):37－39.

［5］尚晓青,杨渭清.促进高效数学教学的课堂提问策略［J］.数学通报,2013(1):35－37,39.

［6］［美］L. W. 安德森,L. A. 索斯尼克.布卢姆教育目标分类学:40年的回顾［M］.谭晓玉,袁文辉,等译.上海:华东师范大学出版社,1998.

［7］李士锜,杨玉东.教学发展进程中的进化与继承:对两节录像课的比较研究［J］.数学教育学报,2003(3):5－9.

［8］叶立军,胡琴竹,斯海霞.录像分析背景下的代数课堂教学提问研究［J］.数学教育学报,2010(3):32－34.

［9］［美］Sternberg R J,Grigorenko E L.成功智力教学:提高学生的学习能力与学习成绩［M］.张庆林,赵玉芳,等译.北京:中国轻工业出版社,2002.

［10］曹一鸣,李俊扬,大卫·克拉克,等.数学课堂中启发式教学行为分析:基于两位数学教师的课堂教学录像研究［J］.中国电化教育,2011(10):100－102.

［11］周建华.数学概念教学中有效提问的量化研究［J］.中国电化教育,2012(6):96－100.

［12］孔凡哲,李莹.课堂教学中的有效提问［J］.中国民族教育,2006(5):29－31.

## 四、数学教学行为调查

**【案例5－8】　当前城乡义务教育数学教师教学行为存在的问题及改进策略**[①]

**摘要:**教育改革的成功很大程度上取决于教师教学行为的转变。采用问卷调查法、录像分析法和访谈法,对当前城乡义务教育数学教师的教学行为进行研究。研究发现:过于注重教学模式形式上的完整性,忽视数学知识的清晰讲解;提问有效性差,留给学生的思考时间不足;教学反馈水平低,不能有效引导和启发学生;教科书使用水平低,深度解读能力不足。从严把教师培养入口、建

---

① 本文发表于《课程教学研究》2019年第11期,作者孙庆括。

立教学行为官方评价标准、开展校本研修和教师培训等方面提出了改进策略。

关键词：义务教育；数学教师；教学行为

### 1. 问题的提出

《国家中长期教育改革和发展规划纲要(2010—2020 年)》和《国务院关于深入推进义务教育均衡发展的意见》颁布以来,推进义务教育均衡发展,全面提高义务教育质量,已成为我国政府、社会和家长的普遍共识,各级地方政府纷纷出台配套的文件加以落实。《中共中央、国务院关于实施乡村振兴战略的意见》更是强调,优先发展农村教育事业,建好建强乡村教师队伍。可见,发展好义务教育,建设高素质和专业化的教师队伍是关键。然而,从 2001 年第八次基础教育课程改革启动以来,大众研究视角多聚焦于学生的发展而忽略了教师教学行为的变化。事实上,美国学者克雷茨早在 1896 年就制订出特征量表,对优秀教师的教学行为开展了调查研究,20 世纪 70 年代以后,逐渐进入量化和比较研究阶段[1]。教学行为是教师为实现一定的教学目标所采取的一系列问题解决行为,是教师整体素质的外化形式,其有效水平直接表明教师教学过程的有效性和教学质量的高低程度,直接标示着其教学水平与教学实践智慧,影响着学生的学习行为与效果[2]。因此,关注教师教学行为的现状及存在的问题,并加以干预,对促进城乡义务教育均衡发展,特别是提高农村义务教育质量至关重要。正是基于这样的研究背景,对义务教育数学教师的教学行为现状进行实证研究,以期为中小学教师课堂教学能力的提升、教育行政部门制定教师教学行为标准和开展教师培训提供理论依据和参考。

### 2. 研究对象与方法

选取江西省 11 个地级市具有代表性的 22 所义务教育阶段学校的 22 位数学教师(每个城市 2 位)为研究样本,运用观察法、调查法和录像分析法,研究其课堂教学行为。其中,小学和初中、城市和乡村、男女教师、新老教师各 11 位。新教师是指刚入职或具有 3 年及以下教龄的教师。老教师是指具有 15 年及以上教龄的教师。其中新教师和老教师两位老师之间分别为"同课异构",以便排除相关干扰项因素,减少误差。

结合已有的研究[3-6],针对我国课堂教学的实际情况与教师课堂提问类型和反馈方式的分类,最终确定如下编码类型。为了便于分析,把 Q1、Q2、Q3 称为"简单性提问",Q4、Q5、Q6 称为"复杂性提问";相应地,把 F1 到 F6 称为"低水平反馈",把 F7 到 F12 称为"高水平反馈"。具体定义见表 5–15 和表 5–16。

表 5–15　教师课堂提问行为类型编码

| 代码 | 类型 | 水平描述 |
|---|---|---|
| Q1 | 机械性提问 | 只是简单地询问"对吗""是不是",或者只要求大家一起回答很明显的问题 |
| Q2 | 记忆性提问 | 只会唤起学生对所学知识的记忆,回答时并不需要思考时间,如概念、公式、定理、性质等,或只是简单的运算提问,并不需要学生理解所学的知识 |
| Q3 | 提示性提问 | 用相关知识点启发学生进行正确思考,对问题进行适当提示 |
| Q4 | 理解性提问 | 需要学生经过一定的思考,根据所学知识进行一定的归纳、总结然后回答,并不能直接给出答案 |
| Q5 | 推理性提问 | 这是更高层次的提问,有一定的难度,需要学生更深入地思考与推理,所需时间较长 |
| Q6 | 评价性提问 | 进行判断和变换角度反思问题,对学习方法和经验进行提问 |

表 5–16　教师反馈行为类型编码

| 代码 | 类型 | 水平描述 |
|---|---|---|
| F1 | 忽视 | 对学生的回答或疑问、操作等行为无反馈 |
| F2 | 简答回复 | 如"好""对""错""非常好""真棒"等 |
| F3 | 等待 | 学生回答问题后采用沉默方式,等待学生确认、解释、完善或改变回答 |
| F4 | 暗示 | 对学生通过点头、手势、体态语等方式予以提示 |
| F5 | 打断 | 对学生的回答感到不满意直接打断学生,对问题进行纠正、补充和解释 |
| F6 | 转问 | 学生回答问题后,教师不予以反馈,直接让其他学生再回答同一问题或会问其他学生答案是否正确,并对答案进行补充 |
| F7 | 鼓励 | 对学生的语言、动作或行为进行表扬或鼓励 |
| F8 | 赞赏 | 接受或利用学生的想法,适当补充学生所提出的意见或想法 |
| F9 | 追问 | 以教师的意见或想法为基础,追问有关内容,使其问题更准确或深入,引起学生反思 |

续表 5 – 16

| 代码 | 类型 | 水平描述 |
|---|---|---|
| F10 | 书面反馈 | 当学生回答正确时,教师将答案写在黑板上 |
| F11 | 归纳 | 对学生的回答进行分析、归纳、提炼和提升 |
| F12 | 引申 | 对学生的回答进行评述和引申,并提出建议与思考 |

### 3.城乡义务教育数学教师教学行为存在问题的分析

#### 3.1 过于注重教学模式形式上的完整性,忽视数学知识的清晰讲解

新课程改革以来,"以学生为主体"和"先学后教"的教学理念已深入人心,"情境导入—活动探究"作为主要教学流程的教学模式已被广大教师们娴熟地运用。访谈发现,93.4%的老师认为采用这种教学模式是"理所当然"的。课堂观察发现,有86.7%的教师过于注重教学模式形式上的完整性,忽视对数学概念的清晰讲解和学生对数学知识本质的理解。其中非师范数学专业毕业的教师占81.3%,新教师占78.2%,城市教师占43.5%,农村教师占67.8%。比如课题组在Y县农村Z中学听了具有3年教龄的非师范现代教育技术专业毕业的X老师执教的七年级"中心对称"一课。X老师用3分钟时间从动态的"旋转"引入,接着用5分钟时间介绍了"中心"和"旋转角"等中心对称的核心概念,然后设置了5个探究,每个探究进行2—3分钟。接着,X老师就开始迫不及待地公布结果并加以讲解,就这样教师一环扣一环地把本节课完美地上完了。然而,课后访谈发现,有71.2%的学生对"中心对称"有关数学概念的理解是模糊的。课题组在W镇中心小学听了具有5年教龄的非师范信息技术专业毕业的S老师执教的三年级"认识几分之一"一课。S教师制作了精美的课件分别从分4块、2块和1块月饼导入分数,接着让学生探究折"二分之一"和"四分之一",涂"三分之一"和"五分之一"的问题。还没有涂完"五分之一",下课铃声忽然想起,S老师在慌乱中展示了各个国家"国旗中的分数",最后做了总结。通过课堂观察和课后访谈发现,教师没有按时上完课的原因是让学生探究折"二分之一"和"四分之一"时,对"平均分"概念没有讲清楚,导致学生没有深刻理解"平均分",导致后面的探究时间过长。事实上,数学概念是数学思维的细胞,一般有概念形成和概念同化两个阶段,离不开辨认、比较、分析、变式等过程。比如"认识几分之一"这节课,只要把折"二分之一"和"四分之一"中的"平均分"问题和学生的各种"平均折法"讲清楚,其他问题也就迎刃而解了。可见,

当前讲究教学模式完整性的"形式潮"已经深深扎根于非师范专业毕业的教师及农村教师和新教师们的观念中。不自觉地在课堂上注重实现"以学生为中心"的形式化教学模式,而忽略学生对数学知识或概念本质的真正理解,对当前提倡的深度学习教学理念和培养学生的数学核心素养必将产生不利的影响。

### 3.2 提问有效性差,留给学生的思考时间不足

提问是师生沟通与交流的重要手段,直接影响教学效果和教学目标的实现。对22位数学教师课堂录像进行编码分析后发现存在如下问题:

(1)重提问数量而轻质量

统计发现,22位教师课堂提问总次数为2048,最少的为62次,最多的为121次,平均提问92次之多。另外,花费的总时间为35237秒,平均17秒就提出一个问题。从比例上看,城市教师约占46%,乡村教师约占54%,女教师提问次数约占男女教师提问总次数的53%,男教师提问次数约占男女教师提问总次数的47%,城市教师、女教师提问次数的百分比分别比乡村教师和男教师提问次数的百分比略高,但不存在显著性差异。总的看来,城乡教师都注意到了提问的重要性。相对而言,城市教师可能比较注重课堂提问的数量,把其作为衡量一堂课上学生活动是否丰富的标准,而过于频繁的提问导致学生无法获得完整的知识,这种盲目提问的做法,让学生无从下手,教学表面热闹却无实效。而乡村教师可能担心学生的知识基础不牢而影响提问的教学效果,仍然喜欢采用教师讲授为主、提问为辅的教学方式。

(2)提问的问题类型单一

目前城乡教师提问的问题类型较为单一,呈现严重的不平衡性。统计发现,第一,"记忆性提问"出现次数是最多的,为787次,占各类提问类型的45.3%。其中城市教师提问355次(约占45.1%),乡村教师提问432次(约占54.9%),说明乡村教师与城市教师相比更偏重"记忆性提问"。第二,"提示性提问"出现385次,占各类提问类型的22.1%。其中城市教师提问148次(约占38.4%),乡村教师提问237次(约占61.6%),表明乡村教师比城市教师更喜欢"提示性提问"。第三,"理解性提问"出现264次,约占各类提问类型的15.2%。其中城市教师提问174次(约占65.9%),乡村教师提问90次(约占34.1%),可见,城乡教师在"理解性提问"上存在显著性差异。第四,"机械性提问"出现135次,约占各类提问类型的7.8%。其中城市教师出现65次(约占

48.1%），乡村教师 70 次（约占 51.9%），说明城乡教师在"机械性提问"上不存在较大的差异。第五，"评价性提问"和"推理性提问"出现的次数最少，分别为 92 次（约占 5.3%）和 74 次（4.3%）。其中城市教师"评价性提问"出现 68 次（约占 73.9%），乡村教师出现 24 次（约占 26.1%）；城市教师"推理性提问"出现 55 次（约占 74.3%），乡村教师出现 19 次（约占 25.7%）。可见，城市教师比乡村教师更偏重提出推理性问题和评价性问题。从总体上看，简单性提问是复杂性提问次数的 3 倍之多。值得注意的是，城市教师在复杂性提问的次数上也高于乡村教师。这说明城市教师比乡村教师更容易提出有价值的问题和深层思考的问题，而乡村教师在提问策略的使用上相对比较保守，整个课堂的气氛相对而言比较平稳，不会使学生思路过于发散。

(3) 提问的沉寂时间短，不能引起学生有效思考

22 位教师提出问题后留给学生思考的总时间为 4418 秒，占课堂提问总时间的 12.5%。平均等候时间为 4.6 秒，等待时间明显过短。从提问类型的等待时间长短看，"评价性提问"等候的总时间为 1038 秒，平均等待时间为 11.3 秒；其次是"推理性提问"，为 582 秒（平均等待时间为 7.9 秒）；然后是"理解性提问"，为 1504 秒（平均等待时间为 5.7 秒），"提示性提问"为 594 秒（平均等待时间为 1.5 秒）；接着是"记忆性提问"，为 645 秒（平均等待时间为 0.8 秒），最后是"机械性提问"，为 55 秒（平均等待时间为 0.4 秒）。可见，"评价性提问"留给学生思考问题的时间是最长的，"记忆性提问"和"机械性提问"留给学生思考问题的时间相对较短，复杂性提问投入的等待时间是简单性提问的 9 倍多。从城乡教师和男女教师的比较看，城市教师和乡村教师课堂提问后给的等待时间都比较短，分别占总体的 5% 和 7%，两者不存在显著性差异。然而，对课堂等待时间细分后发现，城市教师课堂提问后留给学生思考的时间占整体课堂等待时间的 72.6%，而乡村教师仅占 27.4%，女教师占 80.4%，男教师占 19.6%，表明城市教师、女教师分别比乡村教师和男教师更加注重学生在课堂上的有效思考，更愿意给予学生充足的时间进行反思和深度理解。整体而言，城乡教师在一定程度上关注了提问难度与学生认知水平的关系，但留给学生思考的时间过短，可能会影响学生的深度思考。

### 3.3 教学反馈水平低，不能有效引导和启发学生

统计表明，教师的反馈行为中"打断"出现的次数是最多的，为 412 次，约占

其反馈行为出现总次数的 21.4%;其次是"简单回复"和"暗示",分别出现 313 次(约占 16.3%)和 264 次(约占 13.7%);再次是"鼓励"和"忽视",分别出现 228 次(约占 11.8%)和 152 次(约占 7.9%),"转问"和"赞赏"分别出现 131 次(约占 6.8%)和 114 次(约占 5.9%);接着是"追问"和"等待",分别出现 87 次(约占 4.5%)和 76 次(约占 3.9);"书面反馈""归纳"分别出现 62 次(约占 3.2%)和 58 次(约占 3%);最后是"引申",出现次数是最少的,为 29 次,仅占 1.5%。从总体上看,低水平反馈行为出现的平均次数是高水平反馈行为的 2 倍之多。可见,目前教师对学生回答的反应,停留在重复、打断和更正层次,缺乏延伸以及深层次的扩展,启发性提问太少。教师对学生的回答,不论是语言上还是表情上,给予学生的评价反应都显得太少。仅有的一些反馈主要是鼓励和暗示,语言也相当简单。在学生不会回答问题的情况下,不同的教师对学生的鼓励程度有着很大的差异,对其失望的程度也不尽相同。充分说明当前教师过于重视问题的提出,缺少对学生的引导、点拨和启发,往往出现教师包办回答的现象,忽视了问题反馈的有效性。

### 3.4　教科书使用水平低,深度解读能力不足

(1)过于依赖教科书,文本调适意识不强

调查发现,农村教师与城市教师、城乡接合部的教师相比更倾向于忠实地使用教科书,缺乏调适教科书的积极性,很少主动对教科书内容进行调适。具体表现为:第一,很多教师缺少对教科书的批判意识。有 31.2% 的教师认为教科书的编写理念"非常好",45.8% 的教师认为教科书中的素材"非常好",26.5% 的教师认为教科书的编排方式"非常恰当",38.2% 的教师认为教科书的基本体例设计"非常恰当"。第二,很多教师对教科书的权威性缺少质疑。有 76.1% 的教师赞同"教科书是教师教和学生学的直接依据"这个观点;81.3% 的教师赞同"教科书给学生提供知识信息,具有权威性"这个观点;有 74.2% 的教师在备课的时候总是按照或经常按照"教科书的内容设计活动"。第三,教科书依然是教师教学最重要的课程资源。有 85.1% 的教师"在教学过程中会经常使用教科书",有 82.4% 的教师"在课前备课时总是使用或经常使用教科书",有 74.2% 的教师选择按照或经常按照"教科书的内容设计教学活动"。

(2)缺乏对教科书文化构成和价值取向的关注

教科书是传承文化的重要载体,其蕴含的文化构成和价值取向对学生文化

观念的塑造有重要影响。因此,分析教科书中不同的文化构成,向学生传播正确的价值观念是教师义不容辞的责任。然而,调查发现,有97.2%的教师不知道教科书中蕴含着丰富的文化信息。比如对教科书的"数学文化多元性"的调查发现,有85.4%的教师选择"不存在",仅有不到10%的教师认为"部分存在",选择"存在"的人数不到5%。有95.6%的教师没有关注教科书是否存在"性别刻板印象",有37.2%的教师认为教科书存在一定程度的"城市化倾向"。事实上,课题组对我国现行"人教版""北师大版"和"浙教版"初中数学教科书的研究发现[7],"阅读材料"栏目呈现了大量不同国家的数学史和数学文化,这充分体现了数学文化多元性的理念。同时,城乡文化比例失衡,与城市背景有关的文化多于乡村,忽略了农村学生的文化背景。另外,性别刻板印象明显存在,呈现出男性主导的文化价值取向。因此,教师在使用教科书教学时要有所研究和发现,弘扬教科书蕴含的正确价值取向,摒弃潜在的教科书编者未曾意料到的不良价值取向,努力削弱和避免教科书给学生价值观带来的副作用。

(3)忽视对教科书插图教学功能的深刻挖掘

插图蕴含着丰富的隐性知识,充分挖掘其潜在的教育功能,合理使用不同类型的插图进行教学,不仅能激发学生学习数学的兴趣和动机,促进学生理解数学概念和发展数学思维,还能提高教师的教学质量和效果[8]。然而,调查发现仅有3.5%的教师认为插图对学生的学习"很有用",22.4%的教师认为"比较有用",38.7%的教师认为"一般",34.1%的教师认为"比较没用",还有1.3%的教师认为"完全没用"。可见,有70%以上的教师没有意识到插图对课堂教学的重要性,甚至认为使用插图会影响课堂教学进度。对学生开展的"你的老师在课堂中使用教科书频繁吗?"调查显示,有4.3%的学生选择"很频繁",12.7%选择"较频繁",选择"偶尔"的有38%,选择"较少"的有36.9%,选择"从不"的有8.1%。从总体上看,当前城乡教师没有深刻挖掘教科书插图的教学功能,使其发挥最大的教育价值。

(4)教科书例题的使用方式不当

例题是数学教科书的重要组成部分,是实现数学课程目标的重要资源,具有示范引领、揭示方法、介绍新知、巩固新知、思维训练和文化育人的功能[9]。然而,调查发现,当前大部分城乡教师对教科书例题的使用存在很多不当行为:第一,对教科书例题功能的认识有失偏颇。约有56.4%的教师认为教科书例题仅有巩固新知的单一功能,只有23.5%的教师认为教科书例题除有巩固新知的功能外,还有揭示数学思想方法和训练思维等多种功能。这表明大部分教师对例题的教学功能的认识不全面。第二,对教科书例题的使用形式过于单一。有67.3%的教师使用教科书例题的主要形式是学生预习,仅有11.2%的教师让学生利用例题开展过研究性学习,甚至有31.2%的教师没有使用过教科书例题引导学生开展自主学习。第三,对教科书例题的使用程度把握不准。有47.2%的教师对教科书例题选择照搬讲解,有51.6%的教师喜欢把教科书和参考书结合起来适当地改变教科书例题,甚至有35.7%的教师直接舍弃教科书例题,选择综合性和难度更高的例题作为教学例题。总体来看,有近一半的教师没有深入挖掘教科书例题的背景和教学功能。究其原因,一方面,教师对教科书例题的功能在主观上认识不深刻;另一方面,教师客观上可能受教学时间的限制和中考命题的影响,误认为教科书例题"难度不够""典型性不够"。事实上,教科书例题是编者精心选择的产物,其蕴含多种育人功能。因此,教师在充分挖掘例题设置背景和意图的基础上,应有所选择地利用,发挥教科书例题的最大教学效益。

(5)教科书拓展性栏目使用率不高

目前各个版本的初中数学教科书均设置了"阅读与思考""实验与探究""数学活动""课题学习""信息技术应用"等类似的拓展性栏目。这些栏目对促进学生了解数学的发展历史、文化价值及数学在其他学科中的应用,培养学生学习数学的兴趣、信心及动手能力有着不可替代的作用。然而,调查发现,有很多教师对教科书拓展性栏目的价值认识不到位,导致拓展性栏目的教学利用率过低。比如,有67.2%教师很少或从不指导学生进行阅读材料的学习,认为阅读材料不属于考试内容,怎么上都不会影响教学质量,因此认为学生只要课后看看就可以了,根本没有必要引导学生研究、探讨和交流。有53.8%的教师在课堂教学中几乎没有完成实验与探究类栏目,有71.3%的教师认为"课题学习"根本就不用进行处理。对于"信息技术应用"栏目,不到18.4%的教师选择给学生讲授,超过80%的教师并不给学生讲授这些内容。可见,教科书中的拓展性栏目在教师心目中没有得到应有的认同,使用率明显不高,失去了拓展性栏目应发挥的教育功能与价值。

**4.改进城乡义务教育数学教师教学行为问题的有效策略**

当前城乡义务教育数学教师教学行为存在的诸多问题对学生的学习和教

学质量不可避免地产生影响。其原因是多方面的,可能与教师教学公平观念不强,教育理论素养不够,班级规模过大,学生主观能动性不强,教育行政部门、师范院校和培训机构对教师教学行为的关注度不够有关。可以从以下几个方面进行改进:

### 4.1 严把教师培养入口关,从源头上杜绝失范教学行为

研究表明,教师的有效教学行为与已有的知识储备和技能训练密切相关。其素质的外化形式、知识水平与教学经验的不同,均会导致课堂教学行为存在差异[10]。因此,必须从义务教育教师培养的源头入手,杜绝教师的不当教学行为。一方面,师范院校积极加强在校师范生的教学行为训练,调整培养模式,增强师范生培养的针对性,设置相关课程,严格遵循考核标准,开展多种活动,训练与课堂教学密切相关的各种教学行为,同时开放教师技能实训室,为师范生数学教学行为的自主训练提供帮助。另一方面,各级教育行政部门应明确责任,严格执行教师专业标准,严格执行教师资格准入制度,加大对申请教师资格证者的课堂教学行为的考核力度,如细化对教学语言使用、课堂提问、讲解、反馈、教科书使用等教学行为的考核,特别要加大非师范专业教师资格申请者的考查力度,从而在入口关上减少或杜绝失范教学行为。

### 4.2 建立合理的教学行为官方评价标准,从制度上促进教学行为的转变

调研发现,对于如何从细节上有效地呈现课堂教学行为这个问题,无论是城市教师还是农村教师,认识都是模糊的,特别是偏远地区的农村教师更为明显。这种现象在非师范专业毕业的教师身上表现更为突出。比如,课题组针对课堂提问行为的教师访谈发现,大多数教师对于提问问题设计的原则、难度、梯度、密度及层次性该如何把握,提问后留给学生思考的时间要多长等问题均不能完整和准确地回答。因此,各级教育行政部门在辖区内建立一个合理的课堂教学行为官方评价标准显得尤为重要。同时,教研室应牵头定期对教师的课堂进行评价,重点考核教学行为是否达到标准。这不仅有利于规范教师的课堂教学行为,提高教师的课堂教学水平,同时也有利于对教师的课堂教学进行管理。只有这样才可能更好地促进城乡义务教育数学教师教学行为的有效转变。

### 4.3 开展实证化的校本研修活动,从思想上引导教师反思并改进教学行为

学校文化氛围是影响教师教学行为的重要因素。因此,创设一种教师敢于

相互揭短的教学合作与研究的良好文化氛围,构建教师学习和研究共同体,开展可量化和实证化的校本研修活动,促进教师从思想上反思教学行为显得至关重要。久而久之,教师的教学观念和行为就会被环境影响,对自身的教学行为做纵向比较与横向比较,进行教学反思并最终改进教学行为。比如,可以采取专家在现场进行教学观察和指导的研修方式,让专家针对教学中出现的言语或非言语行为进行现场指导;也可以采取观察本校老师或其他外校教师的教学视频的方式,让所有老师对视频中的各种教学行为进行统计分析;也可以让教师收集教学行为的相关案例,撰写分析报告,从而在收集、整理、解读、讨论、分析和对照中改变教师的教学行为。总之,通过开展可观察和实证化的校本研修活动,让教师充分参与行动研究,借助对自己或别人的教学实践行为的研究不断反思自身的教学行为,才可能最终转变自身的不当教学行为。

### 4.4　开展有针对性的教师培训,从技术上增强教学行为的可操作性

培训是教师职后完善自身课堂教学行为的重要途径。因此,培训机构和培训者要树立新的培训观念,更新培训内容,改革传统的培训方式,增强教师培训的针对性和实效性,从而促进教师教学行为的转变。首先,设置具有针对性的培训课程模块,改变以往过于偏重教育或教学理论的课程设计取向,建立以提高教师教学行为效率为中心的培训课程体系。比如对课堂教学语言的类型及其分配、提问数量的多少、提问难度的控制、提问后等待时间的长短、课堂师生话语容量、教学反馈方式及教科书使用水平和方式等均设置一定比例的课程模块。其次,采取有实效性的培训方法,立足教师课堂教学,以实际教学情境为载体,从教师自身出发,采用灵活和有效的培训方法。比如对课堂提问的培训可采用案例分析法,对教学反馈的培训可采用实践操作法,对教科书使用的培训可采用导师指导法。再次,建立教师培训研修共同体,采用学习、观摩、交流、反思、共享等多种培训方式,从技术层面帮助教师优化和改善教学行为。

### 参考文献

[1]盖立春,郑长龙.课堂教学行为研究的三种范式及其基本问题[J].课程·教材·教法,2010(11):33-38.

[2]罗生全.中小学教师有效教学行为调查研究[J].教育研究,2014(4):129-137.

[3]叶立军,周芳丽.基于录像分析背景下的优秀数学教师课堂提问能力的研究[J].数学教育学报,2014(3):53-56.

[4]梁芳,宋佰玲,杨鹏宇.民族地区数学教师课堂教学语言的现状[J].民族教育研究,2017(5):44-50.

[5]胡启宙,孙庆括.初中数学教师课堂提问的方式和反馈水平实证研究:基于三位教师课堂录像的编码分析[J].数学教育学报,2015(4):72-75.

[6]李斌.新疆维吾尔族、汉族教师课堂教学差异比较研究:以教师课堂教学反馈行为为例[J].兵团教育学院学报,2016(5):16-19,24.

[7]孙庆括.初中数学教科书的文化构成与价值取向分析[J].课程教学研究,2018(10):28-32.

[8]宋振韶.教科书插图的认知心理学研究[J].北京师范大学学报(社会科学版),2005(6):22-26.

[9]吴立宝,王富英,秦华.数学教科书例题功能的分析[J].数学通报,2013(3):18-20,23.

[10]乔爱玲,王陆,李瑶,等.不同教师群体教学行为的差异性研究[J].电化教育研究,2018(4):93-100,108.

# 第三节　中高考数学试题研究

## 一、数学文化命题研究

### 【案例5-9】　近十年高考数学文化命题的特征分析及启示①

自从20世纪80年代美国数学家怀尔德(R. L. Wilder)提出了数学是一种文化体系的观点后,数学文化研究受到了世界各国的普遍重视,并在世界范围内掀起一股数学文化融入数学教育的研究热潮。我国2002年颁布的《普通高中数学课程标准(实验)》更是把"体现数学的文化价值"作为高中数学课程的十项基本理念之一,强调数学文化是贯穿整个高中数学课程的重要内容,数学

---

① 本文发表于《数学通报》2017年第1期,被中国人民大学《复印报刊资料·高中数学教与学》2017年第5期全文转载,作者孙庆括。

课程应适当反映数学的历史、应用和发展趋势,数学科学的思想体系,数学的美学价值,数学家的创新精神,要求把数学文化渗透到每个模块或专题中[1]。为落实这一理念,各种版本的高中数学教材在每个章节中都安排了蕴含丰富数学文化价值的"阅读材料"。无论各省、市高考自主命题的地方卷,还是新课标全国卷,均出现了以数学文化为背景的试题,成为新课改理念下高考改革和发展的一道亮丽的风景,尤其是湖北省,已经连续多年命制此类考题,逐渐形成了"依托数学史料,嵌入数学名题,彰显数学文化"的高考数学命题特色和亮点[2]。对近十年高考数学文化试题进行剖析,一方面,为后续高考命题者命制出素材更加丰富和题型更加新颖的试题提供启发;另一方面,为广大中学数学教师更合理地利用教材进行数学文化的探究式教学提供参考。

### 1. 试题特征分析

据不完全统计,2008—2016 年有关数学文化的试题共 34 道(数学文化的标准不同,本文采用南开大学顾沛教授的数学文化广义的内涵,包含数学家、数学史、数学美、数学教育、数学发展中的人文成分、数学与社会的联系、数学与各种文化的关系等)。有关数学文化的试题在高考数学试题中的分值比重已越来越大,涉及湖北卷、北京卷、上海卷、浙江卷、江苏卷、江西卷、福建卷、全国卷等。其中,湖北卷年均有 2—3 题,全国卷从 2015 年开始重视,之后每年都有此类题目出现。为更直接地体会全国各地高考数学新课标文、理科试卷中的数学文化试题,按年份列出下表(见表 5 - 17),并总结了数学文化背景试题的一些特征:

第一,从文、理科试卷分配看,数学文化背景试题在理科数学卷中出现得较多,在文科卷中相对较少,但在全国卷中文科卷出现较多。第二,从题型和知识点分布看,基本以选择题和填空题为主,计算题和证明题相对较少。另外,涉及的知识点主要集中在函数、数列、立体几何证明与计算、各类几何形体的体积计算、比例计算、算法程序框图等。其中,数列与几何形体的体积计算、算法程序框图所占比重明显较大,也出现了有关数学史的几何证明题,且分值较大。第三,从素材选取来源看,出自我国数学名著的数学文化真题几乎均来源于《九章算术》《数书九章》及《算数书》,其中以《九章算术》为主。大多以古代社会人们的生活实际和生产实际为背景,且先用古汉语描述,再以现代汉语予以翻译和解释。另外,外国古代数学文化也有涉及,多以数学名题为主。可见,命题者也注意到了数学的文化多元性思想。第四,从类别和价值看,涉及数学史料中的古算题、数学名题、数学家及优秀成果、数学与其他学科的文化联系等。其中,数学与其他学科的文化联系所占比例较少。突出科学价值、人文价值及应用价值的试题较多,突出美学价值的较少。第五,从呈现方式看,仅有显性和隐性两种形式。其中,显性形式是直接给出数学文化背景作为试题的情景或引子,解答与数学文化背景基本无关。而隐性形式是指不直接给出数学文化背景,隐晦地考查与数学文化相关的知识和思想方法[3]。而显性形式和隐性形式相结合的呈现方式没有涉及。

表 5-17  2008—2012 年全国高考数学文化试题特征统计

| 年份 | 省份题号 | 题型 | 背景名称 | 出处 | 类别 | 呈现方式 | 价值 | 知识点分布 |
|---|---|---|---|---|---|---|---|---|
| 2008 | 江苏卷13 | 填空题 | 阿波罗尼斯圆 | 古希腊阿波罗尼斯 | 数学名题 | 隐性 | 科学价值 | 解三角形 |
| | 江苏卷17 | 计算题 | 费马点 | 法国费马 | 数学名题 | 隐性 | 科学价值 | 函数关系式 |
| 2009 | 湖北理15 | 填空题 | 角谷定理 | 日本角谷静夫 | 数学名题 | 隐性 | 科学价值 | 数列通项 |
| | 湖北理、文10 | 选择题 | 三角形数 | 古希腊毕达哥拉斯 | 数学家成果 | 显性 | 应用价值 | 数列通项、求和 |
| | 福建理15 | 填空题 | 斐波那契数列 | 意大利《算盘书》 | 数学家成果 | 隐性 | 应用价值 | 数列求和 |
| 2010 | 浙江理19 | 计算题 | 杨辉三角 | 中国《详解九章算法》 | 数学家成果 | 隐性 | 应用价值 | 概率、分布列 |
| 2011 | 湖北理13、文9 | 填空题 | 竹九节 | 中国《九章算术》 | 数学史料 | 显性 | 人文价值 | 等差数列 |
| | 湖北理15 | 填空题 | 斐波那契数列 | 意大利《算盘书》 | 数学家成果 | 隐性 | 应用价值 | 排列组合 |
| | 北京理8 | 选择题 | 格点多边形皮克定理 | 奥地利乔治·皮克 | 数学名题 | 隐性 | 科学价值 | 函数值域 |
| | 北京理14 | 填空题 | 卡西尼卵形线 | 法国乔凡尼·卡西尼 | 数学名题 | 隐性 | 科学价值 | 曲线轨迹 |

续表 5 – 17

| 年份 | 省份题号 | 题型 | 背景名称 | 出处 | 类别 | 呈现方式 | 价值 | 知识点分布 |
|---|---|---|---|---|---|---|---|---|
| 2012 | 湖北理6 | 填空题 | 柯西不等式 | 法国柯西 | 数学名题 | 隐性 | 科学价值 | 比例计算 |
| | 湖北理10 | 选择题 | 开立圆术 | 中国《九章算术》 | 数学史料 | 显性 | 人文价值 | 球体积计算 |
| | 湖北理13 | 填空题 | 回文数 | | 数学与文学 | 显性 | 美学价值 | 数列求和 |
| | 湖北理14 | 填空题 | 黄金双曲线 | | 数学名题 | 隐性 | 科学价值 | 双曲线离心率、比例计算 |
| | 湖北理22 | 计算题 | 伯努利不等式、高斯函数 | 瑞士伯努利 | 数学名题 | 隐性 | 科学价值 | 函数最值、不等式证明 |
| | 江西理6 | 选择题 | 斐波那契数列 | 意大利《算盘书》 | 数学家成果 | 隐性 | 应用价值 | 数列通项 |
| | 福建理7 | 选择题 | 狄利克雷函数 | 德国狄利克雷 | 数学家成果 | 隐性 | 应用价值 | 函数性质 |
| | 上海文14 | 填空题 | 斐波那契数列 | 意大利《算盘书》 | 数学家成果 | 隐性 | 应用价值 | 数列通项 |
| | 湖北文17 | 填空题 | 三角形数 | 古希腊毕达哥拉斯 | 数学家成果 | 显性 | 应用价值 | 数列通项 |
| 2013 | 湖北理12 | 填空题 | 角谷定理 | 日本角谷静夫 | 数学名题 | 隐性 | 科学价值 | 算法程序框图 |
| | 湖北理14 | 填空题 | 多边形数 | 古希腊毕达哥拉斯 | 数学家成果 | 显性 | 应用价值 | 数列计算 |
| | 福建理15 | 填空题 | 泰勒公式 | 英国鲁克·泰勒 | 数学名题 | 隐性 | 科学价值 | 定积分、二项式定理 |
| | 全国Ⅰ理17 | 计算题 | 布洛卡点 | 法国布罗卡尔 | 数学名题 | 隐性 | 科学价值 | 解三角形 |
| | 湖北文16 | 填空题 | 天池盆测雨 | 中国《数书九章》 | 数学史料 | 显性 | 人文价值 | 圆台体积计算 |
| | 湖北文17 | 填空题 | 格点多边形皮克定理 | 奥地利乔治·皮克 | 数学名题 | 隐性 | 科学价值 | 函数 |

续表 5 - 17

| 年份 | 省份题号 | 题型 | 背景名称 | 出处 | 类别 | 呈现方式 | 价值 | 知识点分布 |
|---|---|---|---|---|---|---|---|---|
| 2014 | 湖北理8、文10 | 选择题 | 求"囷盖"术 | 中国《算数书》 | 数学史料 | 显性 | 人文价值 | 圆锥体积计算 |
| | 湖北理13 | 填空题 | 数字黑洞 | | 数学与天文学 | 隐性 | 美学价值 | 算法程序框图 |
| | 湖北文17 | 填空题 | 阿波罗尼斯圆 | 古希腊阿波罗尼斯 | 数学名题 | 隐性 | 科学价值 | 曲线轨迹、比例计算 |
| 2015 | 湖北理、文2 | 选择题 | 米谷粒分 | 中国《数书九章》 | 数学史料 | 显性 | 人文价值 | 比例计算 |
| | 湖北理19、文20 | 证明、计算题 | 阳马、鳖臑 | 中国《九章算术》 | 数学史料 | 显性 | 人文价值 | 立体几何证明、比例计算 |
| | 湖北理21、文22 | 计算题 | 椭圆规作图 | 荷兰舒腾 | 数学家成果 | 隐性 | 应用价值 | 椭圆方程 |
| | 全国Ⅰ文6 | 选择题 | 圆锥体积 | 中国《九章算术》 | 数学史料 | 显性 | 人文价值 | 圆锥体积计算 |
| | 全国Ⅱ文8 | 选择题 | 更相减损术 | 中国《九章算术》 | 数学史料 | 显性 | 人文价值 | 算法程序框图 |
| 2016 | 全国Ⅱ理8、文9 | 选择题 | 秦九韶算法 | 中国《数书九章》 | 数学史料 | 显性 | 人文价值 | 算法程序框图 |

## 2.试题欣赏与评析

### 2.1 以中国数学典籍史料中的优秀成果为背景

#### 2.1.1 《算数书》

**例1** (2014湖北卷·理8)《算数书》竹简于上世纪80年代在湖北省江陵县张家山出土,这是我国现存最早的有系统的数学典籍,其中记载有求"囷盖"的术:置如其周,令相乘也。又以高乘之,三十六成一。该术相当于给出了由圆锥的底面周长 $L$ 与高 $h$,计算其体积 $V$ 的近似公式 $V \approx \frac{1}{36}L^2 h$。它实际上是将圆锥体积公式中的圆周率 $\pi$ 近似取为3。那么,近似公式 $V \approx \frac{2}{75}L^2 h$ 相当于将圆锥体积公式中的 $\pi$ 近似取为( )。

A.$\dfrac{22}{7}$　　　　B.$\dfrac{25}{8}$　　　　C.$\dfrac{157}{50}$　　　　D.$\dfrac{355}{113}$

【评析】此题来源于成书于公元前186年以前的《算数书》，这是目前已知最早的中国数学著作，对后世《九章算术》的产生也有一定的影响，开创了我国古代数学重应用的特色，标志着我国古代数学理论体系开始初步形成。本题考查圆锥的体积计算，较为简单，答案为B。但它的意义和价值实际上已远远超出试题本身，它会激发考生积极主动学习数学史知识，了解中国古代的数学成就。

2.1.2　《九章算术》

**例2**　（2012湖北卷·理10）我国古代数学名著《九章算术》中"开立圆术"曰：置积尺数，以十六乘之，九而一，所得开立方除之，即圆径。"开立圆术"相当于给出了已知球的体积$V$，求其直径$d$的一个近似公式$d\approx\sqrt[3]{\dfrac{16}{9}V}$。人们还用过一些类似的近似公式。根据$\pi=3.14159\cdots$判断，下列近似公式中最精确的一个是(　　)。

A.$d\approx\sqrt[3]{\dfrac{16}{9}V}$　　B.$d\approx\sqrt[3]{2V}$　　C.$d\approx\sqrt[3]{\dfrac{300}{157}V}$　　D.$d\approx\sqrt[3]{\dfrac{21}{11}V}$

**例3**　（2015全国Ⅰ卷·文6）《九章算术》是我国古代内容极为丰富的数学名著，书中有如下问题："今有委米依垣内角，下周八尺，高五尺，问积及为米几何？"其意思为："在屋内墙角处堆放米（如下图，米堆为一个圆锥的四分之一），米堆底部的弧长为8尺，米堆的高为5尺，问米堆的体积和堆放的米各为多少？"已知1斛米的体积约为1.62立方尺，圆周率约为3，估算出堆放的米约有(　　)。

A.14斛　　　　B.22斛　　　　C.36斛　　　　D.66斛

【评析】以上两道题均来自大约成书于公元1世纪的《九章算术》，它的出现标志着中国古代数学形成了完整的体系。其内容包括方田、粟米、衰分、少广、商功、均输、盈不足、方程、勾股九章，全书共有246个问题，每个问题均给出了相当于数学公式的解答。例 2 和例 3 从试题形式上看有一定的相似性,较为简单:都是以《九章算术》中的问题为显性材料,通过文言与翻译来理解问题的含义,结合球体积、圆锥体积等立体几何知识进行计算,素材新颖,贴近生活,弘扬了中国数学文化。例 2 根据球体积公式计算,答案为 D。例 3 根据题中的条件列出关于底面半径的方程,解出底面半径,进而求出其体积,再估算出堆放米的数量,答案为 B。

### 2.1.3 《数书九章》

**例 4** (2013 湖北卷·文 16)我国古代数学名著《数书九章》中有"天池盆测雨"题:在下雨时,用一个圆台形的天池盆接雨水。天池盆盆口直径为二尺八寸,盆底直径为一尺二寸,盆深一尺八寸。若盆中积水深九寸,则平地降雨量是_____寸。(注:①平地降雨量等于盆中积水体积除以盆口面积;②一尺等于十寸。)

**例 5** (2016 全国 II 卷·理 8)中国古代有计算多项式值的秦九韶算法,下图是实现该算法的程序框图。执行该程序框图,若输入的 $x=2, n=2$,依次输入的 $a$ 为 2,2,5,则输出的 $s =$ _____。

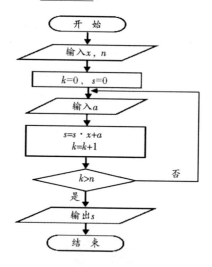

A. 7      B. 12      C. 17      D. 34

【评析】试题源于秦九韶所著、成书于 1247 年的《数书九章》。《数书九章》是对《九章算术》的继承和发展,概括了宋元时期中国传统数学的主要成就,标志着中国古代数学的高峰。例 4 考查的是几何形体——圆台的体积计算,与例 1、例 2 和例 3 一样,都是以典籍史料中的问题为背景,通过数形结合、化归与转化等数学思想方法的运用求得答案为 3 寸。例 5 不同于例 1 至例 4,仅局限于把《数书九章》中的"多项式值的算法"作为一个材料背景,把其中的秦九韶思想与算法的程序框图结合起来进行再创造,让考生运用所学的基本知识和技能解决问题。这正是这道题的创新点,值得推广。

### 2.2 以外国数学家创造的数学名题为背景

#### 2.2.1 阿波罗尼斯圆

阿波罗尼斯,又称"阿波罗奥斯",与阿基米德、欧几里得被称为亚历山大时期数学三巨匠。"阿波罗尼斯圆"是他的代表成果之一:平面上一点 $P$ 到两定点 $A,B$ 的距离之比满足 $\frac{PA}{PB} = \lambda(\lambda > 0$ 且 $\lambda \neq 1)$,$\lambda$ 为常数,则 $P$ 点的轨迹是圆[4]。

**例 6** (2008 江苏卷·13)满足条件 $AB = 2,AC = \sqrt{2}BC$ 的 $\triangle ABC$ 的面积的最大值是_____。

**例 7** (2014 湖北卷·文 17)已知圆 $O:x^2 + y^2 = 1$ 和点 $A(-2,0)$,若定点 $B(b,0)(b \neq -2)$ 和常数 $\lambda$ 满足:对圆 $O$ 上任意一点 $M$,都有 $|MB| = \lambda|MA|$,则 $b$ =_____,$\lambda$ =_____。

**【评析】**若例 6 利用二次函数或三角函数的有界性,例 7 利用一般化思想及三角换元等常规做法求解,其运算量均较大。若利用阿波罗尼斯圆的性质,易知例 6 中的点 $A$ 和例 7 中的 $M$ 点的轨迹均是圆,可用特殊化思想求解。例 6 设 $A(-1,0),B(1,0)$,动点 $C(x,y)$,根据题意化简得 $(x-3)^2 + y^2 = 8(y^2 \leq 8)$,即点 $C$ 的轨迹是以 $(3,0)$ 为圆心,$2\sqrt{2}$ 为半径的圆,故点 $C$ 到 $AB$ 的距离最大值为 $2\sqrt{2}$,故 $\triangle ABC$ 面积的最大值为 $\frac{1}{2} \times 2 \times 2\sqrt{2} = 2\sqrt{2}$。例 7 分别取特殊点 $M$ $(1,0)$ 和 $M(0,1)$,代入 $|MB| = \lambda|MA|$,得 $b = -\frac{1}{2}$,$\lambda = \frac{1}{2}$。

#### 2.2.2 皮克定理

它发表于 1899 年,以发现者乔治·亚历山大·皮克的名字命名。主要解决格点多边形的面积问题:若 $S$ 为多边形面积,$L$ 是边界上的格点数,$N$ 是内部格点数,则有 $S = N + \frac{L}{2} - 1$。

**例 8** (2013 湖北卷·文 17)在平面直角坐标系中,若点 $P$ 的坐标 $x,y$ 均为整数,则称点 $P$ 为格点。若一个多边形的顶点全是格点,则称该多边形为格点多边形。格点多边形的面积记为 $S$,其内部的格点数为 $N$,边界上的格点数记为 $L$。例如下图中 $\triangle ABC$ 是格点三角形,对应的 $S=1,N=0,L=4$。

(1)图中格点四边形 $DEFG$ 对应的 $S,N,L$ 分别是 _____;

(2)已知格点多边形的面积可表示为 $S=aN+bL+c$,其中 $a,b,c$ 为常数。若某格点多边形对应的 $N=71,L=18$,则 $S=$ _____。

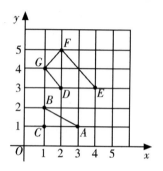

**例 9** (2011 北京卷·理 8)设 $A(0,0)$, $B(4,0)$, $C(t+4,4)$, $D(t,4)(t \in \mathbf{R})$,记 $N(t)$ 为平行四边形 $ABCD$ 内部(不含边界)的整点的个数,其中整点是指横、纵坐标都是整数的点,则函数 $N(t)$ 的值域为(    )。

A. $\{9,10,11\}$    B. $\{9,10,12\}$    C. $\{9,11,12\}$    D. $\{10,11,12\}$

【评析】例 8 运用皮克定理较容易解决。例 9 考查学生的准确作图能力、严谨的推理能力和分类讨论思想,若用常规做法难度较大,用皮克定理较易解决。当 $t$ 取整数时,四边形 $ABCD$ 为格点多边形,易知 $S=16$,故 $16=N+\dfrac{L}{2}-1$。当 $t=0$ 时,$L=16$,$N=9$;当 $t=1$ 时,$L=10$,$N=12$;当 $t=2$ 时,$L=12$,$N=11$。

### 2.2.3 布洛卡点

布洛卡点又译为"布罗卡尔点",最早在 1816 年被法国数学家和数学教育家克雷尔首次发现,1875 年又被数学爱好者、法国军官布罗卡尔重新发现,并用他的名字命名。设 $P$ 为 $\triangle ABC$ 内部一点,若 $\angle PAB = \angle PBC = \angle PCA = \theta$,则称 $P$ 为 $\triangle ABC$ 的布洛卡点,$\theta$ 为 $\triangle ABC$ 的布洛卡角。有两个最基本性质:(1)$\cot \theta = \dfrac{a^2+b^2+c^2}{4S_{\triangle ABC}}$;(2)$\cot \theta = \cot A + \cot B + \cot C$。当 $\theta = \dfrac{A}{2}$ 时,$\triangle ABC$ 三边 $b,a,c$ 成等比数列;当 $\theta = \dfrac{B}{2}$ 时,$a,b,c$ 成等比数列;当 $\theta = \dfrac{C}{2}$ 时,$a,c,b$ 成等比数列。

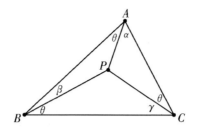

例 10　(2013 全国 I 卷·理 17) 在 △ABC 中，∠ABC = 90°，AB = $\sqrt{3}$，BC = 1，P 为 △ABC 内一点，∠BPC = 90°。(1) 若 PB = $\frac{1}{2}$，求 PA；(2) 若 ∠APB = 150°，求 tan ∠PBA。

例 11　(2011 年北京大学保送生考试数学试题 2) △ABC 中存在一点 O，满足 ∠BAO = ∠CAO = ∠ACO，求证：△ABC 的三边长组成等比数列。

【评析】在 △PBA 中，例 10 第 1 问用余弦定理解三角形，第 2 问用正弦定理、两角和与差公式容易解题，得 PA = $\frac{\sqrt{7}}{2}$，tan ∠PBA = $\frac{\sqrt{3}}{4}$。例 11 根据布洛卡点的已知性质 $\cot\theta = \cot A + \cot B + \cot C$，当 $\theta = \frac{A}{2}$ 时，得 $\cot\frac{A}{2} - \cot A = \cot B + \cot C$，整理得 $\frac{1}{\sin A} = \frac{\sin A}{\sin B\sin C}$，即 $\sin^2 A = \sin B\sin C$，由正弦定理得 $a^2 = bc$，故三边成等比数列。事实上，三角形还有一些其他的特殊点，如"费马点""密克尔点""等积点""等和点"，也是可以作为未来高考数学文化试题命题重要的考虑对象。

### 2.3　以数学与其他学科的联系为背景

例 12　(2012 湖北卷·文 17) 回文数是指从左到右读与从右到左读都一样的正整数。如 22，121，3443，94249 等。显然 2 位回文数有 9 个：11，22，33，…，99。三位回文数有 90 个：101，111，121，…，191，202，…，999，则：(1) 4 位回文数有_____个；(2) 2n + 1(n ∈ **N**₊) 位回文数有_____个。

【评析】"回文"是古今中外文学作品中都有的一种特殊修辞方式，是正读反读都能读通的句子，有回文诗、回文联等。如"灵山大佛，佛大山灵"，其意境和韵味读来都是美妙的，体现了数学的对称之美。数学中的"回文数"是指无论从左读到右还是从右读到左，都是同一个数，如 121，2002，12321 等。第 1 问中 4 位回文数只用排列前面两位数字，后面的数字就可以确定，即 9 × 10 = 90；第 2

问中,根据规律,2 位数的回文数有 9 个,3 位数的有 90 个,可以看出,4 位数的回文数是在 2 位数的中间添加成对的"00,11,22,…,99",故有 90 个,即 $2n+1$ 位的回文数和 $2n+2$ 位的回文数的个数相同。而 $2n+2$ 位的回文数只用看前 $n+1$ 位的排列情况,第一位不能为 0,有 9 种情况,后面 $n$ 项每项有 10 种情况,故个数为 $9 \times 10^n$。

### 3. 启示与思考

#### 3.1 命题者要兼顾题型多样化和设计方式创新性

第一,研究数学文化题型设计的多样化。改变当前多以选择题和填空题为主,题型单一,考查功能有所缺失的情形。研究设计包括证明题和计算题等其他题型,同时探索多元化的设问方式,提高数学文化内容的考查信度和效度。

第二,丰富数学文化素材的类型。目前素材类型主要涉及数学名著、数学名题等,数学游戏、数学与其他学科的联系等其他类型则较少涉及。因此,从实际出发,结合学生的实际和考试效度选择丰富的数学文化素材类型设计试题至关重要。比如美国《数学教师》杂志在这方面进行了大量的研究。从 2007 年到 2012 年共发表数学文化类论文 120 篇,其中涉及数学与自然科学、数学与文学、数学与艺术、数学与社会科学、数学与建筑、数学与生活、数学与游戏、数学与体育八类主题,每类主题均开发了大量素材新颖的数学文化试题。

第三,创新数学文化试题的呈现方式。目前,大多数试题以数学文化背景或数学名题"再现"的方式进行呈现,考查方式较为传统。因此,要把数学文化内容与考查学生的观察、归纳、概括、猜想、发现等能力和数学素养结合起来。比如 Suzuki[5] 通过数学与诗歌之间的联系,结合集合和排列知识,开发了这样一道试题:诗歌的每一行末尾是押韵的,分别以 A,B,C,D 等来表示各个韵脚。在数学中,这些字母各对应一些单词所组成的集合。如 $A = \{moon, tune, spoon, \cdots\}$,$B = \{fate, late, mate, date, \cdots\}$。若诗歌的韵律为 ABAB,则第一、三行以 A 中的单词结尾,二、四行以 B 中的单词结尾。一首好诗要求集合 A,B,C,… 不能有交集。如莎士比亚十四行诗的韵律为 ABAB CDCD EFEF GG。问:(1)三个韵脚 A,B 和 C 共有多少种排列方式? (3! = 6)。 (2)一首 $6 \times 3 = 18$ 行的诗歌应包含的所有格式为? (ABC、ACB、BAC、BCA、CAB、CBA)。

#### 3.2 教师要巧用教材中的数学文化素材开展探究教学

第一,巧用教材中的数学文化专题或模块进行常规教学。一方面,挖掘教材中许多专题的独特文化背景,利用问题、方法的背景或者产生的曲折历程,创设充满丰富的数学文化的教学问题情境。另一方面,借助数学文化突破教学难点。如对高中函数概念的教学,如果采取传统的先给出定义,再举例、练习强化的方式进行教学,往往效果不佳。教学中可以先利用函数概念的发展史,从变量说引入,到对应说,再到关系说,再合理应用一些"怪的函数"如符号函数和高斯函数等,可以帮助学生理解函数的概念和本质,从而提升学生对学科本质的认识。

第二,善用教材中隐性的数学文化知识进行拓展训练。当前教材中出现了许多高考数学文化命题素材来源题。如"阿波罗尼斯圆""回文数""三角形数"分别出现在人教版高中数学必修2第131页习题4、必修3第51页第3题和必修5第28页的正文部分。因此,教师上课时要有意识地对这些数学文化素材或历史名题进行拓展改编。比如根据布洛卡点的基本性质,就可以结合余弦定理、外森比克不等式和等比数列等知识拓展许多变式问题[6]。

第三,编写具有数学文化的校本课程或讲义。比如可以搜集资料编写数学历史名题集和部分高中数学知识发展历史专题讲义,鼓励学生阅读关于与中学数学教育相关的数学文化著作。

**参考文献**

[1]中华人民共和国教育部.普通高中数学课程标准(实验)[S].北京:人民教育出版社,2003.

[2]刘翀,储广钊.稳步创新,特色鲜明:对高考数学湖北十二年自主命题的赏析与回味[J].数学通报,2016(1):38-40.

[3]夏文涛.寻求历史与考试的最佳结合:基于数学史背景的高考数学试题赏析[J].中小学数学(高中版),2013(7):58-61.

[4]陈雪莲,王新宏.高考"数学史料题"的赏析及启示[J].教学月刊(中学版),2016(5):55-59.

[5]Suzuki J. The alliance:mathematics and the arts[J]. Mathematics teacher, 2009,103(5):318-319.

[6]龚新平."布罗卡点"问题背景下的探究性学习[J].数学教学,2012(3):17-20.

## 二、数学试题情境研究

**【案例 5 – 10】 PISA 视野下中考数学概率与统计题中的情境分析：以 2015 至 2018 年湖北省八市中考题为例**①

《全日制义务教育数学课程标准(2011 年版)》在课程性质中指出[1]：数学课程能使学生掌握必备的基础知识与基本技能，培养学生的抽象思维和推理能力，培养学生的创新意识和实践能力，促进学生在情感、态度与价值观等方面的发展。新课标十分注重数学与现实之间的联系，强调教材呈现内容的素材要贴近学生的"生活现实""数学现实"和"其他学科现实"，从学生已有的生活经验出发，在具体的情境中学习数学，以促进学生对生活现象和社会热点的关注，体会到数学的价值。根据新课标的课程理念，近年来，各地的数学中考命题者越来越重视试题中的情境设置，考查学生运用已有的数学知识解决现实情境中的问题的能力。这些情境都具有什么样的特点？作为具有导向性的中考试题，还需要做哪些改进？为此，对湖北省 2015 至 2018 年八市中考数学概率与统计题做了统计与分析，针对发现的问题进行了相关思考，以期为数学教材编写、数学教学及中考命题提供一些参考。

### 1. 统计的简单说明

首先，本次统计选取的样本是湖北省武汉市、黄冈市、宜昌市、黄石市、孝感市、襄阳市、荆州市、随州市八个地级市 2015 至 2018 年的 32 道中考数学概率与统计题。其次，关于情境的分析框架主要是基于 PISA 对数学题的情境分析框架，PISA 是一个由"国际经济合作与发展组织"(OECD)策划并组织的评价临近义务教育末期即 15 周岁学生的阅读、数学、科学素养的"国际性学生评价项目"(program for international student assessment)[2]。它对数学问题的情境在宏观维度上从低到高分为五大层次类型——无情境、个人情境、职业情境、社会情境和科学情境。因此，本文也把中考概率与统计题的情境分为上述五类。其中"无情境"是指只包含数学自身世界，不含有现实生活的情境；"个人情境"主要指个人能够亲身经历或者周围其他人亲身经历的情境，如个人知识竞赛、阅读和娱乐；"职业情境"是指学生一般很少亲身经历的、属于某个职业领域的情境，如成

---

① 本文发表于《中学数学(初中版)》2018 年第 9 期，作者孙庆括、汪子怡。

本计算、商场计算利润;"社会情境"是指与社会团体有关的情境,如公共单车租用;"科学情境"是指其他学科涉及的数学知识背景,如物理、化学和生物情境中的数学题,建筑中的数学问题。

2.结果与分析

2.1　概率与统计题情境总体分布情况

统计发现,近四年中考概率与统计题的情境设置在 PISA 的情境类型分布中呈现显著差异。其中 32 道样本试题中,出现最多的是个人情境类试题(27题),所占比例为 84.4%,超过了总试题数的五分之四。其次是社会情境类试题(3 道),所占比例为 9.4%。最后是职业情境类试题和科学情境类试题(均为 1道),分别占样本总试题的 3.1%。无情境题数量为 0,这可能和概率与统计题需要学生根据所给的现实数据条件来分析解决问题有关。

2.2　概率与统计题情境具体分布及其特点

统计发现,个人情境类试题中涉及最多的是以知识竞赛为背景的试题,如2018 年孝感的"红旗飘飘,引我成长"知识竞赛共有 11 道,占个人情境试题总数的 41%,其余背景所占比例相差不大(如图 5-9)。

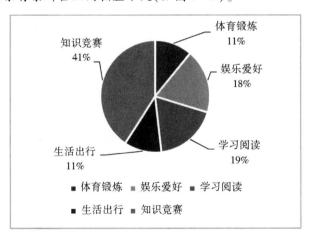

**图 5-9　个人情境类试题背景分布情况**

涉及"学习阅读"(如 2017 年襄阳的"四大名著阅读")和"娱乐爱好"(如2016 年武汉的"喜爱的电视节目")背景的题目分别有 5 道,均占近 19%。涉及"体育锻炼"(如 2017 年黄石的"学生体育测试成绩及课外锻炼")和"生活出行"(如 2016 年襄阳的"假期景区游玩计划")背景的题目分别有 3 道,均占近11%。总的来看,个人情境类试题背景围绕学生的日常生活实际展开,与学生的学习和生活密切相关。比如 2018 年荆州的"中小学生首届诗词大会"、2017 年黄冈的"学生喜爱的体育活动"、2016 年宜昌的"学生早餐选择概率"、2015 年孝感的"课外学习时间"背景，都与学生的生活紧密联系，让学生在中考数学试题中感受到了数学与生活的联系。

然而，由于个人情境类型背景题材有限，许多地区出现了类似的题材背景重复应用考查的情况，比如随州市 2015 至 2018 年的概率与统计试题背景都以活动及竞赛的方式出现，宜昌市 2015 至 2018 年的概率与统计试题背景都与校园社团相关(见表 5-18)。同时，不同地区的试题背景也存在着类似关联，比如 2017 年襄阳市的概率与统计试题背景——阅读四大名著，与 2016 年黄冈市的概率与统计试题背景——诵读经典名著相类似；2018 年襄阳市的概率与统计试题背景——中华诗词大赛，与 2018 年荆州市的概率与统计试题背景——中小学首届诗词大会相类似。

值得注意的是，湖北省近四年中考的概率与统计题还出现了 3 道社会情境题，所占比例虽然不大，但体现了中考题关注社会现实问题的导向，具有很强的现实意义。2015 年黄冈市的"关爱留守儿童"背景，能够很好地对学生进行人文关怀的熏陶与教育，引导学生关爱他人，符合我国中学生的德育要求。2017 年宜昌市的"公共单车租用"背景，关注了绿色出行这个热门话题，不仅让学生感受到数学在社会中的应用，还让学生明白了低碳出行的重要性。2018 年黄石市的"微信朋友圈步数分享"背景，凸显了较强的时代感，不仅让学生体会到高科技在生活中的应用，也让学生感受到了数学在信息统计方面的应用。

表 5-18　近四年湖北省各地概率与统计题情境问题设置分布情况

| 年份<br>地区 | 2015 | 2016 | 2017 | 2018 |
|---|---|---|---|---|
| 黄冈 | 关爱留守儿童 | 诵读经典名著 | 体育活动喜好 | "中华文化我传承——地方戏曲进学校"喜好 |
| 武汉 | 摸球游戏 | 喜爱的电视节目 | 公司部门人数 | "阅读助我成长"活动 |
| 宜昌 | 社团参与情况 | 早餐选择概率 | 公共单车租用 | 校园环保社团喜好 |
| 黄石 | 父亲节汤圆概率 | 体育成绩及锻炼 | 汽车耗油量测试 | 微信朋友圈步数分享 |

续表 5 - 18

| 年份<br>地区 | 2015 | 2016 | 2017 | 2018 |
|---|---|---|---|---|
| 孝感 | 课外学习时间 | 太极拳比赛 | "文明学生"<br>知识竞赛 | "红旗飘飘,引我成长"<br>知识竞赛 |
| 襄阳 | 保护环境演讲 | 景区游玩计划 | 四大名著阅读 | 中华诗词大赛 |
| 荆州 | 汉字听写能力 | 荆州文化知识<br>大赛 | 足球训练情况 | 中小学生首届<br>诗词大会 |
| 随州 | "传统文化进校<br>园"知识竞赛 | "足球进校园"<br>知识竞赛 | 朗诵大赛 | 小学生书法比赛 |

**3.结论与思考**

近四年来湖北省中考数学统计与概率试题中社会情境背景题占到一定的数量,说明在新课程改革中数学中考题在课标要求——"加强数学课程与社会生活的联系"方面更加重视。然而,就所涉及的情境类型来看,依然存在一些问题,如科学情境和职业情境过少,这与课标中所强调的"加强数学与其他学科之间的联系"存在差距。

**3.1　科学情境的设置应该得到重视**

近四年湖北省中考概率与统计题中,所含的科学情境题比例极少,仅仅有一道,明显不足。另外,有研究者对我国多个版本的初中数学教材的例题情境进行比较后发现,科学情境题被严重边缘化[3]。对中国与美国[4]、英国、新加坡[5]等国初中数学教材习题进行比较后发现,外国教材中具有科学情境背景的习题数量远远多于我国。事实上,数学是自然科学的基础,也是重大技术发展的基础。数学和其他学科的相互联系、相互渗透不仅仅表现在物理、化学、生物等自然科学领域,经济学、语言学等社会科学领域同样也可以看到数学的影子。数学教育虽独立于科学教育,但不能说科学教育与数学教育毫无关系。这两者是能够相互渗透,并彼此提供知识和能力的支持的。《全日制义务教育数学课程标准(2011 年版)》就明确指出,数学的许多内容与其他学科知识有着密切的联系。随着学生学习的深入,其他学科的知识也就成为学生的"现实"。因此,科学情境的设置应该得到高度的重视,这不仅局限于中考数学试题中,更应该体现于数学教材和数学教学中。

### 3.2 社会情境的设置应该得到加强

2015 至 2018 年湖北省中考数学概率与统计题中的情境设置大多围绕学生的个人情境,社会情境所占比例较少,仅涉及关爱留守儿童、赠学习用品活动、公共单车租用情况分析、微信朋友圈步数分享等。这些情境都与学生的日常生活有一定的联系,也是社会的热点话题。通过适当的社会情境设置,不仅能让学生明白数学来源于生活的道理,更能够培养学生关注社会现实问题的意识。事实上,社会情境还涉及公共交通、政府、公共政策、人口统计、广告、国家统计和国家经济等,主要与社会团体有关,虽然个体也参与这些情境,但社会情境主要站在社会团体的视角来看待这些问题。因此,中考数学题中社会情境的设置应该注意公共生活经验之间各种类型情境设置的均衡性和交叉性[6],比如可以设置一个既涉及公共单车租用又涉及环境问题的情境,这样的设置对教科书或者教学情境设置有更好的帮助。因此,在数学教学中应当积极开发利用社会教育资源,在报纸杂志、电视广播和网络媒体中寻找合适的贴近时代的学习素材,向学生介绍其中与数学有关的知识,并组织学生对某些内容进行交流,以便增强学生的社会责任感。

### 3.3 个人情境的背景来源应该均匀分布

研究发现,近四年湖北省部分地区中考概率与统计题中个人情境中的具体情境大多为知识竞赛,以个人"知识竞赛"和"学习阅读"为背景的试题占个人情境试题的 59.3%,体现了试题编制者对学生知识与技能的关注与重视,其余三个背景所占比例大致相同,体现出背景分布的不均衡性。事实上,个人情境不仅与个体自身活动有关,还与个体所在家庭、个体同伴等有关,包括食品的准备、购物、游戏、个人健康、个人交通、运动、旅行、个人日常安排和个人理财等。因此,以学生个人经验为背景的题目应该有多种背景均衡地分布于试题中,以对数学日常教学情境创设起到引导作用。比如体育锻炼和生活出行的背景题应该得到重视,学生不仅需要在智力上得到发展,德、智、体、美、劳需要全面发展。同时,情境设置所覆盖的广度也应有所提高,这样才能更好地落实数学新课标所强调的"人人学有价值的数学",促进学生对数学价值的理解。

总之,中考是我国重要的学业水平测试,其数学试题情境的设置将深深地影响教师的教和学生的学。因此,无论是命题者、数学教材的编写者,还是一线数学教师,都要从学生实际出发,注意情境设置的多样性。

**参考文献**

[1]中华人民共和国教育部.全日制义务教育数学课程标准(2011年版)[S].北京:北京师范大学出版社,2012.

[2]陈志辉,刘琼琼,李颖慧.PISA影射下数学学业水平考试的问题情境比较研究:以上海三年中考和新加坡O-Level试题为例[J].比较教育研究,2015(10):98-105,112.

[3]束鹏,吴晓红.我国初中数学教材例题情境的设置分析[J].江苏教育,2018(19):46-49.

[4]贾随军,吕世虎,李保臻.中国与美国初中数学教材习题的个案比较:以"与三角形有关的角"为例[J].数学通报,2014(9):17-23.

[5]孙雨琴,朱哲.中、新初中数学教科书中"反比例函数"的比较研究[J].中学数学(初中版),2018(1):33-36.

[6]田晨,张维忠.中考数学解方程应用题中的情境分析[J].初中数学教与学,2012(12):60-62.

**【案例5-11】 忆七年福建高考数学卷 品七大经典背景样样新①**

2009年福建省进入新课改实验第一年高考,至2015年已有七年。之后应教育部要求,到2017年,各省高考(除北京、上海等少数地区自主命题外)将重新使用全国卷。我省也已经在2016年开始使用全国卷,这代表我省自主命题时代的结束。今日重新审视七年(2009至2015年)来的福建省高考数学试题,发现试题背景材料颇丰。试图对这些背景材料以案例研究为主和统计为辅的方法,进行系统、全面的研究,把其中的亮点写成拙文,供广大试题研究者开阔思路。

**1. 试卷总体评析**

在新课改自主命题的七年间,我省高考数学卷紧紧以考试大纲和考试说明为依据,在"立足基础、适度创新、关注过程、突出探究、强调应用"理念的指导下,试题表现出以下几个特点:立足学科基础,凸显平稳过渡;关注数学本质,突

---

① 本文发表于《中学数学月刊》2018年第1期,作者徐帆、孙庆括。

出考查能力;强调知识应用,彰显选拔功能;试卷结构合理,体现文理差异[1]。在对试题背景材料统计分析时发现,其亮点颇多,大致可分为以下七种:

第一种,来源于"教材"型。主要是以教材中的习题、例题以及阅读与思考为题源,或取其立意,或推陈出新,对试题进行合理的改造与改组,表现为来源于教材,而又高于教材。

第二种,来源于"高观点"型。依据高等数学中的一些运算、概念和定理等,结合中学实际进行考查,如福建高考理科试卷中第一道选修题"矩阵与变换",就来自高等数学中的线性代数。

第三种,来源于"数学史"型。我国在 2002 年颁布的《普通高中数学课程标准(实验)》更是把"体现数学的文化价值"作为高中数学课程的十个基本理念之一,强调数学文化是贯穿整个高中数学课程的重要内容,数学课程应适当介绍数学的历史、应用和发展趋势,数学科学的思想体系,数学的美学价值,数学家的创新精神,要求把数学文化渗透到每个模块或专题中[2]。在我省自主命题的七年间,试题也表现出这些特点。

第四种,来源于"数学竞赛"型。由于数学竞赛的相关知识具有新颖性和灵活性的特点,且具有很好的区分度和选拔功能,因此常常被改编成高考题。

第五种,来源于"新定义"型,指通过定义新的概念、性质、运算符号等,以及创设全新的问题情境,考查学生在阅读理解的基础上,提取信息、加工信息的能力的一种新题型。

第六种,来源于"数学名题"型。数学名题往往是著名问题、公式、定理、趣题等,如福建省数学试题中出现的名题就有"泰勒公式""最小生成树问题""特尔斐城的少女"等。

第七种,来源于社会生活型,主要依托现实生活背景,表现为数学试题来源于生活,又服务于生活。

**2. 试题案例赏析**

**2.1 紧扣教材,高于教材**

**例 1** (2012 年福建卷·理 17/文 20)某同学在一次研究性学习中发现,以下五个式子的值都等于同一个常数。

(1) $\sin^2 13° + \cos^2 17° - \sin 13° \cos 17°$;

(2) $\sin^2 15° + \cos^2 15° - \sin 15° \cos 15°$;

(3) $\sin^2 18° + \cos^2 12° - \sin 18° \cos 12°$;

(4) $\sin^2 (-18°) + \cos^2 48° - \sin (-18°) \cos (48°)$;

(5) $\sin^2 (-25°) + \cos^2 55° - \sin (-25°) \cos 55°$。

（Ⅰ）试从上述五个式子中选择一个，求出这个常数；

（Ⅱ）根据（Ⅰ）的计算结果，将该同学的发现推广为三角恒等式，并证明你的结论。

【评析】试题改编自人教版《普通高中课程标准实验教科书·数学》必修四第 138 页 B 组第三题：观察下列等式，分析各式的共同特点，写出一般等式并证明。

$$\sin^2 30° + \cos^2 60° + \sin 30° \cos 60° = \frac{3}{4},$$

$$\sin^2 20° + \cos^2 50° + \sin 20° \cos 50° = \frac{3}{4},$$

$$\sin^2 15° + \cos^2 45° + \sin 15° \cos 45° = \frac{3}{4}。$$

可见课本中的题目只是简单的公式运算，而本例题将课本中已知结果的题目改编为探索性试题，要求考生选择其中一个式子求出常数，再由一般到特殊，总结出可推广的结论并予以证明，主要考查学生的阅读能力及类比推理能力。另外，在对试题统计时发现，2012 年文科卷第 12 题来源于人教版选修 2-2 第 113 页阅读与思考中的探究栏目；2013 年理科卷第 18 题，改编自人教版选修 2-1 第 50 页 B 组第四题，原题为椭圆，改编后为抛物线；此外，2014 年理科卷第 8 题、文科卷第 10 题和 12 题等都来自教材例题和习题改编。

### 2.2   面面俱到，注重衔接

**例 2**   （2012 年福建卷·理 7）设函数 $D(x) = \begin{cases} 1, x \text{ 为有理数} \\ 0, x \text{ 为无理数} \end{cases}$，则下列结论错误的是（      ）。

A. $D(x)$ 的值域为 $\{0,1\}$        B. $D(x)$ 是偶函数

C. $D(x)$ 不是周期函数        D. $D(x)$ 不是单调函数

**例 3**   （2012 年福建卷·文 9）设 $f(x) = \begin{cases} 1, x > 0 \\ 0, x = 0 \\ -1, x < 0 \end{cases}$，$g(x) = \begin{cases} 1, x \text{ 为有理数} \\ 0, x \text{ 为无理数} \end{cases}$，

则 $f(g(\pi))$ 值为( )。

A.1          B.0          C. $-1$          D. $\pi$

【评析】以上两题都来自高等数学中的特殊函数狄利克雷(Dirichlet)函

数——$D(x) = \begin{cases} 1, x\ 为有理数 \\ 0, x\ 为无理数 \end{cases}$，符号函数——$f(x) = \begin{cases} 1, x > 0 \\ 0, x = 0 \\ -1, x < 0 \end{cases}$，主要考查学生

对新函数性质和奇函数、偶函数、单调函数的理解。除了以上两个函数外,高斯函数 $f(x) = [x]$ 也较常见。福建省数学试题除了源自特殊函数,还有以高等数学基本概念为背景的试题,如 2010 年文科卷 15 题考查平面上点的凸集,其背景是运筹学中凸集的概念。

### 2.3 依托史料,凸显文化

例4 (2009 年福建卷·理 15)五位同学围成一圈依序循环报数,规定:

①第一位同学首次报出的数为 1,第二位同学首次报出的数也为 1,之后每位同学所报出的数都是前两位同学所报出的数之和;

②若报出的数为 3 的倍数,则报该数的同学需拍手一次。

已知甲同学第一个报数,当五位同学依序循环报到第 100 个数时,甲同学拍手的总次数为_____。

【评析】此题源自成书于 1202 年的意大利名著《算盘书》。全书共包括 15 章,主要包括算术和代数内容,并且包含阿拉伯数码的读法与写法。伴随着此书的广泛流传,阿拉伯数码在欧洲的传播也越来越广泛。本题以"报数拍手"的游戏为表征形式,其实际背景是意大利著名数学家斐波那契在兔子繁殖问题中提出的"斐波那契数列",他指的是这样一个数列:1,1,2,3,5,8,13,21,…从第三项开始,每一项都等于前两项之和,即 $F_{n+2} = F_n + F_{n+1}$。此题的亮点是结合报数隐性考查"斐波那契数列"的求和问题,且题目较好理解,符合学生的认知发展水平,学生又可以了解古代数学成就,体会数学知识在认识现实世界过程中的重要作用。近年来,无论是各省、市高考自主命题的地方卷,还是新课标全国卷,都出现了以数学史为背景的试题,这成为新课改理念下高考改革和发展的一道亮丽的风景。特别是湖北省,已经连续多年命制此类考题,逐渐形成了"依托数学史料,嵌入数学名题,彰显数学文化"的高考数学命题特色和亮点[3]。

### 2.4　源于竞赛,标新立异

**例 5**　(2012 年福建卷·理 10)函数 $f(x)$ 在 $[a,b]$ 上有定义,若对任意 $x_1$,

$x_2 \in [a,b]$,有 $f(\dfrac{x_1+x_2}{2}) \leqslant \dfrac{1}{2}[f(x_1)+f(x_2)]$,则称 $f(x)$ 在 $[a,b]$ 上具有性质

$P$。设 $f(x)$ 在 $[1,3]$ 上具有性质 $P$,现给出如下命题:

①$f(x)$ 在 $[1,3]$ 上的图像是连续不断的;

②$f(x^2)$ 在 $[1,\sqrt{3}]$ 上具有性质 $P$;

③若 $f(x)$ 在 $x=2$ 处取得最大值 1,则 $f(x)=1,x \in [1,3]$;

④对任意 $x_1,x_2,x_3,x_4 \in [1,3]$,有 $f(\dfrac{x_1+x_2+x_3+x_4}{2}) \leqslant \dfrac{1}{4}[f(x_1)+f(x_2)+$

$f(x_3)+f(x_4)]$。

其中真命题的序号是(　　)。

A.①②　　　　B.①③　　　　C.②④　　　　D.③④

**【评析】**此题背景是数学竞赛常考题源"琴生不等式",设 $f(x)$ 是区间 $I$ 内一

个凸函数,那么对于 $I$ 内任意 $n$ 个点 $x_1,x_2,\cdots,x_n$,有 $f[\dfrac{1}{n}(x_1+x_2+\cdots+x_n)] \leqslant$

$\dfrac{1}{n}[f(x_1)+f(x_2)+\cdots+f(x_n)]$。本题只有两阶,且直接告诉结论,让我们判断

$f(x)$ 的相关性质。此外,有关"琴生不等式"编制的试题也多在高考的压轴题中

出现,如 2006 年四川理科卷第 22 题第一问和 2005 年全国理科卷第 22 题。

### 2.5　新型定义,另辟蹊径

**例 6**　(2015 年福建卷·理 15)一个二元码是由 0 和 1 组成的数字串 $x_1 x_2 \cdots$

$x_n(n \in \mathbf{N}^*)$,其中 $x_k(k=1,2,\cdots,n)$ 称为第 $k$ 位码元。二元码是通信中常用的

码,但在通信过程中有时会发生码元错误(即码元由 0 变为 1,或者由 1 变为

0)。已知某二元码 $x_1 x_2 \cdots x_7$ 的码元满足如下校验方程组:$\begin{cases} x_4 \oplus x_5 \oplus x_6 \oplus x_7 = 0, \\ x_2 \oplus x_3 \oplus x_6 \oplus x_7 = 0, \\ x_1 \oplus x_3 \oplus x_5 \oplus x_7 = 0。 \end{cases}$

其中运算 $\oplus$ 定义为:$0 \oplus 0 = 0, 0 \oplus 1 = 0, 1 \oplus 0 = 0, 1 \oplus 1 = 0$。现已知一个这种二

元码在通信过程中仅在第 $k$ 位发生码元错误后变成了 1101101,那么利用上述

校验方程组可判定 $k$ 等于_____。

**【评析】**本题是新定义运算问题,意在考查学生在阅读理解题意的基础上,

进一步提取信息、处理信息的能力。这类试题具有题型新颖、信息丰富、背景清晰、考试区分度高等特点,是高考试卷的宠儿。由题意可知,相同数字经过 $\oplus$ 运算后为 0,不同数字运算后为 1。把此运算法则分别代入校验方程组,可知 $x_4 \oplus x_5 \oplus x_6 \oplus x_7 = 0$ 是后四位出错,由 $x_2 \oplus x_3 \oplus x_6 \oplus x_7 = 0$ 校验后知后面两位没错误,即出错的是第四位或第五位,再由 $x_1 \oplus x_3 \oplus x_5 \oplus x_7 = 0$ 校验后可判断出错的是第五位数字。综上可知,第五位发生码元错误。

统计发现,新定义题型在我省以往考卷中也时有出现(表 5 - 19),从 2010 年开始每年都有考查,并且此类试题多是选择题和填空题的压轴题,独具创新性,但又具有一定的难度,在高考中有很好的选拔功能。根据以往学者对此类问题的研究,可归纳出解决此类新定义问题的一般步骤:(1)对新定义进行信息提取,确定化归方向;(2)对新定义所提取的信息进行加工,探究解决方法;(3)对新定义中提取的知识进行转换,有效地输出[4]。

表 5 - 19 2010—2015 年福建省高考数学试题新定义题型分布表

| 年份 | 题序 | 题型 | 新定义知识点 | 类型 |
|---|---|---|---|---|
| 2010 | 文科卷·15 | 填空题 | 平面上的"凸集" | 新定义概念 |
| | 理科卷·10 | 选择题 | 曲线的"分渐近线" | 新定义概念 |
| 2011 | 理科卷·15 | 填空题 | 映射 $f$ 具有性质"$P$" | 新定义性质 |
| | 文科卷·12 | 选择题 | 定义"类" | 新定义概念 |
| 2012 | 理科卷·15 | 填空题 | 定义运算符号"$*$" | 新定义运算 |
| 2013 | 理科卷·10 | 选择题 | 两个集合"保序同构" | 新定义概念 |
| | 文科卷·16 | 填空题 | 两个集合"保序同构" | 新定义概念 |
| 2014 | 文科卷·12 | 选择题 | 两点的"$L-$距离" | 新定义概念 |
| | 理科卷·10 | 选择题 | 定义"计数原理" | 新定义概念 |
| 2015 | 理科卷·10 | 选择题 | 定义函数"$f(x)$" | 新定义函数 |
| | 理科卷·15 | 填空题 | 二元码运算符号"$\oplus$" | 新定义运算 |

### 2.6　融入名题,彰显底蕴

**例7**　(2013 年理科卷·15)当 $x \in \mathbf{R}$,$\left|x\right| < 1$ 时,有如下表达式:

$$1 + x + x^2 + \cdots + x^n + \cdots = \frac{1}{1-x}。$$

两边同时积分得:

$$\int_0^{\frac{1}{2}} 1 dx + \int_0^{\frac{1}{2}} x dx + \int_0^{\frac{1}{2}} x^2 dx + \cdots \int_0^{\frac{1}{2}} x^n dx + \cdots = \int_0^{\frac{1}{2}} \frac{1}{1-x} dx。$$

从而得到如下等式:

$$1 \times \frac{1}{2} + \frac{1}{2} \times \left(\frac{1}{2}\right)^2 + \frac{1}{3} \times \left(\frac{1}{2}\right)^3 + \cdots + \frac{1}{n+1} \times \left(\frac{1}{2}\right)^{n+1} + \cdots = \ln 2。$$

请根据以上材料所蕴含的数学思想方法计算:

$$C_n^0 \times \frac{1}{2} + \frac{1}{2} C_n^1 \times \left(\frac{1}{2}\right)^2 + \frac{1}{3} C_n^2 \times \left(\frac{1}{2}\right)^3 + \cdots + \frac{1}{n+1} C_n^n \times \left(\frac{1}{2}\right)^{n+1} = \underline{\qquad}。$$

**【评析】**本题背景出自英国数学家布鲁克·泰勒于 1712 年提出的"泰勒公式"。虽然 1671 年詹姆斯·格雷高里发现了它的特例,但在实际应用中,"泰勒公式"只需取有限项,把有限项的泰勒级数叫作泰勒展开式。而本题的考点主要是定积分与二项式定理,要求学生阅读给定式子,选择有效手段分析材料所蕴含的数学思想方法,再经过独立思考,创造性地解决问题。在解题的整个过程中领会数学家如何创造数学,之后在领会的基础上"再创造"学习,这也是我们所提倡的数学过程再现,即化教材中"冰冷的美丽"为"火热的思考"。

此外,2012 年文科卷第 16 题背景为数学名题"最小生成树问题"。它所求的是城市规划铺设道路的最小总费用,这与数学名题"最小生成树问题"极其相似,只是把"形"镶嵌在"城市铺设道路路线图"中,而"费用"的本质就是路程最小问题。另外,2014 年理科卷第 15 题的背景是数学名题"特尔斐城的少女",此题引入集合的表示法,巧妙论述有序数组中各数所满足的条件,较好地考查了集合与简易逻辑等知识点。

### 2.7　贴近生活,数尽其用

数学来源于生活,学好数学又可以更好地为生活服务。华罗庚曾说:"宇宙之大,粒子之微,火箭之速,化工之巧,地球之变,生物之谜,日用之繁,无处不用数学。"现代社会的发展已经离不开数学了,这在数学试题的背景材料选取中也可以得到证实(见表 5 - 20)。广泛的社会背景,有助于学生了解社会、关心社会,成长为一个人格健全的人。

表 5-20　2009—2015 年福建省高考数学试题社会背景统计表

| 年份 | 题序 | 背景材料 | 背景材料解读 |
|---|---|---|---|
| 2009 | 理科卷·8 | 运动会投篮 | 生活中热门的体育运动,常在教科书中以投篮概率的形式出现 |
| | 理科卷·12 | "爱我海西　爱我家乡"摄影比赛 | 爱我海西,爱我家乡,用镜头记录下这一美好时刻 |
| | 理科卷·18 | 修建运动赛道 | 贯彻落实健康第一的指导思想,促进学生积极参加体育锻炼 |
| 2010 | 理科卷·13 | 知识竞赛 | 巩固所学知识,丰富课余生活 |
| | 理科卷·19 文科卷·21 | 小艇递物 | 在沿海省份,小艇、轮船在海上作业没什么稀奇 |
| | 文科卷·9 | 高一合唱比赛 | 活动可以增强大家的集体荣誉感 |
| 2011 | 文科卷·4 | 选修乒乓球课程 | "国球"大家都知道 |
| | 理科卷·18 文科卷·16 | 商场"乐观系数准则" | 社会的高速发展,带动了经济的快速成长,商场如雨后春笋出现,大家也乐意进商场购物 |
| 2012 | 理科卷·16 | 轿车维修费 | 随着人民生活水平的日益提升,小轿车也不是奢侈品了 |
| | 文科卷·16 | 规划道路建设 | 城市车多了,道路拥堵不堪,道路规划必须目标长远 |
| 2013 | 理科卷·16 | 联欢晚会抽奖 | 带动晚会气氛,多在教科书中求抽奖概率 |
| 2014 | 理科卷·18 | 摸球兑奖 | 在教科书中常作为"统计与概率"一章的例子 |
| | 文科卷·20 | 人均 GDP 标准 | 对照人均 GDP 标准,了解目前经济处于何种水平 |
| 2015 | 理科卷·4 | 居民年收入与支出 | 这是人们常谈论的话题,常在统计题中出现 |
| | 理科卷·16 | 银行卡密码 | 取钱、存钱都要用上,不能忘记 |
| | 文科卷·18 | 新闻台的融合指数 | 了解社会时事热点,与民生息息相关的时事,尽在新闻频道 |

**参考文献**

[1]郑一平.注重基础　关注本质　强调应用　注重创新:2015 年福建高考数学试题评析及教学启示[J].中学数学(高中版),2015(15):26-29.

[2]中华人民共和国教育部.普通高中数学课程标准(实验)[S].北京:人民教育出版社,2003.

[3]刘翀,储广钊.稳步创新,特色鲜明:对高考数学湖北十二年自主命题的赏析与回味[J].数学通报,2016(1):38-40.

[4]虞懿.例析2015年高考新定义创新题[J].中学生理科应试,2015(5):23-25.

## 三、数学试题知识点专题研究

### 【案例5-12】2017年高考"数列"试题(理科卷)分析与启示①

数列作为高中数学中的重要内容之一,是考查学生逻辑思维和演绎推理能力的重要载体,在各个省、市历年的高考数学试卷中都占有相当重要的地位[1]。另外,其作为一种特殊的离散函数,同时又是初等数学和高等数学的衔接点,既有相对的独立性,也具有较强的综合性。这类试题不仅灵活,而且解题思想和方法多样,故这类题目往往很难把握。因此,如何抓住数列命题的一般趋势,解析其本质规律,成了师生们研究的重点。本文通过对2017年各地高考理科数学试卷中的数列题特征的分析,给出了一些教师教学和考生复习的建议。

#### 1.试题特征分析

数列在2017年全国高考理科数学Ⅰ卷(安徽、湖北、福建、湖南、山西、河北、江西、广东、河南)、Ⅱ卷(甘肃、青海、西藏、黑龙江、吉林、辽宁、宁夏、新疆、内蒙古、重庆、陕西、海南)和Ⅲ卷(云南、四川、广西、贵州)及6套自主命题的北京卷、江苏卷、浙江卷、上海卷、天津卷、山东卷中都有考查。为了更直接地体会全国各地高考数学理科试卷中的数列试题,按类别列出了下表(见表5-21),并总结出数列试题的一些考查特征:

第一,从知识点的题型分布来看,数列多出现在选择题和填空题中,以考查基础知识和基本运算为主,几乎每一套试卷都考查了等差或等比数列的通项公式与求和公式知识。同时,包括压轴题在内的解答题中也出现了数列。在考查数列基础知识的基础上还考查了数列与函数、不等式、导数、常用逻辑用语等交

_____

① 本文发表于《中学数学(高中版)》2018年第4期,作者孙庆括、刘山。

叉融合性知识,如北京卷、浙江卷和上海卷。可喜的是,今年试题在保留选择题和填空题的基础上,还开创了新定义题和数学文化背景题,这是一大亮点。

表 5 - 21　2017 年全国高考理科数学数列试题考查特征统计

| 类别 | 题号 | 题型 | | | 分值统计 | 考查内容 | 交汇章节 | 难度等级 |
|---|---|---|---|---|---|---|---|---|
| | | 选择题 | 填空题 | 解答题 | | | | |
| 全国Ⅰ卷 | 4 | √ | | | 10 | 等差数列通项公式及前 $n$ 项和的应用 | — | 中等 |
| | 12 | √ | | | | 数列等比求和与分组求和 | — | 较难 |
| 全国Ⅱ卷 | 3 | √ | | | 10 | 等比求和公式的应用 | — | 较易 |
| | 15 | | √ | | | 等差数列求和、裂项相消法在数列求和中的应用 | — | 中等 |
| 全国Ⅲ卷 | 9 | √ | | | 10 | 等差数列前 $n$ 项和的应用 | — | 较易 |
| | 14 | | √ | | | 等比数列通项公式的应用 | — | 中等 |
| 北京卷 | 10 | | √ | | 18 | 等差、等比数列通项公式 | — | 较易 |
| | 20 | | | √ | | 数列与不等式放缩法的综合应用 | 不等式 | 很难 |
| 天津卷 | 18 | | | √ | 13 | 等差、等比数列及其前 $n$ 项和公式,错位相减法在等比数列求和中的应用 | — | 中等 |
| 山东卷 | 19 | | | √ | 12 | 等比数列通项公式、错位相减法在等比数列求和中的应用 | — | 中等 |
| 江苏卷 | 9 | | √ | | 21 | 等比数列通项公式的应用 | — | 中等 |
| | 19 | | | √ | | 等差数列通项公式的应用 | — | 中等 |
| 浙江卷 | 6 | √ | | | 20 | 等差数列单调性与公差的关系 | 逻辑用语 | 较易 |
| | 22 | | | √ | | 以数列为背景来考查函数与导数的综合知识 | 函数与导数、不等式 | 较难 |
| 上海卷 | 10 | | √ | | 10 | 数列的通项 | 对数函数运算性质 | 较易 |
| | 15 | √ | | | | 等差数列性质的应用 | 逻辑用语 | 中等 |

　　第二,从考查的数学思想方法角度看,重点考查了错位相减法、倒序相加法、裂项相消法、递推法、分组求和法、放缩法等数学思想方法,如全国Ⅰ卷第12

题、全国Ⅱ卷第 15 题、全国Ⅲ卷第 14 题、天津卷第 18 题和山东卷第 19 题。

第三,从分值来看,不同省份的试卷对数列的考查分值有所差异。从总体上看,数列题普遍占 2 道,在选择题、填空题和解答题中都有分布,分值在 9—21 分之间。在天津卷和山东卷中,数列题均以一道解答题的形式呈现,分值分别为 13 分和 12 分。

第四,从试题难度来看,除全国Ⅰ卷第 12 题外,所有试卷的选择题、填空题都是常规题且难度不大,都可以用解决等差和等比数列的公式法来解决,一些考查等差和等比数列的解答题也是如此。但是被放在压轴位置的数列题,难度较大,对学生的逻辑思维和分析及解决问题的能力要求较高。

**2.试题赏析与评析**

**2.1　考查等差与等比数列通项及求和公式等基础知识**

通项公式和求和公式作为数列的基础知识,基本为必考内容,在各套试卷中均有涉及,难度不大。

**例 1**　(2017 全国Ⅱ卷·理 15)等差数列 $\{a_n\}$ 的前 $n$ 项和为 $S_n$, $a_3 = 3$, $S_4 = 10$, $\sum\limits_{k=1}^{n} \dfrac{1}{S_n} =$ _____。

**【评析】**本题考查等差数列的通项及求和公式和裂项相消法的应用,难度适中。先利用等差数列的通项公式与求和公式求出 $n$ 项和 $S_n$,得到 $\dfrac{1}{S_n} = 2\left(\dfrac{1}{n} - \dfrac{1}{n+1}\right)$,求和得 $\sum\limits_{k=1}^{n} \dfrac{1}{S_n} = \dfrac{2n}{n+1}$。

**例 2**　(2017 江苏卷·9)等比数列 $\{a_n\}$ 的各项均为实数,其前 $n$ 项的和为 $S_n$,已知 $S_3 = \dfrac{7}{4}$, $S_6 = \dfrac{63}{4}$,则 $a_8 =$ _____。

**【评析】**此题意在考查学生对等比数列通项公式的运用能力,但并不一定用到求和公式。可根据 $S_6 - S_3 = 14$,求出 $q = 2$ 和 $a_1 = 4$,将数值代入等比数列通项公式,即得 $a_8 = 32$。这种"设而不求,整体代入"的数学思想,大大减少了计算量。类似的题还有 2017 年上海卷第 10 题。对等比数列或等差数列求和的考查,可以直接考求和公式,也可以结合通项公式来考查,如全国Ⅲ卷第 9 题。总体上看,这种题难度适中,个别偏难。

**例 3**　(2017 全国Ⅰ卷·理 12)几位大学生响应国家的创业号召,开发了一款应用软件。为激发大家学习数学的兴趣,他们推出了"解数学题获取软件激活码"的活动。这款软件的激活码为下面数学问题的答案。已知数列 $1,1,2,1,2,4,1,2,4,8,1,2,4,8,16,\cdots$,其中第一项是 $2^0$,接下来的两项是 $2^0,2^1$,再接下来的三项是 $2^0,2^1,2^2$,依此类推。求满足如下条件的最小整数 $N,N>100$ 且该数列的前 $N$ 项和为 2 的整数幂。那么该款软件的激活码是(　　)。

A. 440　　　　B. 330　　　　C. 220　　　　D. 110

【评析】本题是全国 I 卷选择题的压轴题,对学生的综合分析问题的能力要求较高,意在通过实际生活背景考查学生对分组求和法和等比求和公式的运用。关注到 $k,m$ 的取值范围和确定 $2^k+2^m-k-2$ 的取值范围是解题关键。把数列的项分为 $k$ 组,共有 $\dfrac{k(k+1)}{2}$ 项。设数列第 $N$ 项是第 $k$ 组的第 $m$ 项,则有 $k \geqslant 14$,可得 $N$ 项之和为 $2^k+2^m-k-2$。由 $1 \leqslant m \leqslant k$ 和 $k \geqslant 14$ 可得 $2^{k-1}<2^k+2^m-k-2<2^{k+1}$,故 $2^k+2^m-k-2=2^k$。将 $m \geqslant 4$ 逐个代入,发现只有当 $m \geqslant 5$ 时才满足 $N>100$,因此 $m=5,k=30$ 时,最小整数 $N=\dfrac{(30-1) \times 30}{2}+5=440$。当然,此题作为选择题,用排除法较为简洁。

### 2.2　考查数列与函数、不等式等交汇知识

数列与函数、不等式的综合也是高考常考内容,主要运用构造函数思想、函数的性质(特别是单调性)及不等式证明的技巧和方法等知识解题,要求学生具有较强的知识迁移和逻辑推理能力,其难度往往较大[2]。

例 4　(2017 浙江卷·理 22)已知数列 $\{x_n\}$ 满足:$x_1=1,x_n=x_{n+1}+\ln(1+x_{n+1})(n \in \mathbf{N}^*)$。证明:当 $n \in \mathbf{N}^*$ 时,(1)$0<x_{n+1}<x_n$;(2)$2x_{n+1}-x_n \leqslant \dfrac{x_n x_{n+1}}{2}$;(3)$\dfrac{1}{2^{n-1}} \leqslant x_n \leqslant \dfrac{1}{2^{n-2}}$。

【评析】本题是一道非常典型的用构造函数的方法来解决数列问题的考题,考查学生对函数和导数知识的综合运用能力,难度较大。第 1 问先构造函数 $f(x)=x+\ln(1+x),x>0$,再根据它的递增性并结合题目所给的递推关系式来完成证明。第 2 问构造函数 $g(x)=[x+\ln(1+x)]\dfrac{x}{2}-[x-\ln(1+x)],x>0$,然后运用导数知识判断其单调性,从而得出 $g(x)>g(0)=0$,于是就有 $2x_{n+1}$

$$-x_n = x_{n+1} - \ln(1+x_{n+1}) \leqslant [x_{n+1} + \ln(1+x_{n+1})] \frac{x_{n+1}}{2} = \frac{x_n \cdot x_{n+1}}{2}。$$第 3 问利用

第 2 问的结论得到 $x_n \leqslant \dfrac{1}{2^{n+2}}$ 之后，再根据函数 $h(x) = x - \ln(1+x) > 0$ 得出

$2x_{n+1} > x_n$，通过递推即得 $x_n \geqslant \dfrac{1}{2^{n+1}}$，命题得证。

　　**例 5**　（2017 北京卷·理 20）设 $\{a_n\}$ 和 $\{b_n\}$ 是两个等差数列，记 $c_n = \max$ $\{b_1 - a_1 n, b_2 - a_2 n, \cdots, b_n - a_n n\}$ $(n = 1,2,3\cdots)$，其中 $\max\{x_1, x_2, \cdots, x_s\}$ 表示 $x_1$, $x_2, \cdots, x_s$ 这 $s$ 个数中的最大的数。（1）若 $a_n = n$，$b_n = 2n - 1$，求 $c_1, c_2, c_3$ 的值，并证明 $\{c_n\}$ 是等差数列。（2）证明：或者对任意正数 $M$，存在正整数 $m$，当 $n \geqslant m$ 时，$\dfrac{c_n}{n} > M$；或者存在正整数 $m$，使得 $c_m, c_{m+1}, c_{m+2}, \cdots$ 是等差数列。

　　**【评析】**本题考查数列与不等式知识的综合知识，难度较大。第 1 问根据 $\{c_n\}$ 的通项形式来证明它是等差数列，理解 $c_n$ 的定义并求出通项是解题的关键。分别求得 $a_1 = 1, a_2 = 3, a_3 = 3$ 且 $b_1 = 1, b_2 = 3, b_3 = 5$，代入得 $c_1, c_2, c_3$ 的值，由 $(b_k - a_k n) - (b_1 - a_1 n) \leqslant 0$，得 $b_1 - na_1 \geqslant b_k - na_k$，则 $c_n = b_1 - a_1 n = 1 - n$，于是 $c_{n+1} - c_n = -1$ $(n \geqslant 2)$。又因为 $c_2 - c_1 = -1$，故 $\{c_n\}$ 是等差数列。第 2 问考查"放缩法"在数列不等式证明中的应用，涉及分类讨论及转化思想。设数列 $\{a_n\}$ 和 $\{b_n\}$ 的公差分别为 $d_1, d_2$，由 $b_i - a_i n = [b_1 + (i-1)d_2] - [a_1 + (i-1)d_1] \cdot n$ $= (b_1 - a_1 n) + (i-1)(d_2 - d_1 n)$，分类讨论 $d_1 = 0, d_1 > 0, d_1 < 0$ 这三种情况：（1）当 $d_1 = 0$ 时，对 $d_2 > 0$ 和 $d_2 \leqslant 0$ 分别进行分析，由等差数列性质可知存在 $m$ 使得 $c_m, c_{m+1}, c_{m+2}, \cdots$ 是等差数列；（2）当 $d_1 > 0$ 时，$-d_1 n + d_2$ 为一个关于 $n$ 的一次项系数为负的一次函数，所以必然存在 $m$ 使 $c_m, c_{m+1}, c_{m+2}, \cdots$ 是等差数列；（3）当 $d_1 < 0$，$-d_1 n + d_2$ 为一个关于 $n$ 的一次项系数为正的一次函数，此时根据上述分析可设 $\dfrac{c_n}{n} = An + B + \dfrac{C}{n}$（其中 $A = -d_1 > 0$，$B = d_1 - a_1 + d_2$，$C = b_1 - d_2$）。对 $C \geqslant 0$ 和 $C < 0$ 这两种情况进行讨论，采用"放缩法"即可证明对于任意正数 $M$，存在正整数 $m$，使得当 $n \geqslant m$ 时，有 $\dfrac{c_n}{n} > M$。

### 2.3　借助新定义题彰显创新能力

　　**例 6**　（2017 江苏卷·19）对于给定的正整数 $k$，若数列 $\{a_n\}$ 满足 $a_{n-k}$ + $a_{n-k+1} + \cdots + a_{n-1} + a_{n+2} + \cdots + a_{n+k-1} + a_{n+k} = 2ka_n$，对任意正整数 $n(n > k)$ 总成

立,则称数列 $\{a_n\}$ 是"$P(k)$ 数列"。(1)证明:等差数列 $\{a_n\}$ 是"$P(3)$ 数列";(2)若数列 $\{a_n\}$ 既是"$P(2)$ 数列",又是"$P(3)$ 数列",证明 $\{a_n\}$ 是等差数列。

【评析】借助新定义数列创新题来考查常用数列的相关概念和性质,近几年备受命题者的青睐。本题给出了 $P(k)$ 数列的定义,第 1 问要判断等差数列是否为 $P(k)$ 数列,考生只需运用等差数列的重要性质:$a_{n-1}+a_{n+1}=2a_n$,即可完成证明。因 $a_{n-3}+a_{n-2}+a_{n-1}+a_{n+1}+a_{n+2}+a_{n+3}=(a_{n-3}+a_{n+3})+(a_{n-2}+a_{n+2})+(a_{n-1}+a_{n+1})=6a_n=2\cdot 3a_n$,即 $\{a_n\}$ 是"$P(3)$ 数列"。而第 2 问要证明它是等差数列,同样是运用等差数列等差中项性质来证明。因 $a_{n-2}+a_{n-1}+a_{n+1}+a_{n+2}=4a_n(n>2,n\in\mathbf{N}^*)$,则 $a_{n-3}+a_{n-2}+a_{n-1}+a_{n+1}+a_{n+2}+a_{n+3}=6a_n$ $(n>2,n\in\mathbf{N}^*)$,即有 $4a_{n-1}+4a_{n+1}=8a_n$,故有 $a_{n-1}+a_{n+1}=2a_n$,即 $\{a_n\}$ 是等差数列。

### 2.4 融入数学文化彰显教学素养

**例 7** (2017 全国 Ⅱ 卷·理 3)我国古代数学名著《算法统宗》中有如下问题:"远望巍巍塔七层,红光点点倍加增,共灯三百八十一,请问尖头几盏灯?"意思是:一座 7 层的塔共挂了 381 盏灯,且相邻两层中的下一层灯数是上一层灯数的 2 倍,则塔的顶层共有灯(     )。

A.1 盏          B.3 盏          C.5 盏          D.9 盏

【评析】2017 年高考考试大纲增加了"数学文化"的要求,并且《普通高中数学课程标准》也强调了数学文化在数学教学中的重要性。本题引用我国古代数学名著《算法统宗》中的内容来考查等比数列的求和公式,理解题意是解题的关键。因此,平时要鼓励学生阅读《九章算术》《数书九章》等高考数学文化出题率较高的我国古代著名的数学文献白话翻译本及中外数学历史名题等著作,如沈康身的《历史数学名题赏析》。设塔的顶层共有灯 $x$ 盏,则各层的灯数构成一个公比为 2 的等比数列,由求和公式 $\dfrac{x(1-2^7)}{1-2}=381$ 得 $x=3$,故答案选 B。

### 3. 启示与思考

### 3.1 紧扣考试大纲,夯实基础

一方面,无论教师教学还是学生复习,都要以课标为基础,围绕教科书,紧扣考试大纲,对重点内容,如等差、等比数列相关概念的性质,求公差和公比,通项公式,求前 $n$ 项和等进行重点复习,夯实基础知识。同时,注重错位相减法、裂项相消法等常用的数学思想方法的教学渗透和学习,重点加强观察、分析、归纳、猜想、推理论证能力的培养和运算能力的强化训练[3]。另一方面,关注数学文化与数列试题的融合。2017 年高考数学大纲把"数学文化"作为单独的一个模块列了出来,数学文化理应受到重视。数学文化试题不仅包括显性的数学文化背景题,还包括隐性的数学历史名题,后者可能是未来高考数学文化数列试题的重点[4]。因此,教师上课时要有意识地对教科书中出现的数学文化素材或历史名题进行拓展改编,比如根据布罗卡点的基本性质,就可以结合等比数列等知识拓展许多变式问题[5]。

### 3.2　注重数列与交汇知识的综合性复习

今年高考数学试卷中数列试题大多与其他数学知识相结合来命题,体现了知识之间的融合性。因此,一方面,教师要创设多种途径,如用画思维导图、专题讲座等形式不断加强数列与集合、三角函数、二次函数、指对幂函数、三角形边角关系、导数、不等式、极限、平面几何、解析几何等知识之间的联系,通过例题、习题、检测等方式来强化数学知识之间的相互联系[6]。另一方面,考生要善于厘清知识间的交汇点,注重多个知识点的综合题的训练与解题方法的积累。如数列与函数、不等式结合的问题,它综合了函数性质、导数、数列、不等式、数学归纳法等方面的知识与方法,对考生综合运用知识分析问题、解决问题的能力有较高的要求,对高分学生有很好的区分度,因而考生要加强以数列为背景的不等式的证明问题的训练以及以函数为背景构造的数列这类高考压轴题的训练。

### 3.3　注意高等数学与中学数学的衔接教学

"高观点"是指与高等数学相联系的数学问题,这样的问题或以高等数学知识为背景,或体现高等数学中常用的数学思想方法和推理方法[7]。由于高考具有选择功能,这类题往往备受命题者青睐。因此,教师在平时教学中要有意识地培养学生的"高观点"意识,可以适当地进行一些"高观点"数列专题教学。比如关于数列通项公式的求法,除了常规的求法,还可以适当地讲授一些高等数学的导数法和母函数法。对于递推数列的通项公式求法,则可以讲授齐次线性递推数列的特征方程法。同时,讲授一些特殊的新数列,如斐波那契数列、周期数列、阶差数列,也是十分有必要的。

### 参考文献

[1]张定强,闫佳洁.2016 年全国高考试卷中"数列"试题分析[J].中学数

学(高中版),2016(11):21-23.

[2]李晓波,易敏.2017年全国高考数学新课标Ⅰ卷评价与教学启示[J].中学数学杂志,2017(9):43-47.

[3]何龙.2012—2016年高考国家课标(Ⅰ)卷分析与启示:以三角函数与解三角形为例[J].福建中学数学,2016(10):8-12.

[4]孙庆括.近十年高考数学文化命题的特征分析及启示[J].数学通报,2017(1):49-54.

[5]龚新平."布罗卡点"问题背景下的探究性学习[J].数学教学,2012(3):17-20.

[6]刘敏.2014年高考数学(理科)数列试题分析及教学建议[J].中学数学教学,2014(5):30-33.

[7]王志江,王文利.高观点试题与研究性学习:浅析2003年北京卷数学科高考试题[J].中学数学,2003(10):48-49.